AF340852

ALEXIS CROSNIER

Prélat de la Maison de Sa Sainteté

LE

Bienheureux
Noël Pinot

Curé du Louroux-Béconnais
Martyr sous la Terreur
(19 décembre 1747 — 21 février 1794)

Avec huit photogravures hors texte

MCMXXVI

Le Bienheureux

Noël Pinot

DU MÊME AUTEUR

L'abbé Léon Bellanger, *Sa vie. Ses poésies. Nouvelle édition.* (Sirau-deau, Angers.)

Souvenirs de l'abbé H. Vollot, professeur d'Ecriture sainte à la Sorbonne. Seconde édition. *(Epuisé.)*

Les convertis d'hier, quatrième édition. (G. Beauchesne.)

Louis Veuillot apologiste, deuxième édition. (G. Beauchesne)

A travers nos écoles chrétiennes, supérieures, secondaires, primaires. (G. Beauchesne.)

Hommes et choses d'Eglise. (G. Beauchesne.)

L'homme de la divine Providence : *Gabriel Deshayes,* Supérieur général des Pères de la Compagnie de Marie et des Filles de la Sagesse, fondateur de quatre congrégations religieuses. 2 vol. in-8. *(Ouvrage couronné par l'Académie française,* G. Beauchesne.)

Une Dame de la Retraite, martyre sous la Terreur, *Victoire Conen de Saint-Luc.* (G. Beauchesne.)

Joseph de Maistre : les meilleures pages. (J. Duvivier, éditeur, Tourcoing.)

EN PRÉPARATION

Un grand semeur évangélique : Le bienheureux Louis-Marie Grignion de Montfort. Histoire d'une vie (1673-1716). Histoire d'une âme.

ALEXIS CROSNIER
Prélat de la Maison de Sa Sainteté

LE
Bienheureux Noël Pinot

Curé du Louroux-Béconnais

Martyr sous la Terreur

(19 décembre 1747 — 21 février 1794)

Avec huit photogravures hors texte

GABRIEL BEAUCHESNE, ÉDITEUR
A PARIS, RUE DE RENNES, 117

MCMXXVI

DÉCLARATION DE L'AUTEUR

A JÉSUS, le Souverain Prêtre,

J'offre humblement ce livre

Où est racontée la vie du curé angevin

Noël PINOT

Pour qui l'échafaud fut le Calvaire

Où il monta triomphant,

Comme chaque matin à l'autel,

Revêtu de ses habits sacerdotaux.

A.-R.-M. C.

INTRODUCTION

Le vendredi 21 février 1794, l'abbé Gruget, curé de la Trinité, après avoir raconté en témoin, dans son *journal*, la mort triomphante, et si émouvante, de Noël Pinot, concluait par ces lignes : « ...Ce fut sur les trois heures et quart que M. Pinot, curé du Louroux, natif de la paroisse de Saint-Martin d'Angers, termina sa vie sainte et vraiment apostolique. Les fidèles se flattent que l'Église le mettra au nombre de ses martyrs et qu'elle en célébrera la mémoire... » Dans ses autres écrits (1) rédigés de 1794 à 1816, M. Gruget est revenu, à plusieurs reprises, sur cette vie et cette mort héroïque; chaque fois, il ajoutait un trait nouveau pour éclairer la figure sacerdotale qu'il avait vue de très près et dont il ne pouvait se détacher ; chaque fois, il exprimait, en son nom et au nom des fidèles, le même espoir confiant.

L'espérance est devenue la réalité. Le dimanche 31 octobre 1926, parmi les splendeurs de la basilique vaticane, Pie XI, le « Pape de Rome », le Vicaire du Christ sur terre, a glorifié solennellement le *martyr* (2) et proclamé Noël Pinot *bienheureux*, à la grande joie de l'Anjou et pour le bien de toute l'Église.

Quelques-uns, parmi nous, se sont étonnés que le vœu de l'abbé Gruget ait eu un si tardif accomplissement, puisqu'il a fallu l'attendre plus d'un siècle : la cause était si belle et si prenante; le martyre du prêtre, dans un décor

____

(1) *Mémoires* ou histoires.

(2) Le décret qui constate le martyre est du 3 juin 1926. Le décret *de tuto* (= *que l'on peut en toute sécurité procéder à la béatification*) a été rendu le 16 juillet, et lu devant le Pape le 1ᵉʳ octobre.

unique, fut si éclatant; et la vie du curé, « sainte et vraiment apostolique », avait été la si digne préparation du martyre ! — Oui, ces raisons, et d'autres, expliquent notre étonnement, tout comme elles justifient la légitime impatience manifestée par des témoins dans leurs dépositions aux procès de béatification. Mais, sans avoir besoin de rappeler la sage lenteur de l'Eglise dans une affaire aussi grave, il suffit d'évoquer certains faits — à savoir, l'attitude des gouvernements issus de la Révolution, la persistance chez nous des discussions politiques et religieuses, les difficultés et les préoccupations de toute sorte qui accompagnèrent la réorganisation des diocèses de France après la tourmente — pour comprendre le trop long sommeil de la cause dans le cours du siècle dernier. Enfin, la voilà victorieusement soutenue par l'Eglise, et toute proche du terme, qui est la canonisation. Dieu soit béni ! Les curés de France, qui sont depuis si longtemps à la peine, sont une fois de plus, pour leur corporation, à l'honneur. Ils comptaient déjà, dans leurs rangs, *Yves Hélory*, recteur de Tresdretz; *Pierre Fourier*, curé de Mattaincourt; *Jean-Baptiste-Marie Vianney*, curé d'Ars; *André-Hubert Fournet*, curé de Maillé (1); ils saluent, au firmament de l'Eglise, une étoile nouvelle, *Noël Pinot*, curé du Louroux-Béconnais (2); et, dans le rude combat qu'ils mènent pour le maintien et l'extension du règne de Dieu en ce monde, ils peuvent l'étudier comme leur modèle, l'invoquer comme leur intercesseur et leur soutien.

---

(1) Maillé est une paroisse du diocèse de Poitiers. Le Bienheureux Fournet est le fondateur des *Filles de la Croix*, ou religieuses de Saint-André.

(2) Parmi les quatorze prêtres du diocèse de Laval, dont la cause est portée devant le tribunal du Pape, six étaient curés. Il y a d'autres curés, parmi les victimes des massacres de septembre (1792): notamment le bienheureux Cuenot, curé d'Allonnes, au diocèse d'Angers.

— Mais quoi? Vous rappeliez tout à l'heure nos discussions politiques et religieuses. Elle sont toujours, chez nous, aussi aiguës. Ne risquez-vous pas, en racontant la vie, si belle qu'elle soit, d'un lutteur, d'attiser le feu, et de compromettre la paix que Jésus est venu apporter à l'humanité? — La réponse est simple, et facile.

De querelles politiques, il ne fut aucunement question dans cette vie, et il n'en peut être question dans ce livre. Au-dessus des affaires de la politique, dont je ne dédaigne ni ne méconnais l'importance, mais dont Dieu a laissé la solution aux hommes, Noël Pinot a plané toujours dans la région la plus sereine, celle de la religion. Il a souffert de ces disputes, mais il ne s'y mêla pas.

Quant à la religion catholique, il avait pour mission propre, en tant que curé, de la prêcher et de la défendre. Il n'y a point failli. Mieux que cela, le curé du Louroux, par son ministère et par sa mort, l'a magnifiquement exaltée. Elle a été l'unique objet de ses efforts. Sainte Jeanne d'Arc, la généralissime des armées de Charles VII, la jeune fille qui a sauvé notre pays à l'une des époques les plus sombres de son histoire, ne disait pas : « France d'abord (1) ! »; elle disait : « *Dieu premier servy !* » En servant Dieu, elle servait d'autant mieux la France. Noël Pinot ne parlait ni n'agissait autrement. En face d'une secte qui inventait une religion nouvelle, qui voulait détrôner Dieu pour mettre à sa place l'humanité, et sur les ruines de la foi catholique dresser uniquement l'idole de la Raison, il fut un vrai prêtre, c'est-à-dire *l'homme de Dieu* (2); soldat sans peur, et, autant qu'il le pouvait, sans reproche, il

---

(1) Sauf pour préférer la France aux autres nations. « J'aime ma patrie plus que ta patrie. » (Montesquieu.)

(2) *Homo Dei* (saint Paul).

proclama la royauté de Jésus-Christ, son souverain Seigneur et Maître, la mission surnaturelle de l'Eglise, les devoirs des fidèles et ceux de la France sa patrie. C'est pourquoi, dans le jargon du temps, on ne se fit pas faute de l'appeler « perturbateur politique » et « curé incendiaire », parce qu'il n'acceptait ni la langue ni les idées des puissants du jour. Singulier incendiaire, que celui qui, non seulement n'a jamais fait de mal à ses ouailles, mais trahi, dans sa mission d'amour, par quelques-uns des siens, se laissa prendre comme un agneau, et, conduit à l'échafaud où il monta dans un transport de joie, tomba en victime, comme Jésus au Calvaire, en pardonnant à ses bourreaux et en priant pour ceux qui l'insultaient. *Incendiaire?* Oui, parce que l'amour qui consumait son cœur, il aurait voulu, comme son Maître, l'allumer dans le cœur de tous ses frères... de France et du monde.

Physionomie très vivante, très attachante, que nos amis, et même nos adversaires, auraient tort de redouter, car elle ne respire que le dévouement fraternel et la saine joie du bien, et l'ardeur pour la vérité, et la loyauté la plus française. Aussi, lorsqu'on vint me prier de la dépeindre pour la présenter au bon peuple d'Anjou et de France, je me souviens que, la première minute d'étonnement passée, j'acceptai avec reconnaissance et presque de l'enthousiasme. Et je me remis à l'étude, pour rafraîchir et aviver mes souvenirs.

J'ai donc parcouru les procès de béatification, l'ordinaire et l'apostolique, où l'on a recueilli, sous la foi du serment, de très intéressants et véridiques témoignages. Que n'ont-ils été institués soixante ou quatre-vingts ans plus tôt ! Alors, même à supposer qu'ils n'eussent rien révélé de vraiment essentiel sur l'âme du saint et du martyr, ils auraient beaucoup mieux satisfait, par des traits plus précis et plus nombreux, la curiosité insatiable de l'historien et des lecteurs.

J'ai relu le *Journal* et les *Mémoires* de l'abbé Gruget, le contemporain de Noël Pinot, qu'il a vu à l'œuvre et fréquenté, et qui reste le témoin, oculaire et auriculaire, le plus autorisé, parce qu'il est à la fois très sincère, bien renseigné, intelligent et compétent (1). Ses pages, assurément, n'ont rien de littéraire. Malgré cela, ou plutôt à cause de cela, elles sont extrêmement émouvantes, ayant été écrites par le spectateur qui, de sa mansarde, suivait l'effroyable travail de la guillotine et envoyait aux victimes l'absolution suprême, ou bien par l'auditeur qui, vivant lui-même journellement dans l'attente de la mort où son ministère l'exposait, cueillait sur les lèvres, et dans les yeux de ses visiteurs, le récit des scènes de carnage qui les faisaient encore frissonner, et lui avec eux.

L'enquête, si soigneuse, tant de fois reprise et complétée, de M. l'abbé Brouillet, curé-doyen du Louroux-Béconnais, sur les faits et gestes de son illustre prédécesseur dans sa

---

(1) Les manuscrits de Gruget comprennent : *a*) son *Journal*, qui va du samedi 11 janvier 1794 au samedi 8 avril 1795, avec des lacunes; *b*) ses *Mémoires*, écrits quelques mois après les événements : une vingtaine de cahiers, dont il ne reste guère que la moitié, se rapportant à l'année 1793 et 1794. Mémoires et journal, annotés par M. Querruau-Lamerie, ont été publiés ensemble par M. l'abbé Longin, dans *La Revue de l'Anjou*, et tirés à part chez Germain et Grassin, en 1902; *c*) une *Histoire générale de la Révolution en Anjou*, commencée mais non achevée; et de ce qui a été écrit, vers la fin de 1794 ou le début de 1795, les treize premiers cahiers restent, qui ont été publiés par M. le ch. Uzureau, en 1905, à Paris, chez Alphonse Picard, sous ce titre : *Histoire de la Constitution civile du clergé en Anjou*, « document de premier ordre pour notre histoire locale »; *d*) un *résumé* de l'histoire de la Terreur à Angers, envoyé à Mgr Montault, qui lui avait demandé une *histoire du Champ-des-Martyrs*. Publié par M. Querruau-Lamerie en 1893; et utilisé par Godard-Faultrier, dès 1852, dans son livre *Le Champ-des-Martyrs*, avec les autres écrits de l'abbé Gruget.
Dans ses quatre manuscrits, M. Gruget parle de Noël Pinot.

paroisse — de 1788 à 1794 — reste une mine précieuse de renseignements (1). J'y ai recouru, comme mes devanciers.

J'ai feuilleté avec plaisir les ouvrages de seconde main sur Noël Pinot, en particulier le travail du marquis de Ségur, qu'il intitula d'abord, très justement : *Une victime de la Constitution civile du Clergé.* Il s'appuyait uniquement sur le mémoire de M. le Curé Brouillet. Ecrit avec l'élégance, la distinction, et parfois avec l'éloquence de l'ancien régime, il ramena l'attention sur le curé-martyr. Augmenté par M. Ch. Sauvé, le pieux sulpicien, le théologien des intimités divines, qui aima passionnément la cause du prêtre angevin; enrichi par lui de quelques documents, de notes apologétiques et d'illustrations, sous ce titre nouveau, moins bon que le premier : *Un admirable martyre sous la Terreur* (2), ce même livre contribua beaucoup à mettre en lumière la figure vénérée et à faire désirer sa glorification. Les deux auteurs associés ont droit à une particulière reconnaissance, bien que leur travail soit incomplet et, sur plusieurs points, fautif.

J'en passe... qui sont bons (3).

---

(1) L'enquête lui avait coûté beaucoup d'efforts, de soins, et des années de recherches et d'interrogatoires dans les familles de la paroisse. M. le chanoine J. Cherbonnier, alors tout jeune, accompagnait son oncle, et, le soir, rédigeait avec lui les faits qui devaient servir au *Mémoire.*

(2) Paris, chez Charles Amat, éditeur, 11 rue Cassette.

(3) BOURCIER, *Essai sur la Terreur en Anjou,* (Angers, 1870, Barrassé éditeur); SAUVAGE, *Un canton de l'Anjou sous la Terreur* (chez Lachèse, Angers); Dom CHAMARD, *Les saints personnages de l'Anjou* (Paris, Lecoffre)... Le premier, dom Chamard utilisa les *Mémoires* de Gruget. — G. LETOURNEAU, Supérieur du Séminaire d'Angers, *Histoire du Séminaire d'Angers* depuis son union avec Saint-Sulpice, en 1695, jusqu'à nos jours (Germain et Grassin, Angers, 1895.) — Chanoine PORTAIS, *L'abbé Gruget,* curé de la Trinité d'Angers, sa paroisse, son diocèse, son temps (1751-1840), Angers, Germain et G. Grassin, 1896.

Enfin, il est juste, comme il m'est agréable, d'ajouter que j'ai étudié avec attention plusieurs travaux que M. le chanoine Uzureau a publiés dans l'*Anjou historique* (1), et, tout spécialement, l'étude suivante, éditée à part : *Noël Pinot, curé du Louroux-Béconnais, guillotiné à Angers le 21 février* 1794 (2). Pour cette contribution excellente, que je n'avais qu'à ouvrer, et pour d'autres trouvailles qu'il m'a fort aimablement communiquées en m'en laissant la primeur, que le sagace archiviste, « membre de la Commission diocésaine des martyrs angevins », veuille bien agréer mes compliments, avec mes remerciements les plus sincères et les meilleurs.

Hélas ! en dépit de nos recherches et de nos désirs, il reste encore des trous dans la biographie de notre illustre compatriote. Espérons que d'autres chercheurs, après nous, auront l'heur de les combler.

Mais, à mesure que j'avançais dans mon étude, mon héros grandissait d'autant à mes yeux. Ce n'était pas seulement le *martyr*, le témoin du Christ, qui se dressait devant moi, dans l'attitude sublime qu'il garde pour l'éternité : gravissant les degrés de l'échafaud, sur notre place du Ralliement, dans toute la joie de son cœur, et revêtu, pour ce que j'ose appeler sa dernière messe, des mêmes habits qu'il prenait quand il officiait en cachette dans l'une ou l'autre des fermes de sa paroisse. C'était aussi, et presque sur le même plan, le *saint* prêtre dans toutes les fonctions qu'il remplit, le vicaire, l'aumônier, le curé, à l'âme éminemment apostolique, au cœur tout plein d'une ardente charité. Et, enfin, c'était l'homme,

---

(1) Notamment, sur *Le Clergé du Louroux-Béconnais et de l'abbaye de Pontron pendant la Révolution* (1909). L'auteur et sa Revue ont pour *spécialité* les hommes et les choses de la Révolution : mine précieuse, dont j'ai usé, sans pouvoir en abuser.

(2) Angers, G. Grassin, 1912.

avec ses beaux talents et ses qualités : son amour de l'étude et de la science, sa parole incisive et empoignante, son intransigeance dans la doctrine, sa prudence dans l'action, son courage indomptable, avec une douceur très grande et une confiance un peu trop optimiste dans ses semblables : bref, un homme qui fait honneur à l'humanité. On n'a de lui aucun écrit, ou du moins ses bourreaux n'ont rien laissé subsister, pas la plus petite lettre, rien que sa signature au bas de ses procès ; et c'est chose regrettable pour nous, qui désirerions le connaître davantage pour l'apprécier à toute sa valeur. Mais qu'importe ? Ce qu'il a fait vaut infiniment mieux que les plus belles pages de littérature.

Il nous revient, à l'heure choisie par la Providence, nimbé de l'auréole des bienheureux, et la palme du martyre à la main. On nous dit, à ce sujet, que l'époque contemporaine ressemble beaucoup à celle où il vécut. L'affirmation est peut-être difficile à prouver. Il serait oiseux, sans doute, de l'appuyer ou de la contredire, par les similitudes et les dissemblances qu'on croit remarquer entre l'une et l'autre. Ce qui est sûr, c'est que la lutte entre le bien et le mal, entre Dieu et Satan, se continue sans trêve ni relâche, non plus dans les chemins creux, mais autour des institutions, divines ou humaines, qui sont la force des nations ; qu'elle est conduite par nos frères ennemis avec une habileté persévérante, éclairée de l'expérience des siècles, et soutenue dans l'ombre par les puissances occultes de ce monde, d'après un plan bien concerté. A la garde et à la grâce de Dieu ! Et aidons-nous dans la défense. En tout cas, Noël Pinot, par sa fin héroïque, peut nous apprendre à bien mourir, et, par toutes ses œuvres, nous apprendre à bien vivre, ce qui est encore, ce qui est toujours, la meilleure manière d'apprendre à bien mourir.

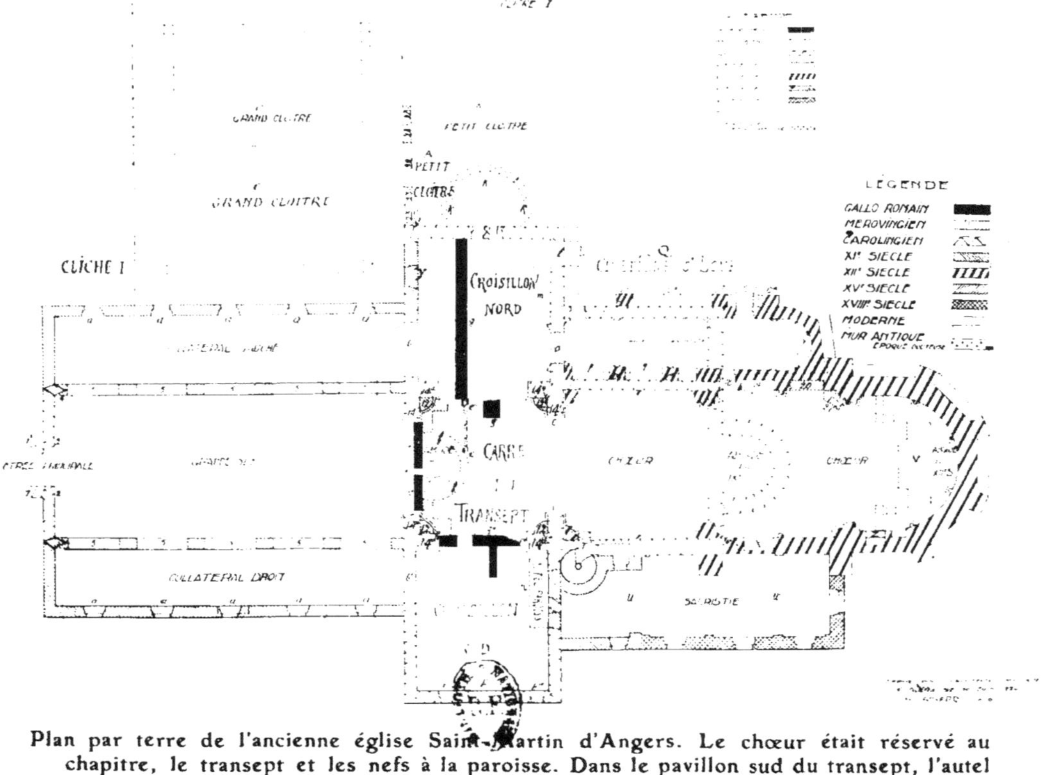

Plan par terre de l'ancienne église Saint-Martin d'Angers. Le chœur était réservé au chapitre, le transept et les nefs à la paroisse. Dans le pavillon sud du transept, l'autel paroissial (*n*) où Noël Pinot a dû faire sa première communion. Légende indiquant les différentes époques de la construction de cette église.

CHAPITRE PREMIER (1747-1771)

C'est une œuvre longue et délicate et difficile que la formation d'une âme; les éducateurs le savent bien. Elle est plus longue encore, et plus ardue, quand il s'agit d'une âme de prêtre. Le spectacle en est d'autant plus attachant. Nous aimons à remonter le cours des années d'une vie, à en scruter les origines, à interroger les témoins, pour contempler les progrès de la nature et de la grâce et y saisir, comme disaient magnifiquement les Pères, le « Dieu en fleur » qui s'épanouit en elle et s'apprête à donner son fruit.

Malheureusement, dans l'espèce, si les documents abondent sur l'arrivée au but, nous en avons trop peu sur le départ. Les dernières années de Noël Pinot éclatent dans une lumière de plus en plus dense; les premières, avec quelques points de repère seulement, demeurent dans la pénombre, et parce que sa famille n'était pas en vedette dans notre ville, et parce que les renseignements qu'on aurait pu recueillir sur ses études ont disparu dans les troubles de la Révolution. Pour en reconstituer la trame, jusqu'ici lâche et flottante, il me faudrait avoir l'habitude et l'habileté du père Pinot dans son métier de tisserand.

La famille était très humble, et très honorable; famille d'ouvriers, comme celles du pays de Galilée où Jésus choisit la plupart de ses Apôtres, et comme tant d'autres du bon peuple de France où Il trouve aujourd'hui le plus grand nombre de ses prêtres. Elle mérite hautement d'être mise à l'honneur, au moins pour le chef-d'œuvre que Dieu fit, par elle, en l'un de ses enfants.

Le père, René Pinot — un prénom et un nom très ange-vins — était un modeste tisserand. Le registre mortuaire le nomme *maître* tisserand, qu'il ait tenu ce titre ou de sa corporation après les épreuves ordinaires ; ou de ce qu'il eut un ou deux ouvriers avec lui, vers la fin ; ou de la bien-veillance du clergé, qui le prodiguait volontiers dans les actes. Mais, à tisser la serge et la toile, l'ouvrier ne faisait pas fortune. Il s'était marié jeune, ce qui était mettre dans sa vie une force et une chance de plus. A l'âge de vingt-deux ans, dans l'église paroissiale, et collégiale, de Saint-Martin d'Angers (1), il avait épousé, le mardi 27 janvier 1728, Claude (2) La Grois, qui comptait quelques mois seulement de plus que lui.

Où était installé le jeune ménage ? Au delà de la troisième enceinte fortifiée (3). La paroisse Saint-Martin, sise tout près des fortifications, s'espaçait assez largement hors des murs, et confinait à la paroisse Saint-Augustin. Le curé avait son presbytère dans le faubourg Bressigny (4), qui renfermait la plus grosse agglomération de ses ouailles.

Le *quartier des tisserands*, si l'on peut dire, était dans

---

(1) Il en reste actuellement le transept, le chœur, et la chapelle des saints Anges, assez bien conservés ; du grand vaisseau à trois nefs, un mur, avec des arcades. Ils appartiennent à M. le chanoine Paul Pinier, supérieur de l'Externat Saint-Maurille. Tout autour, la rue Saint-Martin et celle des *cloîtres* Saint-Martin gardent chez nous le souvenir d'un passé qui ne fut pas sans gloire. — Ce livre donne la *coupe transversale* et le *plan par terre* de la très belle église Saint-Martin : coupe et plan fournis par M. Pinier.

(2) Dans l'intimité, on l'appelait *Claudine.*

(3) Nos boulevards marquent la place des fossés.

(4) On disait couramment : en Bressigny.

le même faubourg, presque à l'extrémité : ils y habitaient, de fait, en grand nombre. M. et Mme Pinot y avaient, au milieu des gens de leur métier, une demeure en location, qui portait le numéro 1839. Plus tard, le père mort, la veuve, qui l'occupa jusqu'à la fin de sa vie, en devint propriétaire. Aliénée dans le courant du siècle dernier, cette maison a été abattue par les acquéreurs, qui élevèrent sur son emplacement, une autre maison, laquelle porte aujourd'hui le numéro 128, dans la même rue (1) C'est là, suivant une tradition qui paraît bien fondée, que le ménage vécut, travailla, et s'accrut, conformément au précepte divin, rapporté dans le livre de la Genèse (2).

La ménage, chrétien, laborieux et vaillant, fut très heureux; et il convient d'ajouter, comme c'est l'ordinaire dans les contes de fées, qu'il eut beaucoup d'enfants. Voici la liste glorieuse de ces naissances, qui s'échelonnèrent presque régulièrement, une par an ou à peu près, de

---

(1) Pierre, un de ses fils, tisserand lui aussi, en hérita, et la transmit à ses descendants. Elle fut vendue en 1820. Le nouveau propriétaire l'abattit en 1833, et la remplaça, sauf deux murs mitoyens surélevés, par la maison actuelle, dont le propriétaire est M. Levers.

(2) S'il était peu fortuné, il n'était pas dans la misère : car les parents firent l'acquisition d'une autre maison dans le même quartier, sans doute pour loger leur fille Claudine, quand elle épousa Etienne Milon, un autre tisserand, vers 1754. Cette maison, qui avait le numéro 1830, a été rebâtie, comme l'autre. A sa place a été édifiée la maison n° 138, de la même rue du Faubourg-Bressigny, située 20 ou 30 mètres plus loin que la maison n° 128.

J'ai résumé ici, dans le texte comme dans les notes, et en l'interprétant, un manuscrit de feu M. le chanoine Rondeau, qui fut, comme son père, un fervent archéologue angevin. Cette trouvaille fut une des dernières joies de sa vie. Pour la faire, il confronta ingénieusement : a) un registre de recensement du règne de Louis XV (manuscrit 969 de la bibliothèque municipale); b) une liste des habitants sous Louis XVI (manuscrit 970) ; c) un registre avec plan cadastral de 1810; d) le registre, avec plan cadastral actuel, de 1840. Depuis, « d'autres documents, ajoute-t-il, ont confirmé mon opinion ».

1728 à 1747, à l'honneur de ces parents très chrétiens et pour l'exemple de notre temps (1) :

1. *René* (2), le 28 novembre 1728.
2. *Claude* (3) (ou *Claudine*), le 23 novembre 1729.
3. *Marie-Anne* (4), le 3 février 1731.
4. *Marguerite-Catherine* (5), le 19 février 1732.
5. *Jeanne* (6), le 9 juin 1733.
6. *Nicolas* (7), le 19 août 1734.
7. *Catherine* (8), le 23 septembre 1735.
8. *Louise* (9), le 14 février 1737.
9. *Anne* (10), le 22 mars 1738.
10. *Marguerite* (11), le 18 mai 1739.
11. *Renée-Véronique* (12), le 13 novembre 1740.
12. *Pierre* (13), le 9 janvier 1742.

---

(1) Pour cette liste, et le reste du chapitre, cf. la brochure de M. le chanoine Uzureau, *Noël Pinot...* déjà citée.

(2) Mort le 27 décembre 1782, maire-chapelain de la cathédrale d'Angers.

(3) Mariée à Etienne Milon, morte le 16 octobre 1781.

(4) Mariée à François Delaunay (11 août 1760).

(5) Mariée à René Magdelain (3 février 1755).

(6) Morte le 11 juin 1756.

(7) Mort le 5 septembre 1734.

(8) Morte le 13 février 1738.

(9) Épousa Pierre Renou. Décédée à l'Hôpital des Incurables d'Angers, le 20 mars 1797.

(10) Épousa Mathurin Salmon. Mourut le 29 janvier 1777.

(11) Nous n'avons pas d'autres renseignements sur elle.

(12) Sans autres renseignements, que celui-ci : cette **Renée Véronique**, ou l'autre Renée, la treizième de la série épousa un nommé Marcil.

(13) Pierre logea chez sa mère jusqu'en 1781. Dans la maison natale qu'il occupa, il fit souche de bons chrétiens. Un de ses fils mérite une mention spéciale : François. *François Pinot* fit son « tour de France », en qualité de garçon boucher, avant la Révolution; se plaça chez un patron, nommé Galand-Dupré, qui, après plusieurs années de bons services, lui donna sa fille Marguerite en mariage. Il eut quinze enfants et mourut à Epinal, en 1848. Le 13e, *Dominique Pinot*, se maria à Henriette Henry, à Châtel-sur-Moselle et, à Bains-les-Bains, dans les Vosges, où il s'établit, il eut douze enfants. Un de ses

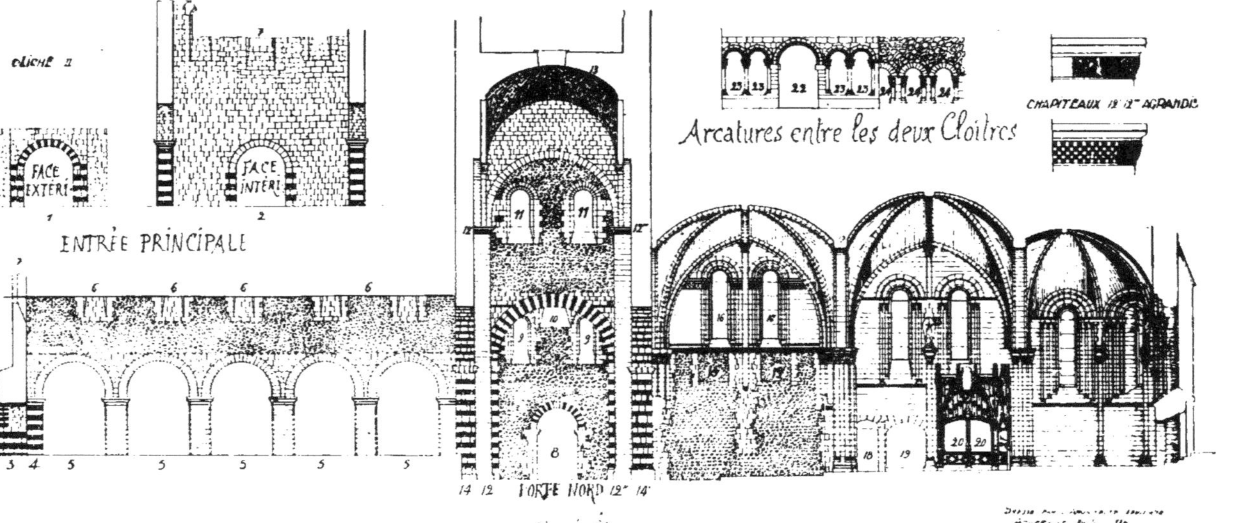

Coupe longitudinale vers nord de l'ancienne église Saint-Martin d'Angers.
Dessin de l'entrée principale, aujourd'hui démolie.

13. *Renée-Geneviève* (1), le 17 avril 1743.
14. *Catherine* (2), le 22 octobre 1744.
15. *Joseph* (3), le 15 avril 1746.
16. *Noël,* le Benjamin, notre martyr.

En ce temps-là, dans la vieille France, dans notre Anjou catholique, on accueillait les enfants sans trop les compter : on se fiait à la Providence et aux ressources que procurait le travail. Et, dans les foyers ainsi peuplés de têtes blondes ou brunes, on faisait très volontiers la « part à Dieu ». La famille Gruget, de Beaupréau, qui eut *vingt-deux* enfants, donnait trois prêtres à l'église : *Laurent,* curé du Fief-Sauvin; *Michel,* curé de Saint-Florent-le-Vieil, et *Simon-Jean,* l'ami de Noël Pinot, qui fut curé de la Trinité; plus une martyre, *Jeanne-Rose,* mère de famille, fusillée le 1er février 1794 à la Haye-aux-Bonshommes (4). Chez les Pinot, le premier et le dernier de la respectable série furent consacrés à Dieu : *René,* qui fut vicaire à Saint-Maurille des Ponts-de-Cé, puis chapelain de notre cathédrale; et Noël, à qui enfin nous arrivons.

---

fils, le 7e, Marie Pinot, est mort curé de Martigny-les-Bains (Vosges), en 1925. Un jeune frère du curé est mort à Paris, pendant la guerre, et un de ses neveux, *Henri Pinot,* qui se préparait au sacerdoce, a été tué au Mont-Kemmel, en avril 1917. En 1921, il restait au curé de Martigny, deux frères et une sœur. (D'après une lettre du 19 mars 1921, écrite à M. le chanoine *Courtin,* curé-doyen du Louroux, qui nous l'a gracieusement communiquée.) Les renseignements de cette lettre, l'abbé Marie Pinot déclarait les tenir de son père Dominique, de son oncle Gabriel et d'une de ses tantes... Il ajoutait que, dans son pays, ils n'étaient plus que quatre, en 1921, à porter le nom de Pinot : Ernest, Marie, Henri, Julie. Il y a d'autres parents, portant un autre nom.

(1) Sans autres renseignements.

(2) Morte à l'âge de cinq ans et neuf mois, le 4 août 1750.

(3) Décédé le 19 décembre 1747, à l'âge de vingt mois.

(4) Jeanne-Rose Gruget, née à Beaupréau le 29 avril 1730, mariée à Étienne Doly, de Beaupréau, eut un fils prêtre.

Le dernier-né fut porté à l'église paroissiale, le lendemain de sa venue au jour. Voici l'acte de baptême (1) : « *Le vingtième jour de décembre mil sept cent quarante-sept, Noel, né du jour d'hier, fils de René Pinot et de Claude La Grois, son épouse, a été baptisé par nous, vicaire sous-signé. Ont été : parrain Noël Tricot, cousin de l'enfant, de la paroisse de Sainte-Croix; et marraine Claude Pinot, sœur dudit enfant, qui ne signe (2); le père présent et sous-signé.* » — *René Pinot.* — *Noël Tricot.* — *Béron, maire-cha-pelain* (3) *et vicaire à Saint-Martin.*

L'église « insigne et royale » de Saint-Martin, qui reçut le modeste cortège, ne fut jamais plus honorée que ce jour-là, quand sortit, régénéré, de son baptistère le tout petit enfant qui devait joindre à la couronne du prêtre la palme des martyrs (4).

En Bressigny, la maison du maître tisserand était par-tagée entre la douleur et la joie. Car le 19 décembre, lorsque Noël faisait son entrée dans la vie, son frère Joseph, âgé de vingt mois, expirait dans son berceau. Parents et enfants pleuraient. Mais ils se consolèrent en bons chré-tiens, parce que la place du partant n'était qu'à demi vide et que son âme innocente était déjà rendue au ciel. Double naissance au ciel et sur la terre, que le nom du nouveau-venu, Noël, exprimait et symbolisait avec une grâce par-faite.

Noël, le petit dernier, se fortifie et grandit. Il est le

---

(1) *Archives de la Mairie d'Angers.*

(2) Sous l'ancien régime, où l'instruction était beaucoup plus commune qu'on ne le dit, on trouve *généralement* plus d'hommes que de femmes sachant signer : dans la proportion de 6 à 4 environ.

(3) *Major Capellanus.*

(4) Le baptistère a disparu. Mais, du vaisseau à trois nefs qui s'est effondré, des murs subsistent, qui le renfermaient, engagés dans une maison qui appartient à M. le chanoine Pinier.

Benjamin de la famille. Mais il ne peut pas être gâté. Les parents, qui sont des ouvriers et qui gagnent le pain de tous à la sueur de leur front, n'ont pas le loisir d'écouter les plaintes de la sensibilité enfantine, quand elles éclatent ; et, non remarquées, elles cessent presque aussitôt. Les enfants, les adolescents, tous aimés d'un même amour, trop nombreux pour qu'on se prête à les écouter ou à les flatter, se rendent les uns aux autres, tout naturellement, le service d'adoucir les angles, comme on dit, ou de polir les rugosités de leurs caractères. C'est déjà une bonne « école mutuelle » qu'une famille nombreuse.

La mère, parmi les soins du ménage et du ravitaillement, trouve le temps, et d'ailleurs saisit, en bonne chrétienne qu'elle est, toutes les occasions de former ses enfants à la piété. Sur ses bras et dans son giron, qui sont le premier et le plus doux des bancs d'école, Noël s'exerce à faire le signe de la croix, à balbutier les noms de Jésus et de Marie. De cette première maîtresse, la plus persuasive, parce qu'elle est la plus aimée, étant la plus dévouée, il apprend, comme l'ont appris avant lui tous ses frères et sœurs, les prières du chrétien, *Notre Père*, *Je vous salue Marie*, *Je crois en Dieu*, les mêmes que Jeanne d'Arc déclarait avoir reçues de sa « pauvre mère » ; le soir, blotti près d'elle avec le père et toute la nichée, il l'écoute qui récite la prière, au nom de toute la famille. Et le plus tôt couché, parce qu'il est le plus jeune, il s'endort dans son petit lit sur un dernier baiser, en recommandant, avec elle, son sommeil au « bon Dieu » : rite charmant et suave, qui dispose son cœur aux appels de la grâce, qui sont proches.

Le père, René Pinot, qui vit dans sa cave et ne paraît guère qu'aux heures des repas, donne, de sa part mais d'une autre manière, une excellente leçon à ses fils. Ils grandirent tous, en effet, au chant crépitant et sec de la navette du tisserand, repris et redoublé par les nombreux métiers du voisinage. Cette chanson monotone, qui accompagnait et soulignait le travail de l'ouvrier, Noël ne l'oublia jamais. Il avait observé le savoir-faire du tisseur, et il en profita, ainsi que nous le verrons par la suite. Mais surtout la fidélité au devoir, la persévérance inlassable dans la tâche quotidienne, tel fut son modèle pour une tâche bien différente que Dieu lui réservait, et qu'il accompagna, comme d'une chanson, de son optimisme constant et alerte.

Il faut aux enfants, sous peine de briser leur élan et de fausser leur aimable spontanéité, une détente, des récréations. Dans les loisirs de la journée, et principalement aux heures de congé, s'il faisait beau, la mère, un peu lasse parfois de leurs éclats et de leur babil, ouvrait la porte. Alors la bande joyeuse s'échappait, les cheveux au vent. Ils s'en allaient, non pas sur la grande route (1) du faubourg que bordaient les maisons, route trop passante où circulaient voitures, charrettes, cavaliers et piétons, vagabonds et mendiants, mais à travers les ruelles enchevêtrées du quartier, assez près, dans le *canton de Paradis* (2), dans les « closeries » et la « cour » qui dépendaient du chapitre de Saint-Martin, où ils avaient plus d'espace pour prendre leurs ébats. Là, sous les yeux bienveillants, et surveillants, des voisins, on s'amusait, on criait, on organisait des jeux en toute liberté. Et on rentrait plus dispos au logis paternel.

Avec l'école de la famille, la meilleure de toutes, entre

---

(1) Route de Saumur et de Tours, vers Paris, la seule vraie route du quartier.

(2) Il y avait le grand et le petit Paradis. Nos ancêtres appelaient chemins du Paradis les petits chemins creusés entre deux haies vives, dans la campagne. Ils avaient la langue chrétienne, comme le cœur. Le « Petit-Paradis » a été pris par la rue Desjardins prolongée vers la place André-Leroy.

les amusements des rues et du *canton de Paradis*, Noël fréquenta-t-il une autre école? Sans aucun doute.

A Angers, pour l'instruction primaire, on n'avait que l'embarras du choix. L'Église, qu'on accuse si volontiers d'avoir maintenu dans l'ignorance ou, tout au moins, d'avoir négligé le peuple — ce bon peuple de France à qui M. de Voltaire, le spirituel bourgeois qui en avait besoin pour labourer ses propriétés et injuriait pour ce motif les Frères des écoles chrétiennes, voulait qu'on servît, non pas la vérité, mais « un aiguillon et du foin » — l'Eglise n'avait pas manqué à son devoir : elle avait même plus soigné, en général, l'enseignement des garçons que celui des filles. Il y avait, sur tous les points de notre ville — Angers ne comptait pas quarante mille habitants — une vingtaine de maisons, fondées par le clergé, où des chapelains à petits bénéfices, prêtres ou clercs, instruisaient et élevaient gratuitement les fils du peuple, pour obéir aux prescriptions des conciles, généraux ou provinciaux, et aux mandements de nos évêques. En outre, vers 1741, Mgr de Vaugirault avait appelé les Frères de Jean-Baptiste de la Salle, pour prêter main-forte. Il est vrai que les *Ignorantins* (1) — c'était le nom méprisant que leur donnaient les *philosophes* — furent assez froidement accueillis par ceux qui étaient en possession et par la municipalité, qui, en dépit ou à cause de leurs succès auprès du peuple, prétendait défendre les intérêts de la ville contre ces hors-venus. Ils prirent une petite école, sur la paroisse de la Trinité; et l'évêque les installa, en Lesvière, dans la maison dénommée le *Sabot* (ou mieux *La Providence*),

---

(1) Ce nom fut choisi, d'abord, par les frères de Saint-Jean de Dieu, dans un esprit d'humilité. Nos « philosophes » l'appliquèrent, avec un souverain mépris, aux Frères *instituteurs*.

pour des œuvres multiples (1); cela, en attendant que la mairie, mieux éclairée, acceptât leur translation à la *Rossignolerie* (2), où ils firent merveille. En Lesvière, ils remplaçaient alors un prêtre séculier.

Noël ne fut certainement pas envoyé chez eux. Il fit ses petites classes élémentaires, c'est-à-dire qu'il apprit la doctrine chrétienne, la lecture du français et du latin, l'écriture, la grammaire, l'arithmétique, un peu d'histoire de France et l'histoire sainte; soit, s'il était enfant de chœur ou *psalteur*, élève de la petite maîtrise et soumis au chanoine-chantre (3), la classe que tenait le « prêtre-sacriste » aux « cloîtres Saint-Martin » (4); soit, plutôt, on peut dire *certainement*, à l'école de charité de la paroisse. En 1744, le curé, *Messire* Adrien Chotard, l'avait établie dans le fond de la cour Saint-Christophe (5), où il avait acheté une maison, pour laquelle il payait au chapitre un droit annuel de quelques livres; dans cette maison, il logeait et entretenait le maître, un maire-chapelain (6). C'est donc à cette école de charité, non loin de sa maison natale, que Noël fut confié.

----

(1) Ecole proprement dite; maison de refuge pour les vieux prêtres: maison de force pour les jeunes gens...

(2) Aujourd'hui, le Lycée.

(3) Le chanoine-chantre avait la seconde place dans le chapitre. Il venait après le doyen.

(4) Ecole très vieille, qui fut supprimée en 1769. Le sacriste touchait, du chapitre, qui était pourtant l'un des plus pauvres d'Angers, trois cents livres pour ses appointements. Il était chargé de la « nourriture et instruction » des choristes. *Nourriture* est un vieux mot de la langue, qui signifie éducation.

(5) L'impasse Saint-Christophe avait deux issues, l'une sur la rue Château-Gontier, l'autre sur la rue Bressigny, en face du presbytère.

(6) Cf. *L'instruction primaire avant 1789 dans les paroisses actuelles du diocèse d'Angers*, par l'abbé Ch. Urseau, 1890. On trouve dans ce livre de précieux renseignements, incomplets, hélas !

Ce que dura cet apprentissage, nous ne le savons pas avec précision. Mais la tradition rapporte que l'écolier, ardent au travail comme au jeu, et d'esprit très ouvert, fut l'honneur de son maître, la consolation de sa famille et sa fierté.

Sa famille avait été fort éprouvée pendant ces années d'école. La plus jeune des filles, Catherine, était morte, en août 1750, à peine âgée de six ans ; Noël l'avait peu connue. Il connaissait mieux, et il aimait tendrement, Jeanne, son autre sœur aînée, décédée à l'âge de vingt-trois ans. Mais, hélas ! deux mois auparavant, le chef de la maison, le père, avait succombé aussi, en pleine force, le 15 avril 1756 : il atteignait seulement la cinquantaine. Et Pierre, le seul de ses fils qui pût le remplacer, et qui resta auprès de sa mère, n'était encore qu'un apprenti, dans sa quinzième année. On comprend le deuil de la maisonnée entière. D'autre part, Claudine, la marraine de Noël, s'était mariée en 1754 ; Marguerite-Catherine l'avait imitée, l'année suivante ; et Marie-Anne, à son tour, en 1760 : « parmi les signatures de l'acte de ce dernier mariage, on rencontre pour la première fois celle de Noël Pinot, alors dans sa treizième année (1). » Tous ces départs (2), et les vides qu'ils causaient, rendirent plus grand, moins vivant, le foyer familial, d'où presque tous les oiseaux s'étaient envolés, à l'exception de trois filles et de deux garçons, Pierre et Noël : car l'aîné de tous, René, entré au Grand Séminaire, et ordonné prêtre, avait été aussitôt nommé vicaire à Saint-Maurille des Ponts-de-Cé.

Les restants se serrèrent plus étroitement autour de la mère ; par une affection plus vive et des attentions plus

---

(1) Chanoine Uzureau. *Archives municipales d'Angers, Etat-civil.* Le mariage fut célébré le 11 août.
(2) Peu après, Louise et Anne s'établirent aussi.

délicates, ils tâchèrent de consoler sa tristesse et d'alléger ses soucis. Noël, le Benjamin, que la mort de son père avait rendu soudain plus grave, bien qu'il n'eût alors que neuf ans, fut son meilleur soutien par son travail d'écolier, par ses succès, et surtout par sa piété. Il avait déjà reçu le sacrement de Confirmation, qu'on administrait alors avant celui de l'Eucharistie. Vers sa douzième année — assez tard, c'était la coutume d'alors — il fit sa première communion : dans quels sentiments de joie et de reconnaissance, on le devine aisément. Si vous visitez l'église Saint-Martin, on vous montrera l'emplacement précis de l'autel où Noël Pinot, adolescent, s'agenouilla pour recevoir son Dieu. L'autel paroissial (1) était situé dans le transept de droite; il n'en subsiste qu'une pierre, avec inscription, qu'on a encastrée dans le mur où il était adossé. Décidément cette église de Saint-Martin, où Noël, le bienheureux martyr, a été baptisé, a fait sa première communion et célébré sa première messe, demeure, malgré sa désaffectation, une église « insigne ». Ce titre, que ses chanoines ont revendiqué pour elle durant plus de cinquante ans

---

(1) Le chœur de l'église, assez long, était réservé exclusivement au chapitre, avec l'autel du fond où se célébrait la messe capitulaire. Dans la chapelle des Anges, fort gracieuse, sise à gauche et en contrebas du chœur, il y avait plusieurs autels, où le doyen, le chantre et les neuf autres chanoines disaient leurs messes privées. Le transept et le vaisseau à trois nefs étaient affectés au service de la paroisse. Une grille séparait le chœur du reste de l'église. Le curé de la paroisse de Saint-Martin, vicaire perpétuel du chapitre, était M. Adrien Chotard, docteur régent de la Faculté de Théologie, qui devint, à l'ancienneté, en 1787, doyen de la même Faculté, à la place de M. Rousseau de Pontigny décédé, et mourut en avril 1788, à l'âge de 79 ans. Il fut enterré dans l'église de Saint-Martin. Les actes de la Faculté, dans le style protocolaire, et sans doute à juste titre, le proclament *rector vigilantissimus*. Il était un des douze « curés cardinaux » de la ville d'Angers. Nommé curé en 1740, il eut, de Mgr de Grasse, le titre de vicaire général, qu'il résigna, comme tous les autres vicaires généraux, le 3 avril 1776, en faveur de M. Emery.

et lui ont heureusement maintenu, elle le mérite, et par sa belle architecture et par les grands souvenirs qu'elle évoque, notamment par ceux qui se rattachent à Noël Pinot (1).

Cet adolescent, travailleur, pieux, alerte et gai comme il convient à son âge, il me semble le voir circuler de sa maison à l'école et à l'église, à travers les rues du vieil Angers : car il ne connaissait guère d'autres promenades que celle-là, l'école étant sur le chemin de l'église paroissiale. Tous les jours de la semaine, sauf le jeudi, soir et matin, il se rendait à la classe. Les dimanches et fêtes — et il y avait beaucoup plus de fêtes chômées que de nos jours — la mère et ses enfants allaient à l'église. Du « canton de Paradis », ils entraient dans la grande artère du faubourg, toujours très animée, toujours grouillante, la rue Bressigny. Ils longeaient, à main droite, l'enclos de la Fidélité, dont les propriétaires, en souvenir de Madeleine Gautron, fabriquaient d'excellentes confitures et le plus exquis des guignolets ; puis, un peu plus loin, le presbytère paroissial, entre *Sainte-Barbe* et l'*image Saint-Julien*, dénommé aussi l'*Homme Sauvage*. A gauche, ils rencontraient une chapelle, très vénérée des Angevins, la chapelle de Saint-Sébastien, relevant de la fabrique de Saint-Michel-la-Palud ; c'était jadis un hôpital fondé pour y avoir six lits, deux pour les prêtres en voyage, et quatre pour les pèlerins laïques ; la chapelle était pieusement entretenue et décorée par les gens du voisinage ; et, bien souvent, Noël s'y arrêta pour prier. Quelques pas encore, et c'était la cour Saint-Christophe, en face de la cure, et, au fond de la cour, l'école charitable, qu'il saluait en passant. Après quoi, Noël et sa mère traversaient la « gla-

____

(1) Cf. *Ancienne église Saint-Martin*, P. Pinier. (Caen, Henri Delesques, imprimeur-éditeur.)

cière de ville », laissant à droite le beau mail planté d'ormes par Nicolas Martineau, franchissaient la porte Saint-Aubin, qui n'était plus guère solide (1), entraient en ville par la rue Saint-Aubin, « l'une des plus longues et des plus droites de la cité »; tournaient en face de l'église de Saint-Michel-la-Palud, joignant l'église et l'abbaye Saint-Aubin; traversaient la place de Saint-Martin, dont la maison où s'assemblait la Faculté des Arts faisait un des côtés; arrivaient sous le porche de l'église paroissiale (2), et, par une seconde porte, dans l'église elle-même. A gauche, tout au bas, un grand Christ de bois attirait les regards, un Christ dont les pieds n'étaient pas posés l'un sur l'autre, signe de son antiquité; Noël, comme les autres paroissiens, allait baiser les pieds du Crucifix. Du même côté, au pilier n° 2, était fixé un bénitier, que surmontait un tuffeau carré, portant cette inscription naïve :

> *Un chacqu'un qui cy passez,*
> *Pour remède des vieux péchez,*
> *Pour iceux effacez* (r)
> *De l'eau benoiste* (3) *pour le mieux prendrez.*

Noël prenait de l'eau bénite et se signait. Après quoi il se mettait à genoux, à côté de sa mère, et assistait dévotement à la messe. Assurément, ni l'écolier, ni son frère Pierre, ni les sœurs, ni la mère, ne se rendaient un compte exact de la beauté artistique de leur église et de la variété des styles, mérovingien, carolingien, roman, ogival, qui

---

(1) « Le 19 février 1770, dans un ouragan, le mur de la porte Saint-Aubin s'écroula, écrasant la maison de J. Boulet, chapelier, avec 400 chapeaux « tant fins que communs » (Note de C. Port, dans la *Description de la ville d'Angers*, de Péan de la Tuilerie). La porte fut rasée en 1775.

(2) C'est le numéro 23 de la rue Saint-Martin.

(3) *Bénite.*

la fleurissaient : leurs cœurs simples n'y cherchaient, au tabernacle et sur l'autel, que le Dieu de l'Eucharistie, et, au prône de Messire Chotard leur curé, que les enseignements de la foi et les nouvelles religieuses de la paroisse.

Aux grands jours, à Noël, à Pâques, en la fête du patron de chaque corporation, principalement à la *procession du Sacre*, la ville s'agitait. Toutes les cloches d'Angers — *la ville des cloches* — les 14 cloches de Saint-Maurice, et parmi elles le *Gros-Guillaume* et l'*Innocente*, les cloches des 47 églises, des 5 abbayes, des 26 couvents, les clochettes des chapelles et des oratoires, toutes ces voix, aiguës ou graves, des paroisses, des abbayes, des prieurés, des Séminaires, des collèges, se croisant dans toutes les directions, sonnaient en branle; c'était un beau carillon (1). La procession du *Sacre* (2), « la plus ancienne, la plus solennelle, et la plus pompeuse du royaume et peut-être de l'Europe », durait, le jeudi de la Fête-Dieu, depuis six heures du matin jusqu'à cinq heures du soir, avec une magnificence inouïe. Noël figurait, non pas comme spectateur, mais comme acteur, dans ce défilé. Il s'extasiait, comme ses petits camarades et tous les étrangers, devant les douze grosses torches de cire, vraies tours carrées, entourées de fleurs et de cierges allumés en forme de girandoles, si pesantes qu'il fallait « plus de douze hommes à chaque pour les porter sur des brancards (3) ». Ces grands jours étaient rares.

Noël, comme Jésus à Nazareth, grandissait donc en âge, en science, en grâce devant Dieu et devant les hommes.

---

(1) Henri IV disait : « Sonne-t-on toujours les cloches à Angers ? »

(2) Sacre = Sacrement. On disait : « Il n'est Sacre que d'Angers. » Les fiancées, curieuses comme celles d'aujourd'hui, faisaient insérer dans leur contrat cette condition que le mari les emmènerait au Sacre d'Angers. A Angers, on faisait fête à ceux qu'on appelait les *cousins du Sacre.*

(3) Péan de la Tuilerie, p. 18.

Sur son berceau, dans l'humble maison de la rue Bressigny, un rayon de l'étoile de Bethléem était venu se poser.
En son âme, Jésus, le Prêtre éternel, avait mis le germe
de la vocation sacerdotale. Dans cette ville d'Angers, si
riche en églises et en prêtres, qu'elle « se pouvait bien, et
à bon droit, appeler une église (1) »; au foyer domestique,
où l'on respirait une atmosphère de foi et de vertu; grâce
à l'exemple et aux bonnes paroles du fils aîné de la famille,
René, qui était devenu prêtre : le germe divin ne fut point
enseveli ni étouffé. Il se développa, sous les touches de
la grâce, secrètement, doucement, sûrement. Et, quand
Noël révéla son secret à sa mère, à son frère, à son curé,
à son maître d'école; les uns et les autres, qui le voyaient
à l'œuvre depuis son enfance, non seulement ne voulurent
point s'opposer à l'appel de Dieu; mais, après lui avoir
recommandé la prière qui est la meilleure condition de la
persévérance, ils s'entremirent pour l'aider à réaliser son
beau rêve.

René Pinot, vicaire à Saint-Maurille des Ponts-de-Cé,
dirigea ses premiers pas dans la brousse de la grammaire
latine. Mais, comme il ne pouvait, vu ses occupations, se
charger seul de la formation littéraire et scientifique, on
dut faire inscrire Noël au Collège d'Anjou, dirigé par les
prêtres de l'Oratoire, le seul alors, à Angers, où l'on pût
faire légalement, et honnêtement, ses humanités (2).

Le Collège d'Anjou, ou *le Collège neuf* (3), ou simplement
le Collège (4), avait été fondé par la Nation d'Anjou,

---

(1) Bruneau de Tartifume.

(2) Le *Collège de la Porte-de-Fer*, mis sous la tutelle des Oratoriens,
n'enseignait que la *grammaire*. Et les *pédagogies*, avec maître de pension et sous-maître, n'enseignaient les élèves que jusqu'à la cinquième.
Pour les autres classes, on les conduisait au *collège*.

(3) Le dernier venu.

(4) L'unique, parce qu'il absorba les autres, avec leur *temporel*.

l'une, et la première, des six *Nations* de l'Université d'Angers, dès l'année 1509. Les lignes qui suivent, et qui remontent à cette année, indiquent l'esprit de cette fondation : on prescrivait d'y « faire lecture et exercice de grammaire, oratorerye et poésie, à ce que (1) les enfants y fussent bons latins et bien instruits pour parvenir aux autres sciences ». Il végéta, jusqu'en 1624 où on y appela les prêtres de l'Oratoire. Ils en firent « un puissant établissement, augmenté du *temporel* des petits collèges supprimés, presque rival de l'Université, à laquelle il ne fut réuni qu'à grand'peine (2) ». En 1629, il devint « fondation royale ». Les bâtiments, que l'on commença de restaurer vers la fin du xviiᵉ siècle et qui ne furent jamais complètement achevés (3), abritèrent à la fois plus de 2.000 élèves, tous externes, sauf un pensionnat pour 25 élèves, que la ville y créa en 1725. Les écoliers y étaient toujours en grand nombre, moins grand qu'à la fin du siècle précédent ; mais leur nombre allait s'accroître un peu, par suite de la fermeture des collèges des Jésuites, en ces années (4). Dans les « six classes latines » et grecques, qui allaient de la sixième à la première inclusivement, on faisait la grammaire et les humanités proprement dites : « grammaire, oratorerie et poésie », comme l'annonçait déjà le premier prospectus. C'est donc de 1759 à 1765, que Noël Pinot s'y forma, sous la direction « de régents et de professeurs, dont la capacité était éprouvée », comme l'écrit

---

(1) Afin que.

(2) Célestin PORT, *Dictionnaire historique, géographique et biographique de Maine-et-Loire*, tome I, p. 78. Les grandes abbayes, Saint-Aubin, Saint-Nicolas, entretenaient chez elles des collèges, pour leurs sujets étudiants.

(3) L'Hôtel de Ville d'Angers. Les classes étaient à droite et à gauche de la porte principale.

(4) En 1762-63.

un contemporain (1). Les programmes des Oratoriens, *ratio studiorum*, n'étaient pas sensiblement différents de ceux des Jésuites, leurs émules, qui furent de si excellents professeurs ; et leur discipline était plus libérale. Ils traitaient, disait-on, leurs élèves « comme des hommes, afin qu'ils apprissent à le devenir (2)». Malheureusement, au moins en trop grand nombre, ils étaient, à la suite de Malebranche, entêtés de la philosophie cartésienne et inclinaient vers le jansénisme : ce qui avait amené, entre eux et les Pères de la Compagnie de Jésus, force querelles qui s'expliquaient bien plus par leur attitude à l'égard de l'orthodoxie que par la rivalité dans la profession.

Comme à l'école, Noël Pinot fut un bon élève, très appliqué, très pieux. Il tâcha de devenir « bon latin », de même bon français et bon helléniste, et « instruit pour parvenir aux autres sciences». Il apprenait à manier l'outil dont il aurait à se servir pour prêcher l'Evangile, pour convaincre et persuader les hommes : l'*oratorerye*, la parole. Il y acquerra une vraie maîtrise.

En même temps, il restait fils obéissant, et exemplaire, à la maison. Externe, il pratiquait encore le chemin de l'église Saint-Martin. Mais, s'il allait chaque jour un peu plus loin que la cour Saint-Christophe en Bressigny, jusqu'à la rue *Mallevaut* (3), entre le couvent des Ursulines et la rangée des maisons (4) qui s'adossaient au mur de

---

(1) Péan de la Tuilerie, p. 186.

(2) HAMEL, *Histoire du Collège de Juilly*, p. 477. A l'oratoire, plus que dans les collèges de Jésuites, on travaillait la langue française et le grec.

(3) Devenue la *rue du Collège*.

(4) Elles appartenaient au collège ; et, comme elles le masquaient, on les abattit, lorsque les bâtiments du Collège devinrent l'Hôtel de Ville.

ville, il ne faisait point l'école buissonnière, et il évitait de se mêler, dans les rues d'Angers et dans les cours de récréation, aux groupes turbulents et bruyants des écoliers.

Les archives ne nous ont rien livré de précis sur ses succès scolaires. Sa vie, seulement, nous fait conjecturer qu'ils furent grands. Les Oratoriens avaient formé une lucide intelligence, et préparé un homme. L'éloge n'est pas petit.

Faut-il ajouter, pour compléter la physionomie du jeune homme, que les vacances scolaires, moins fréquentes, et les grandes un peu moins longues que celles d'aujourd'hui, étaient bien employées? Il étudiait et lisait, il allait voir son frère, aux Ponts-de-Cé; bref, il se reposait. Mais je ne puis me défendre de l'idée que son repos le meilleur était encore le travail, et qu'il le trouvait à aider son frère Pierre dans le métier paternel, pour collaborer à la bonne marche de la maison et pour couvrir les quelques frais, si légers fussent-ils, de l'externat du Collège d'Anjou. Certaines dépositions, aux procès, permettent de le supposer. Nous savons bien que, pour un apprenti du sacerdoce, comme pour un Drouot qui sera un jour maréchal de France, il n'y a point de sot métier.

Quand il acheva sa première, dans l'été de 1765, il n'avait pas tout à fait dix-huit ans. Même en continuant la ligne du sacerdoce, Noël Pinot aurait pu, tout comme d'autres, et en restant externe, suivre au Collège d'Anjou les classes de philosophie et de physique, qui couronnaient les humanités et commençaient les études cléricales; le principal et les régents en auraient eu beaucoup de joie. Mais, dans l'histoire du diocèse, soixante-dix années auparavant, un événement notable s'était produit, dont M. Tronson, homme grave, fin et discret, s'il en fut, disait : « Je n'ai jamais vu la volonté de Dieu si manifeste que dans l'affaire de l'union du Séminaire d'Angers avec Saint-Sulpice (1). » Un peu plus tard, Grandet (2), qui avait été un si bon ouvrier dans ces négociations, en faisait aboutir d'autres pour l'organisation du Séminaire de philosophie (3), nommé le Petit Séminaire (4).

Les protecteurs et conseillers de Noël Pinot le firent entrer au Petit Séminaire, vers la fin d'octobre 1765. Les vacances du Petit et du Grand Séminaire s'ouvraient le 23 août et se terminaient le 30 octobre. C'est que les cours de l'Université, où se rendaient les clercs qui voulaient être *gradués*, ne commençaient que les premiers jours de novembre.

Il échappait ainsi, tout d'abord, aux influences cartésiennes. « Nos messieurs de Saint-Sulpice se montrèrent constamment opposés à la philosophie de Descartes, qu'on appelait « la philosophie nouvelle », et qui suscitait de violentes disputes à l'Université d'Angers. Les Oratoriens, comme je l'ai dit, la favorisaient assez ouvertement. Les régents du *Collège d'Anjou* écrivaient, à la fin du XVIIe siècle (5) : « Si le cartésianisme est une peste, *nous* sommes plus de deux cents qui en sommes infectés. » On ne s'étonnera

---

(1) Elle fut accomplie en 1695.

(2) Grandet, qu'on appelle parfois le père de l'histoire angevine, parce qu'il a beaucoup écrit sur les faits, menus ou graves, du diocèse (et même de la France), a fait des *Mémoires* très intéressants et les *Vies des saints prêtres* du temps.

(3) En 1704.

(4) Lire, sur ces deux points, les volumes suivants : *Mémoires de Joseph Grandet. Histoire du Séminaire d'Angers depuis sa fondation en 1659 jusqu'à son union avec Saint-Sulpice*, publiée par M. G. Letourneau, 2 vol. in 8°, Paris, Roger et Chernovitz (1893), et *Histoire du Séminaire d'Angers, depuis son union avec Saint-Sulpice en 1695 jusqu'à nos jours*, par G. Letourneau, même librairie (1895).

(5) La citation est tirée d'une lettre écrite par le P. Lamy au P. Senault, en 1683.

donc pas que les Sulpiciens aient accepté, contrairement à leurs usages, d'enseigner chez nous la philosophie, qui est la préparation nécessaire à la théologie, et de soustraire leurs philosophes à l'enseignement du Collège d'Anjou. Ce fut un combat homérique, où la victoire leur resta. Ils demandèrent à « Messieurs de l'Université le pouvoir de régenter un cours de philosophie *qui pût valoir pour les grades* (1) ». Les Oratoriens, qui avaient ce privilège et qui craignaient de voir, par là, leur collège se vider, s'y opposèrent fortement; ils eurent la maladresse d'appeler à la rescousse la municipalité d'Angers. Cette maladresse, qui paraissait attentatoire aux droits universitaires, fut cause, en grande partie, que l'Université, déférant à la requête des Sulpiciens, « associa et agrégea ceux qui étudieraient deux ans en philosophie (à leur Séminaire) à la participation des grades, privilèges et immunités dont avaient coutume de jouir ceux qui étudiaient au Collège d'Anjou et aux mêmes conditions (2). » Tel fut le concordat de 1704. Les rieurs, témoins du combat, dirent plaisamment qu'Aristote, chassé du Collège, demandait à être reçu au Séminaire. A quoi le recteur de l'Université, M. Robert, répliqua qu'il ne connaissait à Angers aucune retraite qui fût plus digne de lui (3).

Au Séminaire de philosophie, dénommé aussi le Petit Séminaire ou le Séminaire Saint-Eloi, maison à quatre

---

(1) Grade de maître ès arts dans la Faculté des Arts, et grades de la Faculté de Théologie et de la Faculté de Médecine.

(2) Grandet.

(3) D'après ce concordat, ratifié le 19 juin et promulgué le 23, ceux-là seulement qui demeuraient, comme pensionnaires, dans le Petit et le Grand Séminaire pouvaient y prendre les leçons des professeurs de philosophie et profiter de l'effet de l'agrégation.

étages dans la rue Courte (1), Noël Pinot fut l'élève, non pas de Descartes, dont Bossuet, dès 1687, avait redouté pour l'Eglise l'enseignement et l'esprit, mais d'Aristote, et principalement de saint Thomas d'Aquin, qui a *christianisé* Aristote et qui l'a « baptisé », en réédifiant logiquement sa philosophie, en la reprenant à pied d'œuvre du point de vue chrétien.

Il y fut, et pour son plus grand bien, l'élève de Saint-Sulpice, qui avait la direction morale et religieuse de la maison. Fénelon, qui connaissait bien la Compagnie, disait : « Je ne sais rien de plus vénérable, ni de plus apostolique, que Saint-Sulpice. » L'œuvre de M. Olier, laquelle consista, selon le mot très juste du cardinal Mathieu, à établir « en France une grande école professionnelle de vertu sacerdotale », c'est à Saint-Eloi que Noël Pinot eut, tout d'abord, l'heur et la joie d'en profiter. Il en aima l'esprit, fait de sagesse, de mesure, de régularité, et de piété profonde. L'exemple et les leçons des fils de M. Olier (2), ces « prêtres du clergé », le formèrent à la vie sacerdotale; et premièrement, à la « vie intérieure », qui est alimentée par une dévotion très tendre à Jésus le Verbe incarné et à la Sainte Vierge, par l'oraison (3), la pratique de l'examen particulier, la lecture spirituelle, et qui est ainsi, grâce à la flamme surnaturelle qu'elle met au cœur, le vrai fonde-

----

(1) Les bâtiments et la chapelle subsistent. Les bâtiments sont aujourd'hui ceux de l'Ecole régionale des Beaux-Arts. La chapelle Saint-Eloi est devenue le temple protestant. Dans les murs de la maison elle-même, M. Grandet avait pratiqué une niche où il mit une statue de saint Joseph. La niche, qui subsiste toujours, est vide.

Le Séminaire fut appelé *Saint-Eloi*, en souvenir du prieuré de ce nom où il s'installa, dont Grandet fut titulaire.

(2) Ils étaient deux désignés pour le Séminaire de Philosophie; le supérieur était M. Le Selve de Saint-Avit, originaire de l'Auvergne.

(3) Elle y était un peu moins longue qu'au Grand Séminaire.

ment de la vie apostolique. Noël devenait de plus en plus prêtre, par les idées et les sentiments, avant d'en avoir reçu, par l'ordination, le caractère indélébile.

Il aima tout dans cette maison : le règlement, monotone sans doute comme tous les règlements, mais qu'il estimait la vraie armature de sa vie; ses nombreux confrères, Angevins pour la plupart et, parmi eux, quelques laïques (1) et d'autres, clercs ou même prêtres (2) venus de différents diocèses (*Rennes, Avranches, Saint-Malo, Lisieux, Rouen,*

---

(1) Au Petit Séminaire — et c'est ce qu'avait redouté le Collège de l'Oratoire — étaient admis, avec les apprentis clercs, quelques laïques, qui venaient y chercher en bonne compagnie le diplôme de maître ès arts dont ils avaient besoin, en particulier pour la médecine. Dans ses *Souvenirs d'un nonagénaire,* Yves Besnard écrit : « Ce fut d'après cet usage que j'eus le plaisir d'y retrouver (en 1767) *Milscent,* destiné, comme feu son père, au barreau, et, l'année suivante, mon cousin *Vallée,* qui devait, en qualité d'aîné, être médecin, tandis que son frère puîné était réservé, comme moi, pour l'état ecclésiastique. » D'où il arriva, plus d'une fois, que les classes ne se passèrent pas dans un silence complet, et même que certaines furent turbulentes. On peut lire, là-dessus, dans l'*Anjou historique* (X, p. 347-361) l'article : *Le Séminaire d'Angers au* XVIIIe *siècle.* Le récit est de l'abbé Bâton, un maître ès arts frais émoulu de Paris, tout petit de taille, l'air très jeune, envoyé par le Supérieur de Saint-Sulpice pour enseigner au Séminaire Saint-Eloi. L'abbé raconte, avec infiniment d'humour, comment il fut accueilli, en 1764, par sa classe de *logiciens* et comment, au bout de peu de jours, il mit les turbulents et les rieurs à la raison. L'année suivante, lorsque Noël Pinot arrivait en *Logique,* l'abbé Bâton enseignait l'autre section en toute paix. Je le rappelle, bien qu'il n'ait donné aucune leçon à notre héros. Sa signature toute seule, grande et ferme, sur le registre des philosophes, manifeste le caractère, qui chez lui releva l'esprit. J'ajoute qu'il avait fait grand'peur à M. Dumolin, le Supérieur du Grand Séminaire. Sa victoire rassura le Supérieur qui redoutait, pour ce nouveau-venu si petit, la *scolarité,* c'est-à-dire la mentalité écolière. La même *scolarité* — faut-il le dire? — se manifesta au Logis Barrault, par les noms des grands séminaristes que l'on peut voir, encore aujourd'hui, gravés sur les murs. Entendue au sens du bon M. Dumolin, elle est donc immortelle.

(2) Ils étaient, pour les deux sections, 134, en 1764-65; l'année suivante, 139.

Chartres, Le Mans, Tours, Nantes, Limoges, La Rochelle, Périgueux, Bordeaux, Luçon, Poitiers), qui travaillaient à conquérir le grade de maître ès arts ; ses jours de congé, aussi, et les belles promenades d'été que faisait le Séminaire au *Clos de l'Image* en Frémur (1). Je lis dans les *Souvenirs* d'Yves Besnard (2) : « Toute la pension, y compris les Sulpiciens qui la dirigeaient, s'y rendait tous les jeudis, dès le matin, depuis Pâques jusqu'à la fin de l'année scolaire. Elle y dînait et y soupait et ne rentrait au domicile principal que sur les 8 h. ½ du soir. Ce jour était attendu avec impatience... »

L'enseignement de la philosophie était confié à deux maîtres ès arts, reçus dans l'Université d'Angers ou dans celle de Paris. Ils parlaient le plus souvent en latin, et argumentaient dans la méthode de l'Ecole. Ils enseignaient, revêtus de la robe académique et coiffés du bonnet doctoral. Chacun d'eux suivait ses élèves au cours des deux années. Je nomme celui (3) qui fut le professeur de Noël Pinot ; l'abbé Boulloys (4), prêtre d'Angers.

Car le programme s'étendait sur deux années. Il comprenait : en première année, la *Logique*, de la Toussaint à Pâques, et la *Métaphysique*, de Pâques au commencement des vacances (5) ; en seconde année, les *Mathématiques* et la *Morale*, et la *Physique*, avec la même répartition du temps. C'était, somme toute, le programme des *Arts*, la quatrième Faculté.

---

(1) Là où est, aujourd'hui, le monastère de la Visitation Sainte-Marie.

(2) Paris, librairie Champion. Yves Besnard devint, hélas ! un prêtre scandaleux. Il entra au Petit Séminaire un an après la sortie de Noël Pinot.

(3) L'autre, en 1765-66, fut l'abbé Bâton.

(4) Il devint, ensuite, curé de Rochefort-sur-Loire.

(5) 23 août.

Dans un mémoire de 1772, rédigé, au nom de l'Université, pour demander au roi Louis XV la création, à Angers, d'un des six *Conseils supérieurs* qui devaient remplacer le *Parlement de Paris* (1), on lit ce passage, où vous reconnaîtrez sans peine la langue du temps (2) : « ...On y enseigne (*à la Faculté des Arts*), avec distinction, les principes de la philosophie vertueuse, la pureté et la sublimité de la morale, l'élévation et la profondeur de la métaphysique, les vérités immuables de la géométrie, les grandes et heureuses découvertes de la physique, qui, bien entendue, est une espèce de théologie naturelle qui, par l'étude des êtres créés, porte à la contemplation de l'Eternel et montre que toute la nature est chrétienne. » A travers ce résumé grandiloquent, fait par le Doyen même de la Faculté de Théologie, on saisit le ton et le son du cours de philosophie, avec son tour apologétique, mais non pas son tour scolastique accoutumé.

Ce cours, Noël Pinot le suivit avec la conscience qu'il a toujours mise en toutes ses actions. Avec quelle joie j'ai feuilleté, pour les deux années 1765-66 et 1766-67, le vieux registre — aux feuilles jaunies et timbrées, à l'encre à demi effacée, au parfum indéfinissable que flairent les amateurs d'archives — où se succèdent régulièrement les deux listes (3), liste des *logiciens*, liste des *physiciens*, et, dans ces listes, les noms et qualités des étudiants en philosophie, qui ont assisté aux leçons « depuis l'ouverture solennelle des classes jusqu'aux vacances académiques » ! L'attestation, signée par le professeur, est conforme à un modèle établi et comme stéréotypé : elle porte que les étudiants

---

(1) Après l'édit de Maupeou, qui avait renouvelé l'organisation judiciaire (1771).

(2) Bien sûr, l'abbé Bâton et l'abbé Boulloys s'exprimaient autrement, sans cette emphase.

(3) *Nomina Logicorum, nomina Physicorum.*

ci-dessus inscrits ont écouté, ont pris des notes, assidûment, avec attention et modestie (1)... Noël Pinot l'a certainement méritée. Avec un respect ému, j'ai lu son nom deux fois, et constaté que le séminariste, en 1767, a fait les premiers pas dans la hiérarchie ecclésiastique : *Natalis Pinot, clericus andegavensis* (2). Par la tonsure, par les ordres mineurs, il est devenu clerc, homme d'église.

Au bout des deux ans, il pouvait se présenter devant la Faculté pour conquérir le diplôme de maître ès arts. Si il ne le fit pas alors, c'est qu'il avait conscience, bien que le professeur ne l'ait pas mentionné pour lui comme il l'a fait pour d'autres sur le registre officiel, qu'il manquait un mois à ses deux années d'étude pour être complètes. Plus tard, nous le verrons, il comblera cette lacune (3).

Du Petit Séminaire au Grand, il y avait simplement la largeur d'une rue (4). On pouvait aller, on allait, de l'un à l'autre par l'arcade, ou galerie couverte, qui surplombe encore la rue du Musée. En novembre 1767, Noël Pinot passa donc aisément au Grand Séminaire, avec une ardeur

---

(1) *Assidue, attente ac modeste, scriptis et auribus.* Cependant, pour quelques-uns, on trouve ce correctif : *deleatur verbum attente* = qu'on efface le mot *attentivement*.

(2) La même note suivit le nom de S. Gruget, quatre ans après. Sans doute, le mois qui manquait à Noël Pinot, pour se présenter au diplôme, fut employé aux retraites préparatoires à la tonsure et aux ordres mineurs.

(3) Prit-il part aux *thèses* publiques, que soutenaient deux fois l'an, à Pâques et en août, douze élèves choisis dans chaque cours, douze physiciens et douze logiciens, et qui faisaient courir tout Angers? Aucune preuve ne nous en reste. Seules des thèses imprimées, des thèses à images, pourraient nous le révéler. Mais elles coûtaient très cher; et le pauvre séminariste pouvait-il se payer cette dépense? Il y aurait plaisir à savoir que Noël Pinot fut « un des soutenants du Séminaire » : car un « soutenant » était, à Angers, un « homme considéré ».

(4) La *rue Courte* ou *rue du Musée*.

redoublée, parce qu'il entrevoyait plus proche le but de son unique ambition.

Malheureusement je n'ai pas trouvé, pour orienter clairement mes recherches, le « registre des théologiens »; il a été détruit, ou s'est égaré, pendant la Révolution. Les témoignages de contemporains et de rares documents guideront notre marche.

Dans le Logis Barrault, « le plus beau de la ville » (1), — vraie fleur de pierre de la Renaissance — acheté en 1673 par le Grand Séminaire et, depuis, fort bien aménagé, avec sa chapelle dédiée à l'Immaculée-Conception, de belles salles communes, une riche bibliothèque, une cour spacieuse et de grands jardins (2), toute la communauté se mouvait à l'aise. « Les appartements, qui sont en grand nombre, sont très commodes; et chaque pensionnaire a une chambre et un lit (3). » Il contenait, à l'ordinaire, de 150 à 200 élèves, pour les trois années de théologie, tous destinés au sacerdoce (4). La composition du Petit Séminaire était plus mêlée.

Le règlement était le même qu'au Séminaire de philosophie : sauf que le lever était avancé d'une demi-heure, à cinq heures, et que cette demi-heure, gagnée sur le sommeil, s'ajoutait au temps de l'oraison, avant la messe; et que, dans la maison de théologie, il était plus compliqué pour ceux des clercs, ou prêtres, qui suivaient les cours de la Faculté (5). Autre avantage : les théologiens, au Logis

----

(1) Péan de la Tuilerie, p. 252.
(2) Aujourd'hui le Jardin fruitier.
(3) Péan de la Tuilerie, p. 254. Il n'en était pas de même au Petit Séminaire, où il fallait mettre deux, et quelquefois trois élèves par chambre. La bibliothèque était « dans le comble ». Aujourd'hui le logis Barrault renferme le Musée et la Bibliothèque municipale.
(4) Quelques-uns, venus des diocèses voisins pour prendre leurs grades en théologie, étaient prêtres.
(5) Une fois par jour, dans la matinée.

Barrault, n'étudiaient pas ensemble dans une salle commune — ce qui était nécessaire à Saint-Eloi (1) — mais chacun dans sa chambre.

Les usages restaient les mêmes pour le régime des promenades. Les théologiens passaient donc, chaque semaine, une demi-journée en hiver, la journée complète en été, à la *Maison-Rouge*. Saint-Sulpice l'avait reconstruite, à ses frais, pour le bien des Séminaristes, et aussi pour le séjour de la communauté en vacances (2).

En vacances, et généralement dès les premiers jours, les directeurs s'en allaient en pèlerinage, avec tous leurs élèves, au Sanctuaire de Notre-Dame de Béhuard (3), Notre-Dame l'Angevine. Les lignes qui suivent (4), à propos de ce pieux pèlerinage que Noël Pinot accomplit au moins trois fois avec ses confrères, nous permettent de juger de l'atmosphère de dévotion où ils vivaient :

«... Toute la communauté y va. On a soin de porter quelques surplis ; les bonnets (*carrés*) ne sont point nécessaires. Comme on va en bateau, on met son surplis dans une manne ou grande *corbeille* (5), avec les autres ornements qui sont nécessaires.

------

(1) La salle commune de Saint-Eloi, bâtie par Mgr de Vaugirault, était au-dessus de la chapelle : elle subsiste toujours. Noël Pinot y *étudia* deux ans.

(2) Pendant les vacances, les directeurs avaient coutume de garder, avec eux, quelques séminaristes pauvres. Ce qu'ils ont construit, à cette fin, n'est pas autre chose que le beau bâtiment central de la Retraite, rue Saumuroise.

(3) L'usage ne s'en est pas perdu.

(4) Empruntées au *Journal des usages du Séminaire.* Cf. G. LETOURNEAU, *Histoire du Séminaire d'Angers*, p. 137.

(5) D'où, probablement, le nom de *corbellier* (corbicularius), donné aux officiers de l'église cathédrale, qui apportaient la corbeille aux chanoines, pour déposer ou prendre leurs insignes ; ou ainsi nommés, parce qu'ils servaient le pain, à l'évêque et aux chanoines, au dîner des grandes fêtes.

« On part de grand matin. On éveille la communauté à quatre heures, sans sonner. On fait une heure d'oraison, en allant; on lit le sujet. Quand on passe devant les églises, on salue le Saint Sacrement : on chante ou on récite quelque antienne du Saint Sacrement. Du plus loin qu'on aperçoit le clocher de Béhuard, on chante l'*Ave maris stella*, et trois fois la strophe *Monstra te esse matrem.*

« On dit des messes basses, avant et pendant la grand'-messe, autant qu'il est nécessaire; on en réserve une pour l'action de grâces de ceux qui ont communié.

« Avant le dîner, on fait l'examen dans la salle ou dans la chapelle. Après le dîner, on va se promener dans l'île, jusqu'à ce que les domestiques aient dîné.

« On revient aussitôt pour chanter les litanies. Deux choristes les chantent. On répète tous les versets jusqu'à *Sancta Virgo Virginum* inclusivement. On ne répète point les autres, excepté le *Regina cleri* (1), qu'on répète trois fois, avant *Regina sanctorum omnium.* On chante ensuite l'antienne *Memorare.*

« Au retour, on dit son bréviaire en commun, ou en particulier. On dit le chapelet et on fait la lecture (*spirituelle*) en commun. On fait aussi collation. On chante le *Te Deum* à deux chœurs. »

Ne vous semble-t-il pas que cette page, très simple, du *coutumier* est toute parfumée de poésie et de piété?

Les théologiens, pour les études, n'étaient pas tous astreints au même règlement. Ne parlons pas de ceux qui venaient au Séminaire pour recevoir l'ordination, et qui étaient obligés d'y séjourner trois mois pour se préparer pratiquement en vue de chaque ordre qui allait leur être

---

(1) *Reine du Clergé.*

conféré : ceux-là étaient dans une situation à part (1). Parmi les autres (2), il y avait ceux qui n'allaient pas à la Faculté prendre les cours des Docteurs-Régents, et se contentaient des leçons que donnaient, au Logis Barrault, les professeurs du Séminaire : pauvres étudiants, qui n'avaient d'autre ambition que d'être vicaires, prêtres habitués, chapelains, maîtres d'école à la ville ou à la campagne. Enfin les plus nombreux étaient les étudiants, soit clercs, soit même prêtres qui, munis du titre de maître ès arts ou d'*attestations* suffisantes pour l'obtenir, préparaient les grades théologiques, ou simplement visaient à se procurer les lettres testimoniales du *quinquennium*, devant certifier à qui de droit qu'ils avaient fait les cinq années réglementaires, deux en philosophie, trois en théologie, requises pour prétendre aux bénéfices, ou aux cures importantes ; les uns et les autres étaient tenus d'assister aux cours de la Faculté de Théologie (3). Ils y allaient le matin ; le soir, ils avaient les leçons des directeurs sulpiciens.

Ces explications un peu ardues étaient nécessaires pour mieux comprendre ce qui va suivre, et même pour rendre compte, le moment venu, de l'orientation nouvelle que les études « artistiques » et théologiques, poursuivies par lui, imprimèrent à la vie sacerdotale de Noël Pinot

Dans laquelle de ces catégories s'est-il rangé ? Puisqu'il n'avait pas, en fait, le diplôme de la Faculté des Arts, et ne pouvait pas, présentement, l'acquérir, sans refaire

---

(1) On les appelait, d'un surnom humiliant, les *fiacres*. Leur vrai nom était les *ordinands*.

(2) *Les pensionnaires*

(3) On peut consulter, sur ces questions, *la Pratique de la juridiction ecclésiastique, volontaire, gratieuse* et *contentieuse*, par M. Ducasse, de Toulouse, chez Antoine Birosse, 1762.

un mois complet de Logique, de Métaphysique ou de Physique, soit au Collège d'Anjou comme externe, soit, comme pensionnaire, au Séminaire Saint-Eloi, il n'avait pas lieu, pour le moment, de songer à devenir un « gradué en théologie »; et il ne fut pas inscrit, à cette fin, sur les registres de la Faculté. Mais il avait le droit de poursuivre son *quinquennium*, c'est-à-dire les cinq ans de stage obligé pour prétendre à ce qu'on appelle un « bon poste ». C'est ce qu'il fit, mais incomplètement. Un document officiel, rédigé par le secrétaire de l'Université, nous apprend qu'il fut élève de la Faculté de Théologie durant l'année scolaire 1768-69. L'année d'avant et l'année d'après, il se borna donc aux leçons du Séminaire. Pour quelle cause, par suite de quel empêchement, il est impossible, à cette heure, d'en rendre compte.

Donc, de novembre 1768 au mois d'août 1769, chaque matin, très régulièrement, Noël Pinot, et ses confrères, quittaient le Logis-Barrault et, par la rue Courte, la rue de la Vieille-Chartre (1), la rue Saint-Evroult, arrivaient rapidement à la maison du Chapitre et à l'ancien réfectoire des chanoines de Saint-Maurice, devenu la salle de théologie, à côté des cloîtres (2) de la cathédrale.

Le mercredi 16 novembre, il assistait à l'inauguration de l'année scolaire. Après une messe solennelle, célébrée dans l'église des Dominicains (3), la « sacrée Faculté » se transporta, en bel ordre et en grand costume, à la salle

---

(1) Aujourd'hui rue Rangeard.

(2) On peut situer cette salle à peu près au milieu de notre place Freppel. Au-dessus, la bibliothèque de la Faculté, très bien pourvue, léguée par le chanoine Babin, le rédacteur principal des *Conférences ecclésiastiques d'Angers...*

(3) Leur couvent est occupé actuellement par la *gendarmerie nationale. Sic transit...*

de théologie, située à quelques pas du couvent des Jacobins (1). M. Aubry, docteur-professeur, y prononça le discours d'ouverture, qui fut « couvert d'éloges » (2).

M. Aubry, « chantre et chanoine de l'église royale et collégiale de Saint-Laud », exposait les traités de l'Ordre et du Mariage. Son collègue, M. Barat, un Angevin connu, « chanoine de l'église royale et collégiale de Saint-Martin », avait pour sa part le traité de la Très Sainte Trinité; et, comme par surcroît, il devait enseigner « la doctrine du clergé gallican », c'est-à-dire les quatre articles de 1682, que l'édit royal imposait au programme de chaque année.

Les deux professeurs étaient docteurs et doctes. Ils exposaient amplement, et dans tout son jour, la doctrine catholique — je ne parle pas du gallicanisme — et ils parlaient un fort bon latin. Mais, selon la coutume, ils dictaient leur cours, et n'interrogeaient « aucun des élèves ».

Les professeurs du Séminaire avaient peut-être moins de galons et de science, et leur latin rappelait moins la langue de Cicéron; il leur arrivait même d'y mêler du français. Mais ils questionnaient leurs auditeurs, pour s'assurer qu'ils avaient compris. Les classes étaient plus vivantes, plus à la portée de la masse; et, si les plus intelligents en étaient quelque peu retardés dans leurs élans, les autres profitaient davantage.

Noël Pinot écouta les Docteurs de la Faculté, et, plus souvent et plus longtemps, les répétiteurs du Séminaire.

---

(1) Nom populaire des Dominicains, qu'ont gardé la rue et l'impasse qui enserrent la gendarmerie.

(2) *Solemnem pro auspicandis studiis orationem habuit, quam audierunt et laudaverunt...* Je prends cette citation dans l'un des trois registres officiels de la Faculté de Théologie, que leur propriétaire, Mgr Pasquier, recteur honoraire des Facultés catholiques de l'Ouest, m'a très obligeamment prêtés.

Aux leçons de ceux-ci et de ceux-là, il profita grandement (1).

Huit Sulpiciens dirigeaient le Grand Séminaire d'Angers,
et, à leur tête, le Supérieur, M. Dumolin.

Parmi les directeurs que connut Noël Pinot, il convient
de citer :

M. Le Goffry, du diocèse de Saint-Brieuc, qui revint
dans son diocèse en 1775 et fut nommé vicaire général.
Il s'exila, pendant la Révolution, à Jersey, où « sa
conduite fut admirable ». Il y publia ses *Exhortations au
martyre.* Il eut en Noël Pinot un excellent élève, encore
plus fervent que le maître.

M. Ferrand, grand amateur de tabac à priser (2), mais
économe et travailleur incomparable, qui a rendu tant de
services au Grand Séminaire d'Angers et au collège de
Beaupréau, durant le long espace de trente-six ans qu'il
vécut à Angers.

Le Supérieur, M. Dumolin, docteur de Sorbonne, fut
d'abord, en 1742, Supérieur du Petit Séminaire. Le Supérieur général de Saint-Sulpice le jugeait ainsi, après une
visite : « M. Dumolin, très saint prêtre, gouverne bien
son Petit Séminaire, s'applique bien à tout ce qu'il fait,
parle assez solidement et d'une manière juste. » Il fut
Supérieur du Séminaire de théologie, de 1760 à 1776. Au
jugement cité, qui reconnaît sa sainteté et sa science, il

---

(1) Saint-Simon, jugeant Saint-Sulpice avec la bienveillance qu'il
témoignait en général à ses contemporains, signale dans la Compagnie « une obéissance aveugle pour Rome et pour toutes ses doctrines, un grand éloignement de tout ce qui passait pour jansénisme, et
une dépendance des évêques qui les fit successivement rechercher
dans beaucoup de diocèses... » Sous la plume piquante de Saint-
Simon, ces remarques valent le meilleur des éloges.

(2) C'était la mode, parmi le clergé du XVIIIe siècle et même du XIXe.
Il paraît bien que Noël Pinot — d'après une déposition au procès —
la suivit. Il faut souffrir « quelques faiblesses aux grands cœurs ».

convient de mettre une sourdine : il eut la main quelque
peu molle et faible, dont la discipline générale souffrit.
Trop d'indulgence nuit à l'autorité. Disons, à sa décharge,
qu'il avait lui-même à se plaindre des procédés de son
évêque, Mgr de Grasse, et de l'air du temps, qui commençait de s'agiter, et même de souffler en tempête (1).

C'est que l'Église catholique et l'Etat, jusque-là unis et
vivant dans une paix relative, subissaient un rude assaut,
sournois et violent tout ensemble. Le sentimental Jean-
Jacques, en prônant la bonté de la nature; Voltaire et
l'*Encyclopédie*, lesquels, vrais rois du temps par la verve
et l'esprit, élevaient la raison humaine au-dessus de la foi
et voulaient « écraser l'Infâme »; à côté d'eux, et leurs
associés sans le vouloir, les Jansénistes, fils honteux de
Calvin, par leur résistance aux ordres du Pape et par leur
rigorisme outrancier appliqué aux pratiques de la vie
chrétienne : toutes ces forces, vraiment redoutables, se
liguaient contre la religion et, finalement, par les passions et
les problèmes qu'elles soulevaient, ébranlaient l'autorité de
l'Eglise catholique et, en fin de compte, sapaient jusqu'aux

---

(1) Il est vrai que M. Emery, qui lui succéda, fut plus ferme et
remit l'ordre dans la discipline et dans les études. Mais sur la tenue
du Séminaire, même au temps de M. Dumolin, nous avons le
témoignage de l'abbé Bâton, déjà nommé dans une note précédente;
témoignage tout à fait recevable, puisque M. Bâton avait enseigné
deux ans au Séminaire, sous l'autorité de M. Dumolin. Après avoir
parlé de l'excellent esprit qui régnait au Séminaire de Paris, il ajoute :
«... J'ai tracé cette esquisse d'après le Saint-Sulpice de Paris. Il
se pourrait que des séminaires de province n'en eussent pas exactement tous les traits. Cependant, *j'en ai connu particulièrement un
qui lui ressemblait exactement.*» C'est tout à l'éloge et de M. Dumolin,
et du Séminaire d'Angers.
J'ajoute, ici, que les directeurs du Petit et du Grand Séminaire,
morts à Angers dans le cours du XVIIIe siècle, ont été enterrés dans
la chapelle du Petit Séminaire. Leurs ossements y sont toujours. Les
séminaristes, eux, étaient enterrés dans le vestibule de la même
chapelle.

fondements de la société. Rien d'étonnant que de cette bataille menée avec un entrain étourdissant, les séminaristes, enfants du peuple ou fils de famille, aient éprouvé le contrecoup tout comme leurs pères, et que les idées du siècle aient franchi les murs de la sainte maison.

Noël Pinot, comme presque tous ses confrères, fut très reconnaissant à ses maîtres de l'avoir solidement éclairé et formé, au milieu de cette lutte doctrinale. Car le Séminaire et la Faculté de Théologie, marchant la main dans la main, restèrent les ennemis intraitables du trop sensible Jean-Jacques et de son *Vicaire Savoyard*, des « philosophes » et des Jansénistes (1) : ce n'est que justice de le proclamer. Je sais bien que, dans les deux maisons, furent enseignés, par ordre, les quatre articles de 1682. Et j'ai lu l'arrêt du Parlement qui fut signifié à la Faculté, le mercredi 16 mars 1768, et transcrit par elle, sans commentaires (2), au registre officiel de ses délibérations, l'année même où Noël y vint pour étudier. J'ai vu aussi la promesse, signée chaque année par le professeur désigné (3), d'exposer la doctrine gallicane. Mais la Faculté elle-même, dans son ensemble, garda sa robe intacte, malgré cet accroc pour qui on a le droit d'invoquer les circonstances atténuantes, et resta « immaculée » dans son enseignement. Elle protesta toujours de son indéfectible attachement à Rome.

Nous verrons que Noël Pinot fut constamment et, dans les conjonctures les plus terribles, héroïquement

---

(1) Et cela, malgré l'évêque H. Arnauld et son frère. Il y eut bien quelques dissidents, des *doctores forenses*; le contraire étonnerait. Cf. l'article de l'abbé Pletteau : *Le Jansénisme dans l'Université d'Angers*, dans les *Mémoires de la Société d'Agriculture*, 1862, p. 337. L'affirmation subsiste.

(2) *Inscriptum prout præscribitur.*

(3) Par exemple, le fameux abbé Bernier, dont l'écriture est caractéristique.

fidèle à la doctrine intégrale. Il fut donc le digne élève de tels maîtres.

Et il est doux de constater que, dans ces jours troublés, en dépit de quelques taches, le Séminaire d'Angers fut une belle école de science et de vertu : pour un Yves Besnard et quelques autres défaillants, parmi la masse des bons prêtres, de radieuses figures se lèvent, qui lui font grand honneur : un Charles d'Aviau du Bois de Sanzay, un Simon Gruget, un Noël Pinot...

Pour ce dernier, il nous serait agréable de savoir au moins les dates de ses ordinations. Nous ne les connaissons pas. Un historien, plus fureteur ou plus heureux, les trouvera-t-il (1)?

Selon toute vraisemblance, Noël Pinot fut sous-diacre en 1669 ; diacre, en 1670 ; et, les *six semaines* (2) achevées au Séminaire, prêtre aux Quatre-Temps de décembre de la même année. Le lendemain, il célébrait sa première messe à Saint-Martin, assisté de son curé et de son frère le vicaire, entouré de sa vieille mère, de ses parents et de ses amis.

En ces deux jours mémorables, les plus doux de sa vie, nous savons, à n'en pas douter, les sentiments qui envahirent son âme. Car du mieux qu'il avait pu, il s'y était longuement préparé. Selon le mot célèbre de saint Augustin, il était prêtre déjà, bien avant d'en avoir reçu le caractère ; à chaque ordre sacré, à chaque pas qu'il faisait vers l'autel, il en prenait de plus en plus les sentiments, les convictions profondes, l'ardeur apostolique. Ces jours-là, il s'offrit à Jésus, le prêtre éternel et suprême,

----

(1) Les Archives de l'évêché d'Angers furent brûlées sur la place publique, en novembre 1793.

(2) Les six semaines qui précédaient l'ordination. On y étudiait les questions pratiques et délicates de la morale.

pour ne jamais se reprendre, à la vie et à la mort.

Il a tenu sa promesse jusqu'au bout, dans sa plénitude. C'est ce qui nous reste à voir.

Je fais observer, seulement, qu'il avait vingt-trois ans, et qu'il était juste au milieu du chemin de sa vie, en pleine jeunesse :

Nel mezzo del cammin di nostra vita (1).

L'idéal, a-t-on dit, c'est un beau rêve de jeunesse réalisé par l'âge mûr. A-t-il fait le rêve qu'il a, Dieu aidant, splendidement réalisé? Oui, au jour de son sacerdoce; et, chaque matin, à l'autel.

______

(1) Cf. DANTE, *la Divine Comédie*, 1er (vers) du 1er tercet.

CHAPITRE II (1770-1788)

Les premiers emplois connus. — Noel Pinot, vicaire a Bousse; vicaire a Corzé; aumonier de l'Hopital des Incurables. — Sa vie exemplaire. — Ses études. — Sa nomination a la cure du Louroux.

Le voilà prêtre, infiniment heureux de l'honneur sublime qui lui a été départi, au jour de son ordination, par la voix et les mains de l'évêque. Il est « l'homme de Dieu (1) », l'ambassadeur et le lieutenant du Christ, chargé de parler aux fidèles en son nom; spécialement, l'homme de la prière publique, à la sainte messe, et le dispensateur de la grâce par les sacrements.

Heureux? oui, moins pourtant de l'honneur en lui-même que de la charge qu'il entraîne. Fils d'ouvrier par sa naissance, il veut être, par son choix et par amour, l'ouvrier infatigable de Dieu, pour étendre son règne en ce monde; il est, rien que par son habit, et il sera, par sa vie obscure et sacrifiée, le témoin de Celui qui voulut travailler dans une humble boutique et qui mourut crucifié pour notre salut éternel.

Prêtre, il fait partie, au sein d'un Etat hiérarchisé, du premier des trois ordres. C'est vrai. Mais que l'on veuille bien considérer sa situation, dont il ne rougit ni ne s'afflige. Ordonné sans autre titre clérical que celui de la pauvreté(2), de même qu'un assez grand nombre de ses confrères, n'étant ni fils de famille ni gradué de théologie, il ne peut

---

(1) Saint Paul : *Tu, o homo Dei* (I Tim., vi, 11).
(2) *Ad titulum mensæ diœcesanæ.*

aspirer présentement ni aux riches canonicats, ni aux cures importantes. Il est, et il se met humblement et joyeusement, à la disposition de son Evêque, pour le vicariat ou la chapellenie qu'il lui attribuera (1), en un temps où, dans le diocèse d'Angers, les prêtres se comptent par milliers.

D'autre part, de même qu'aucun titre, pendant longtemps, ne signala Noël Pinot à l'attention des autorités qui, de son vivant, avaient le droit de présenter aux cures et aux bonnes prébendes, de même, à raison des postes obscurs qu'il a tout d'abord remplis, il a été comme impossible aux biographes de les repérer, quand la curiosité publique a été ramenée sur lui. Jusqu'à ces dernières années, on les ignorait complètement. Ses historiens arrivaient tout de suite, d'un bond, à sa nomination comme aumônier de l'Hôpital des Incurables.

Chose curieuse, et cependant compréhensible à la réflexion, nul écrit de sa main n'ayant surnagé, ni des années paisibles de son ministère, ni des jours de la persécution, c'est par des signatures officielles, toutes seules, qu'on peut le retrouver et le suivre à la trace : de 1770 à 1781, tout d'abord ; et c'est, au cours des années suivantes, par les documents authentiques où il est nommé et qu'il a signés, jusqu'à cette dernière signature que le couperet de la guillotine traça en lettres de sang, et qui attira, non seulement le regard de Dieu qui l'a récompensé, mais aussi, par les soins de l'Eglise qui nous le propose comme un modèle, les regards des hommes.

Par exemple, ce fut pur hasard, et sans l'avoir aucunement cherché, qu'on trouva, aux archives de la mairie des Ponts-de-Cé, un document signé de lui. Noël Pinot, pendant un séjour qu'il fit chez sa mère, en Bressigny, était

---

(1) Son frère fut vicaire aux Ponts-de-Cé, à Saint-Maurille, puis maire-chapelain à la cathédrale.

venu passer quelque temps chez son frère, aux Ponts-de-Cé : il prenait des vacances bien gagnées et se reposait en famille. Or, le 12 novembre 1772, il fit un baptême dans l'église paroissiale ; et, dans la signature de l'acte, il mit son titre : *vicaire à Bousse*. Personne, ni chez nous, ni même à Bousse, ne savait qu'il eût jamais occupé ce poste.

Bousse est une petite paroisse qui, depuis le Concordat de 1802, fait partie du diocèse du Mans (1). Elle était alors du diocèse d'Angers, avec presque tout l'archiprêtré de La Flèche, lequel relevait de l'archidiaconé d'Angers. Son église a pour titulaire saint Aubin (2) ; et c'était l'Abbé de Saint-Aubin, d'Angers, qui présentait au prieuré-cure.

A quel moment commença le ministère pastoral du jeune prêtre ? Ce fut vers les premiers jours de janvier qu'il fut nommé à Bousse par Mgr de Grasse. Car sa première signature sur le registre paroissial est du 21 janvier 1772. Mais, à supposer — ce qui est très vraisemblable — qu'il ait été ordonné prêtre aux Quatre-Temps de l'Avent 1770, qu'a-t-il fait dans l'intervalle ? Mystère, que nous ne pouvons pas encore éclaircir.

Le prieur-curé de Bousse, dom Maurice Gaudin, était un religieux bénédictin non réformé (3). Sous la bienveillante direction de son chef, le vicaire, très jeune et très ardent, fit son apprentissage. Mais il n'était pas arrivé depuis six mois, que son curé mourait, à soixante ans. Il l'enterra, selon la coutume, dans l'église paroissiale. Et il attendit que l'Abbé de Saint-Aubin présentât le successeur. L'at-

---

(1) Doyenné de Malicorne, archiprêtré de La Flèche.

(2) Comme plusieurs centaines d'églises en France. Ainsi, non loin de Bousse, l'église de *Saint-Aubin de Vion*. Le curé de Vion était l'archiprêtre de La Flèche, avant le Concordat.

(3) Né à la Boissière, au diocèse d'Angers.

tente fut longue : elle dura dix-huit mois bien comptés, du 5 juillet 1772 à la fin de décembre 1773.

Le pro-curé ou desservant (1), pendant ces dix-huit mois, fut aidé, dans l'administration de la paroisse, par un Récollet, le P. Letourneur. Il tint, avec lui — pardonnez-moi l'expression, qui ne veut pas être irrévérencieuse — *le bureau du culte.* Entendez, par ces mots, qu'il baptisa les enfants, bénit les mariages, visita les malades pour les préparer au dernier passage, enterra les morts, administra les sacrements et présida les cérémonies usuelles. Sur tous ces actes publics, auxquels les chrétiens qui ne vont pas au fond des choses bornent tout notre ministère, les registres paroissiaux de Bousse, dûment signés et parafés par lui, nous renseignent suffisamment : on peut encore les consulter (2).

Ils nous renseignent sur cette vie officielle. Noël Pinot fit plus, et mieux encore; ce qu'ils ne nous disent point ou médiocrement.

Il pria, comme prient les saints prêtres. Offrir chaque matin le sacrifice de la messe avec une piété angélique; réciter son bréviaire dans les allées de son jardin; égrener son chapelet parmi les sentiers de la campagne, en allant visiter ses fermes : n'est-ce pas la meilleure manière, pour le prêtre, de travailler au salut de ses ouailles?

Il souffrit. Oui, le beau rêve qu'il avait fait au jour inoubliable du sacerdoce, il le poursuivait toujours. Mais parfois, la vilaine réalité le déflorait : l'indolence des amis, les défections des élèves; les pièges des ennemis; les sourires des indifférents et des sceptiques. Mais souffrir

---

(1) Il signe ainsi quelquefois. Et, quand M. Letourneur signe un acte au registre des mariages, il met dans l'acte cette mention : « du consentement exprès du sieur Pinot, desservant de cette paroisse. » Noël Pinot avait donc en mains le pouvoir pastoral.

(2) Aux archives de la mairie de Bousse.

par ceux qu'on aime et pour ceux qu'on aime, c'est le lot du Christ, et du prêtre.

Par sa parole, au catéchisme, au prône, au confessionnal, il enseigna la vérité, qui est une délivrance, et fut la lumière de son peuple.

Par son exemple, par le rayonnement de sa vie intérieure, il fut le sel de sa terre.

Bref, novice encore, il s'essayait, sans le savoir, à la tâche qu'il ferait un jour. Il s'y préparait, dans le coin de champ où son évêque l'avait envoyé.

Enfin le pasteur survint, M. Bigex, qui le releva de son poste et le remit au second rang.

Quelques mois après, il partait. Sa dernière signature, pour son dernier acte public, à Bousse, est du 6 août 1774. Il s'en allait, docile à la voix du chef. En quelle autre paroisse? Rien, ni personne ne nous l'a, jusqu'ici, révélé. Autre mystère, qu'il nous faut accepter encore, malgré le désir que nous avons de dissiper les ténèbres qui nous voilent une part de sa vie.

Puis, la lumière reparaît, au bout de deux années plongées pour nous dans le silence de l'obscurité. Cette fois, nous retrouvons Noël Pinot dans l'archiprêtré d'Angers, à Saint-Germain de Corzé (1). L'administration de Mgr de Grasse l'a envoyé comme vicaire à M. Avril des Monceaux (2). Il y restera cinq ans, ou peu s'en faut, à deux ou trois mois près.

Là encore, nous ne connaissons les œuvres de son ministère que par les registres paroissiaux, où il signe, la première fois, le 22 octobre 1776, et, la dernière fois, le 22 avril 1781.

------

(1) Grâce aux archives de la mairie, qui gardent les vieux registres, et à M. l'abbé Chapeau, qui les a fouillés.
(2) Il était curé de Corzé depuis 1763.

Mais la paroisse de Corzé est plus étendue et plus peuplée que celle de Bousse (1). Pour la desservir, et pour faire face aux différentes œuvres paroissiales, il y a trois prêtres. Deux vicaires aident le curé. Le second, M. Lemonnier, simple auxiliaire, n'a que le titre de chapelain, humble titre et humble bénéfice pour une grande fonction : il est maître d'école, comme beaucoup d'autres chapelains ses confrères. Pour tenir la petite école, il est chapelain de Notre-Dame de Bonnes-Nouvelles (2). Les revenus, légués par la fondatrice, sont très maigres : quarante livres ! Les fonctions de vicaire auxiliaire lui permettent d'arrondir son traitement. M. Lemonnier restera dans son poste jusqu'à la Révolution.

Le bien profond que Noël Pinot fit dans cette paroisse, nous ne pouvons que le conjecturer, d'après sa sainteté de vie : il sema, et Dieu récolta. Mais nous savons très bien, en revanche, et par une preuve tangible, l'impression qu'il produisit, pendant son séjour de cinq années, sur le curé et sur son autre confrère le maître d'école, par son attitude, sa doctrine, sa charité fraternelle. Cette preuve, parmi plusieurs autres, la voici.

Il y avait à Corzé, comme en beaucoup d'autres paroisses, des chapellenies, avec ou sans obligation de résidence pour le titulaire. Ces bénéfices étaient désirables, et désirés, à une époque où les candidats étaient si nombreux. J'en ai mentionné un, qui était réservé au prêtre-instituteur. Trois — ou deux (3) — autres n'obligeaient pas à la résidence. Or l'un d'eux était à la présentation du curé de Corzé. Pour récompenser son vicaire des services rendus

---

(1) *Corzé* compte, aujourd'hui, près de 1.200 âmes ; *Bousse* n'en a pas 600.

(2) La chapelle était au château de Voisin.

(3) Celui d'Ardanne n'était donné qu'à un résidant.

à la paroisse et à son curé, il pria l'Evêque de lui octroyer la chapellenie de Saint-Avertin, qui rapportait 150 livres, tous frais déduits. Mgr de Grasse donna volontiers son agrément.

Noël Pinot, bien qu'il ne fût aucunement attaché à l'argent ni aux honneurs, fut touché du bienfait. Nous constaterons, chemin faisant, qu'il remercia son donateur de la bonne manière, au jour opportun, comme les saints, tout seuls, peuvent remercier et payer. Entre eux s'établit une amitié solide, commencée et fortifiée par cinq années de vie commune dans le même atelier.

Sur ces entrefaites, le poste d'aumônier, à l'Hôpital des Incurables d'Angers, devint vacant, par suite du départ de M. Bedouët, le 28 juin 1781. On l'offrit à Noël Pinot. Offrande ou ordre de son Evêque, il accepta, ou obéit, avec reconnaissance. Ce lui fut une très grande joie de revenir à Angers, dans sa paroisse natale, tout près de sa mère et de sa famille, qu'il ne visitait qu'à de rares intervalles, et dans le voisinage de son frère, l'abbé René, qui était alors, depuis 1775, « *chapelain habitué* en l'église d'Angers (1) » et demeurait, lui aussi, sur la paroisse Saint-Martin; d'y revoir ses connaissances et ses amis de jeunesse, parmi les horizons connus.

Cependant sa joie des débuts fut assombrie très vite par des deuils cuisants : le malheur est toujours à nos portes, et nous guette à tous les tournants du chemin. Déjà, le 29 janvier 1777, étant vicaire à Corzé, il était venu aux obsèques de sa sœur Anne (2). Voici que, trois mois après son arrivée à Angers, deux grandes douleurs fondent sur lui, coup sur coup, à seize jours d'intervalle : sa sœur

---

(1) C'est-à-dire à la cathédrale.
(2) Mariée à Mathurin Salmon.

Claudine (1), sa marraine, meurt le 16 octobre; et sa bonne mère, le 28, à l'âge de 76 ans. Et, pour clore la liste de ses chagrins de famille, le plus amer, pour lui, fut certainement d'apprendre, au matin du 27 décembre 1782, que son frère bien-aimé avait été trouvé noyé dans son puits (2)! Le soir même, après l'office de Complies, le Chapitre fit, au chœur, les prières de la recommandation de l'âme. Et le lendemain, conformément aux ordres du Chapitre, le corps de « Maître René Pinot, chapelain habitué de Saint-Maurice, fut apporté de sa maison, sise sur la paroisse de Saint-Martin, à la cathédrale; puis, les Laudes et la messe chantées pour le repos de son âme, son corps fut enterré dans les cloîtres par les soins du grand corbellier (3). »

Noël Pinot avait pris, en réalité, possession de son nouveau poste dès les premiers jours d'août. Le 10 de ce mois, il apposa sa première signature sur le registre des inhumations de l'Hôpital (4).

L'Hôpital des Incurables, fondé en 1734, principalement par Marie-Henriette de Briquemault (5), veuve de Messire Joachim Descazeaux, et uni d'abord à l'Hôpital général (6), fut transféré, dès 1739, par la fondatrice au Clos-du-Présidial, qui lui appartenait (7) : terrain spacieux,

---

(1) Femme Milon.

(2) Note de Thorode.

(3) Archives départementales, G. 272. Le grand corbellier était le curé du Chapitre; il administrait les derniers sacrements aux chanoines...

(4) *Mairie d'Angers*, état civil.

(5) Elle était pensionnaire à l'abbaye du Ronceray.

(6) *Hospice des Renfermés*, rue Lionnaise.

(7) L'emplacement, non pas tout entier, est occupé actuellement par le Haras, la rue Paul-Bert, l'hôtel de la Grandière...

et en bon air, hors de l'enceinte des murs d'Angers, « proche les fossés et la porte Saint-Aubin de cette ville, joignant d'un côté le chemin qui conduit de la Porte Saint-Aubin à la Croix de Montaillé..., d'autre côté, la terre et vigne du Chapeau-Rouge... » Mme Descazeaux y éleva des bâtiments « bien appropriés à leur fin. Ils étaient disposés de manière qu'il n'y avait point de communication entre la salle des hommes et celle des femmes, l'une et l'autre étant placées sur une même ligne et séparées par la chapelle ». Les portes étant ouvertes, hommes et femmes, de leur lit, « pouvaient également participer aux offices ». Dans l'acte de fondation, elle avait fait insérer cette clause : qu'on ne mettrait jamais, sous quelque prétexte que ce fût, plus d'un malade dans le même lit (1). Cette clause fut fidèlement observée jusqu'à la Révolution. Et cette défense, et l'aménagement de l'hôpital, qui sauvegardait les intérêts religieux des malades, prouvaient la grande charité de son cœur. Mgr de Vaugirault la louait fort justement d'avoir tiré ces pauvres malades « des espèces de cachots où ils étaient ensevelis, et d'avoir procuré le salut de leurs âmes en soulageant les infirmités des corps (2) ».

Le Psalmiste chante : « Heureux celui qui prend souci du pauvre (3) ! » S'il le chante, c'est que ce bonheur n'est pas connu de tous; il ne l'est que d'un petit nombre. Bossuet, avec toutes les envolées de son éloquence et tous les arguments de son savoir, prône l'*éminente dignité des pauvres*; il ajoute : *dans l'Eglise*. C'est que, pour venir en

---

(1) Au siècle précédent et au début du XVIIIe, en province comme à Paris, on mettait, parfois, deux, trois et quatre malades dans le même lit !

(2) En tête du Règlement qu'il écrivit, le 16 mars 1751. (Bibliothèque municipale, n° 2094 du *Catalogue d'histoire*.)

(3) Ps. XL, 2 : *Beatus qui intelligit super egenum et pauperem.*

aide aux pauvres, spécialement à ceux qu'on appelait alors couramment, et tendrement, les « pauvres Incurables », lesquels sont pauvres doublement, il est nécessaire, tout à la fois, et d'aimer beaucoup la pauvreté, et de voir en eux Jésus-Christ dont ils sont les membres souffrants. Ceux qui n'ont à la bouche, et dans le cœur, que la *philanthropie* et la *solidarité*, n'y arrivent en aucune manière; ils s'apitoyent sur le sort des malheureux; ils donnent leur bourse, et ne vont pas plus loin; ce n'est, à tout prendre, qu'une émotion à fleur de peau, qui ne produit guère d'effet, peu de bien, rien de ce qui touche pleinement une âme. Seuls, les vrais chrétiens, qui sentent comme le Christ, et principalement ceux qui marchent de plus près à sa lumière, sont capables de cet amour pratique et dévoué : par exemple, entre tant d'autres, un François d'Assise; une Elisabeth de Hongrie; un Jean de Dieu; un Camille de Lellis; un Pascal, l'auteur si émouvant de la « Prière pour demander à Dieu le bon usage des maladies » et qui, dans sa maladie dernière, songeait à se faire porter aux Incurables « parce que — nous dit sa sœur Jacqueline — il avait un grand désir de mourir en la compagnie des pauvres »; un Louis-Marie Grignion de Montfort, avec les sublimes folies dont il est coutumier pour les servir, et qui fonde pour les Incurables, partout sur son chemin, à Poitiers, à Nantes, à La Rochelle, des hôpitaux où on soigne leur corps et leur âme...

Mme Descazeaux appartenait à cette tribu. Elle n'aurait pas pu souhaiter, en faveur de l'œuvre qu'elle avait établie dans son Clos du Présidial, un meilleur ouvrier que Noël Pinot. Aumônier ou Directeur — on lui donne l'un ou l'autre nom dans les documents — il avait naturellement le cœur plein de compassion pour les misères humaines; la foi du prêtre, une foi vive et agissante, l'éclairait sur les besoins spirituels des âmes; sa prudence, sa discrétion,

son tact, le maintinrent à sa place, dans la vie quotidienne
de la maison.

Avec les administrateurs — *le bureau* (1) — qui le
logent, le nourrissent, lui fournissent un traitement de
trois cents livres, et veillent aux finances de l'établissement,
il a les relations les plus courtoises.

Les « Gouvernantes » sont chargées de la direction
effective de l'Hôpital. Leur Supérieure, dans l'espèce
Mlle Perrine Ciret, « a la première place partout ». On les
appelle parfois des religieuses; à vrai dire, elles ne font
pas de vœux, et elles ressemblent assez aux « sœurs » de
Sainte-Marie et de Saint-Charles, qui travaillent à Angers,
en même temps qu'elles. Elles ont, avant de prendre leurs
fonctions, une année d'épreuve; elles sont vêtues d'une
manière modeste et uniforme, font oraison et prennent
leurs repas en commun, ainsi qu'une retraite annuelle de
huit jours. Noël Pinot n'a pas le pouvoir, à l'ordinaire,
de les entendre en confession. Mais elles assistent à ses
sermons et à ses catéchismes, usent de ses conseils, et
s'entendent avec lui pour le bien des hôtes. Il a sur elles
une action puissante. Quand viendront les mauvais jours,
les cinq gouvernantes, une seule exceptée, refuseront le
serment qu'on leur présentera (2). La Supérieure et les trois
autres, plutôt que de le prêter, subiront la déportation (3).

---

(1) Le bureau comprenait cinq administrateurs et un trésorier. Voici
les noms de ceux qui étaient en charge, à l'arrivée de Noël Pinot :
Gandon de Louvrinière, conseiller au présidial; Boylesve de la Mau-
rouzière; Gaudin-Duplessis, procureur du roi au Grenier à sel;
Raimbault de la Douve, avocat; Le Riche; *trésorier*, Dupont.

(2) Le serment de liberté et d'égalité, le 10 mars 1794.

(3) Perrine Ciret, supérieure; sœur Mathurine Ciret ; Marie-
Pélagie-Thérèse Petit de la Pichonnière, née à Chaudefonds; Perrine
Bailly. Elles partirent le 24 juin 1794, de la prison nationale, pour la
déportation. Perrine Ciret et Mathurine Ciret, nées à Saint-Ellier,
avaient une autre sœur, Jeanne-Renée, supérieure des religieuses
hospitalières de Beaufort, qui fut condamnée et déportée avec elles.

Les « filles domestiques », auxiliaires des Gouvernantes, sont employées aux gros ouvrages dans les salles. Elles font partie, plus directement, du troupeau de l'aumônier.

Les « pauvres Incurables », vieux ou jeunes, sont, à proprement parler, sa paroisse. Combien sont-ils, au juste? L'acte de fondation, de 1734, en prévoyait cent quatre-vingts. Pour la raison déjà donnée, ils sont réduits à cent-vingt : soixante hommes et soixante femmes. Les places ne sont jamais vides : il y a toujours des malheureux qui attendent leur tour.

Voulez-vous savoir, maintenant, quelle est la vie de l'aumônier? Lisez attentivement cette page, extraite du règlement tracé par Mgr de Vaugirault : elle est aussi sage qu'elle est complète dans ses détails. Elle a pour titre : *du prêtre ou aumônier.*

« Il y aura, dans l'hôpital des Incurables, un prêtre ou aumônier, *amovible à notre volonté,* qui sera nourri et logé, sain et malade, dans ledit hôpital, et auquel on donnera des honoraires convenables.

« Il sera chargé de la conduite spirituelle dudit hôpital (1).

« Il célébrera tous les jours la sainte messe à l'heure marquée (2); et, si quelquefois il en était empêché par maladie ou autre cause légitime, on y fera suppléer par un autre.

« Il fera, les dimanches, une *instruction* à la portée de tout le monde; il la pourra faire à la messe de communauté, ou dans un autre temps, pour la plus grande commodité de la maison.

« Outre cette instruction, il fera encore le *catéchisme* une ou plusieurs fois la semaine, où les pauvres seront

---

(1) D'où le nom de *directeur,* qu'il a quelquefois.
(2) Messe de communauté : à 7 h. ½ en été; à 8 heures en hiver.

obligés d'assister ; et si, parmi les pauvres, il s'en trouve qui aient besoin d'instructions plus particulières, il y donnera toute son attention.

« Il se trouvera dans la chapelle à une heure fixe, les samedis et la veille des fêtes, pour y entendre les confessions des pauvres, et même plus souvent, s'il en est requis.

« Il portera, avec prudence, les pauvres, dans la première année de leur entrée dans la maison, à faire une confession générale, surtout ceux qui n'en auraient jamais fait, et il emploiera son zèle et sa charité à leur en faciliter la pratique.

« Il ne confessera point les Gouvernantes de la maison sans notre permission.

« Il fera en sorte d'étendre sa charité sur tout le monde, sans acception de personne.

« Il ne se mêlera point des affaires de la maison, ni des offices des particuliers ; si, cependant, il apercevait quelque chose qui ne fût pas dans l'ordre, il pourrait prudemment en avertir la supérieure ou le *bureau*.

« Il acquittera fidèlement toutes les messes de fondation.

« Il chantera les vêpres, les dimanches et fêtes, à 2 heures, depuis la Saint-Michel jusqu'à Pâques, et, depuis Pâques jusqu'à la Saint-Michel, à 3 heures. Il fera ensuite le *catéchisme* ou une *instruction* se proportionnant toujours aux plus grands besoins de la maison.

« Il aura grand soin d'administrer les sacrements aux malades, de les disposer à bien mourir, de les visiter souvent, et, après leur mort, de leur donner la sépulture, *sans préjudice des droits du sieur curé* (1).

« Il fera son possible pour entretenir la paix et l'union entre les pauvres et entre tout le monde de la maison ;

---

(1) Le curé de Saint-Martin.

s'il aperçoit quelque discorde, il tâchera d'y apporter le
remède; et, s'il a connaissance de quelque faute considérable, il en avertira les supérieurs.»

Programme simple, complet, lumineux, où éclate la
sollicitude de l'évêque pour les plus miséreux de son
diocèse, et où les pauvres sont traités conformément aux
droits que leur confère dans l'Eglise, de par le comman-
dement du Christ Jésus, leur éminente dignité. Programme
de paix par l'union de tous, et de charité parfaite, comme
de justice, dans la distribution de la vérité et de la grâce
aux déshérités de ce monde. Il fut exécuté en perfection.
Au bout de quelques mois, les « pauvres Incurables »,
en voyant leur aumônier à l'œuvre, sentirent qu'ils
étaient aimés. Alors ils s'attachèrent à lui du fond du
cœur; ils écoutèrent ses leçons; et quelques-uns, ceux que
la vie avait blessés le plus grièvement, qui maugréaient
contre leur sort, contre la société, et contre Dieu, se trans-
formèrent de loups en agneaux. Dès qu'il paraissait dans
les salles, la joie faisait briller tous les yeux. Le marquis
de Ségur écrit : « Ils le respectaient comme un saint, et,
malgré sa jeunesse, le chérissaient comme un père.» Et
Gruget, témoin oculaire, disait, dans sa phrase sans art :
« Ce *saint* ecclésiastique était connu pour tel de toute la
ville qui l'avait vu naître.»

Tout Angers, en effet, ému de ce dévouement, rivalisait,
pour ainsi dire, de générosité avec l'aumônier. Pendant
que Noël Pinot guérissait les âmes et mettait dans son
peuple la paix et l'union, les habitants d'Angers, qui se
sont toujours flattés d'avoir la délicatesse du cœur comme
celle de l'esprit, s'ingéniaient pour améliorer l'ordinaire
de la maison et faire luire, dans ce monde de la misère,
un rayon de soleil : « Les uns fournissaient en nature la
plupart des provisions, blé, vin, viande, beurre et autres
denrées; les autres versaient dans la caisse de l'hôpital

des sommes considérables (1). » D'aucuns même, dit-on, qui contemplaient le zèle de ce prêtre, ravis de son intelligence pratique autant que de son dévouement surnaturel, parlaient de récompense et de « hautes destinées ».

Il est croyable, pourtant, que ces rêves n'eussent pas abouti, et que l'humble aumônier, qui n'avait d'autre ambition que de travailler le plus possible à la gloire de Dieu, aurait continué la petite voie où il était engagé, à la suite de son frère, si un fait nouveau n'était survenu pour imprimer à son ministère une autre direction et donner à ses talents le moyen de s'exercer sur un plus vaste théâtre. Car il ne pouvait guère s'attendre, d'après le cours ordinaire des choses, au sort de Simon Gruget. Le « petit abbé Gruget » (2), vicaire, plus jeune que Noël Pinot, sans aucun grade théologique, avait été nommé, le 26 avril 1784, curé de la Trinité d'Angers. Mais il avait été présenté par l'abbesse du Ronceray, Mme Léontine d'Aubeterre, qui l'avait vu à l'œuvre dans la paroisse (3); l'élu avait fait toutes les objections possibles, et Mgr Couët du Vivier de Lorry avait passé outre aux résistances de son humilité. Encore lui avait-on demandé de prendre son diplôme de maître ès arts, puisqu'il avait les *attes-*

---

(1) Chanoine UZUREAU, *Noël Pinot*, p. 5. Disons ici — pour dire tout ce que nous savons de Noël Pinot, et de sa famille — qu'une de ses sœurs, Louise, femme Renou, est morte à l'Hôpital des Incurables, le 20 mars 1797. L'hôpital n'était plus, alors, au Clos du Présidial; vu que les « bleus » l'avaient détruit en 1793 pour que les Vendéens ne pussent pas s'en servir contre la ville. Il était, depuis 1794, transféré dans l'ancien monastère de la Visitation.

(2) Comme on l'appelait.

(3) Il faut lire dans l'*Anjou historique*, d'octobre 1924, p. 225, l'acte de nomination où Léontine Desparbez de Lussan-Bouchard-d'Aubeterre, abbesse de l'abbaye royale de N.-D. de la Charité du Ronceray d'Angers, se déclare « dame patronne fondatrice et ayant le droit de curé primitif dans l'église paroissiale et plébéienne de la Trinité de cette ville... »

tations nécessaires; et, comme quelques jours lui manquaient pour la scolarité réglementaire, il dut, pendant autant de jours, assister aux classes de philosophie du Collège d'Anjou. Ainsi se manifesta, pour lui, la volonté de la Providence.

L'aumônier des Incurables n'avait pas un aussi puissant patronage à son actif. Mais la Providence, qui le destinait, comme son ami Gruget, à un grand rôle, le conduisit par un autre chemin, celui des études. Y alla-t-il de lui-même, ou se rendit-il aux conseils de ses amis, et particulièrement du curé de Saint-Martin? Il n'importe. En tout cas, il obéissait, dans un esprit tout sacerdotal, aux exhortations véhémentes du concile de Latran et du concile de Trente, qui n'avaient rien de plus à cœur que de pousser les clercs à la conquête des sciences sacrées.

C'est une chose remarquable, en effet, que l'abbé Noël Pinot, dès son arrivée à Angers, se met à suivre, matin et soir, le cours de philosophie au Collège d'Anjou (1). Il remplaçait, règlementairement, le mois où il n'avait pas pu suivre le même enseignement du Petit Séminaire; la Faculté des Arts tenait à la plus rigoureuse exactitude (2). Il redevint étudiant, du 1er juillet 1781 au dernier jour du mois. Il prit l'*attestation* pour le supplément exigé, mais ne prit pas encore le diplôme de maître ès arts. Premier jalon sur la route.

---

(1) Il ne pouvait pas le faire au Petit Séminaire, car il était nécessaire d'y demeurer, pour que le stage comptât.

(2) L'Université d'Angers était la plus *exacte*, la plus rigide des Universités de France, dans la concession des Certificats d'études et dans les nominations des gradués. Elle nommait des commissaires pour vérifier les *attestations* des professeurs de philosophie et de théologie. Les lettres de *quinquennium*, par exemple, ne s'accordaient qu'en assemblée de l'Université, sur le rapport des commissaires et d'après les pièces, les candidats présents et confirmant, *par serment*, la vérité des *attestations*.

Quatre années s'écoulent, aux Incurables. Les loisirs survenant, Noël Pinot se rappelle à propos qu'il n'a eu qu'une seule année de présence à la Faculté de Théologie, et que deux autres lui sont indispensables, pour obtenir ses « lettres ». Alors, non sans courage, il reprend des inscriptions à la Faculté, en 1785. Il n'est plus de première jeunesse : il a presque trente-huit ans.

Le mercredi 17 novembre il assiste à l'ouverture des cours. La messe est célébrée très solennellement dans l'église des Jacobins. Après quoi, à la suite du doyen, M. Rousseau de Pontigny, les docteurs-régents se rendent processionnellement à la salle de théologie, bonnet doctoral en tête, revêtus de leurs toges de soie noire, avec la ceinture moirée bleue, la chausse noire doublée de violet et bordée d'hermine (1). Un des professeurs y prononça le discours de circonstance. Les deux professeurs de cette année traitaient : l'un, M. Touchet, « du Très Saint Sacrement de l'Eucharistie et du très auguste Sacrifice de la Messe »; le second, M. Bassereau, « de la Grâce du Christ », avec, en supplément, les quatre articles, que le Parlement ne permettait pas de laisser en sommeil (2). Matin et soir, l'aumônier des pauvres Incurables, allait écouter ces leçons très doctes.

L'année suivante, 1786-1787 (3), M. Touchet, chantre-chanoine de l'église Saint-Maurille, enseignait le traité « de la vraie Eglise du Christ »; et M. Tremblay, syndic de la Faculté, le traité du Sacrement de Pénitence. Il continua

---

(1) Je cite, parmi eux, M. Chotard, curé de Saint-Martin, et Ribay, chanoine de Saint-Pierre... et M. Debourne, curé de la Chapelle-Aubry.

(2) M. Bassereau, curé de Notre-Dame de Lesvière.

(3) Pour dire tout ce que nous connaissons de Noël Pinot — trop peu, à notre gré — je remarque qu'il alla se reposer à Corzé, avant l'ouverture des cours, et y fit un baptême, le 6 novembre.

d'être un auditeur « assidu, attentif, modeste », comme au Petit et au Grand Séminaire.

Entre temps, l'étudiant Noël Pinot vit M. Forest (1) proclamé bachelier, l'abbé Bernier (2) obtenir la « bénédiction » de la licence et les palmes du doctorat, et son propre curé, Messire Adrien Chotard, déjà pro-doyen, élevé aux honneurs du décanat : joies et gloires qu'il partagea en bon compatriote.

A la fin de la seconde année, il reçut les *attestations de scolarité* auxquelles il avait droit.

Puis, quelques mois se passèrent encore. Muni de toutes les pièces requises et de la science nécessaire, il se présenta pour avoir ses lettres de « maîtrise ». Le 6 février 1788, dans la *salle des Arts*, rue basse Saint-Martin, proche de la place du même nom, après un examen oral subi devant le doyen de la Faculté, deux professeurs, et le secrétaire de l'Université toujours présent en pareille circonstance, on le proclame maître ès arts et on lui délivre le diplôme (3). En rappelant sa victoire, dont il ne s'exagérait point l'importance, serait-il hors de propos d'exprimer le vœu que notre Faculté des Lettres d'Angers, héritière de la Faculté des Arts, proclame comme son patron, et invoque comme son puissant défenseur au ciel,

---

(1) Il devint, après la Révolution, curé de Saint-Pierre de Saumur.

(2) Celui-là même qui travailla au Concordat et mourut évêque d'Orléans. Il enseignait, n'étant encore que diacre, la philosophie au Petit Séminaire; devenu prêtre et docteur, il fut nommé docteur régent de la Faculté.

(3) *Gradus magisterii artium accepit* (Archives dép. D, 5, p. 79). Ce diplôme, le plus haut que délivrait la Faculté, équivaut, si on cherche un terme de comparaison, tout ensemble à notre baccalauréat ès lettres et à notre baccalauréat ès sciences, un peu relevés. Pour savoir quelle était la teneur de ce diplôme, on aura plaisir à consulter l'*Anjou historique*, qui donne, dans son numéro d'octobre 1924, celui de Simon Gruget, délivré le 24 avril 1784 (pp. 224-225).

le prêtre angevin qui fut l'ami des études et qui nous apparaît, dans sa vie et dans sa mort, un si vaillant témoin de la foi catholique?

En outre, Noël Pinot, maître ès arts, chapelain de la chapellenie de Saint-Avertin en l'église paroissiale de Saint-Germain de Corzé, demandait à l'Université des lettres testimoniales de *quinquennium* — de cinq ans d'études. — On les lui octroya, selon le rite accoutumé, le 22 février, ainsi que l'autorisation de « signifier » ses titres à *douze* patrons ou présentateurs ecclésiastiques avec « sommation de lui conférer le premier bénéfice, à leur présentation, qui viendrait à vaquer dans les mois de *janvier, avril, juillet* et *octobre*, réservés aux gradués. Constatation en fut faite sur le registre officiel des délibérations (1).

---

(1) En voici le texte authentique, qui n'est pas du pur latin cicéronien :

22a februarii 1788. — Concesserunt litteras testimoniales temporis studii quinquennalis M° Natali Pinot, presbytero dioceesis Andegavensis, in artibus liberalibus magistro ; recepto tamen prius ab eo juramento in talibus, juxta statuta, præstari consueto, visisque et examinatis ipsius attestationibus, videlicet philosophicis ab apertura solemni scholarum annorum 1765 et 1766 usque ad solemnes inducias et academicas ..... subsequentes et in Andino Collegio a die prima julii anni 1781 usque ad diem primam augusti dicti anni, theologicis vero ab apertura solemni scholarum annorum 1768, 1785 et 1786 usque ad solemnes inducias et academicas subsequentes, subscriptis Boulloys, Doué, Lesné, Mesnard, Noël, Dumenil, Bassereau, Touchet et omnibus — Brevet, Univ. Andeg. a secretis.

Eidem Natali Pinot, presbytero diœcesis Andegavensis, in artibus liberalibus magistro, capellano capellaniae Sancti Avertini vulgo dictæ in ecclesia parochiali sancti Germani DE CORZÉ, *diœcesis Andegavensis, deserviri solitæ valoris annui reditus centum et quinquaginta libellarum deductis impensis, concessæ sunt nominationes, quarum tenor sequitur...*

N. B. — Le 10 mars 1788, on enregistra, au contrôle des actes de notaire et sous signature privée, à Angers, les lettres de gradué sur l'Université d'Angers pour Maître Noël Pinot, directeur des Incurables d'Angers, *signées* Brevet, secrétaire, le 22 février 1788. Reçu 20 sols. (Archives départ., série C., liasse 53.)

En conséquence, Noël Pinot, comme il y était invité, « signifia » aussitôt ses titres aux douze présentateurs qui lui étaient indiqués : savoir, « à Monseigneur l'Evêque d'Angers ; aux abbés, religieux et officiers des monastères de Saint-Aubin, de la ville d'Angers, des saints Serge et Bach, et de Saint-Nicolas, près et en dehors des murs d'Angers, de Saint-Maur-sur-Loire, du diocèse d'Angers, de la Sainte-Trinité de Vendôme, du diocèse de Blois (1) ; aussi à la « pieuse abbesse » et aux religieuses du monastère de N.-D. de la Charité, autrement dit *du Ronceray*, de l'ordre de saint Benoît ; aux « vénérables et discrets » Messieurs les doyens, chanoines et chapitres, de l'insigne église cathédrale d'Angers, des insignes églises royales (2) de Saint-Martin en cette ville et de Saint-Laud hors les murs, de l'église collégiale de Saint-Pierre d'Angers, de Saint-Denis de Doué, au diocèse d'Angers... » Et il attendit patiemment l'effet de ses lettres.

Les mois d'avril et de juillet passèrent, sans que ces deux mois affectés aux gradués eussent apporté une réponse, faute de vacances. Il devait donc attendre le mois d'octobre (3).

Soudain on apprit à Angers la mort de M. Jean-Aubin Thouin, curé de Saint-Aubin du Louroux-Béconnais ; il était décédé le 1er septembre, et fut enterré le lendemain, par M. Veillon, curé de la Pouëze, au milieu d'un grand concours de prêtres et de fidèles (4).

Le mois de septembre n'était pas « affecté aux gradués ». Cependant, dès le 3 septembre — ils ne pouvaient pas aller

---

(1) Le prieuré de Lesvière dépendait de l'abbaye de la Trinité de Vendôme.

(2) Chapitre royal, à la présentation du roi.

(3) Le 5 avril, avec l'Université tout entière, il assista aux obsèques de son curé, M. Chotard, doyen de la Faculté de Théologie.

(4) Il était curé depuis février 1785 et n'avait, à sa mort, que 31 ans.

plus vite, et un tel empressement témoigne en faveur de l'élu — les chanoines de la collégiale de Saint-Pierre, dûment convoqués par leur doyen M. Daburon de Manthelon — un nom connu dans l'histoire de la charité angevine — tinrent un chapitre extraordinaire après les vêpres (1). Sur la demande unanime des « chanoines et chapitre », Jean Ribay, hebdomadier (2), fit, avec grand plaisir (3), la « nomination et présentation » de *maître* Noël Pinot à la cure de Saint-Aubin du Louroux-Béconnais. Sur le champ, ordre fut donné au secrétaire de rédiger les lettres de « nomination et de présentation », et de les montrer à l'élu (4).

Le collateur, qui était l'évêque d'Angers, Mgr Couët du Vivier de Lorry, à qui les lettres furent remises, agréa le choix du chapitre, et donna son *visa* sans retard. Il pria, seulement, le nouveau curé de signer le formulaire de foi, dressé, en exécution des constitutions d'Innocent X et d'Alexandre VII (5), contre la doctrine des cinq fameuses propositions extraites de l'*Augustinus* (6). Noël Pinot, volontiers, l'aurait signé de son sang.

---

(1) Il convient de citer les noms des chanoines qui firent l'élection :. Daburon de Manthelon, Mongodin, Ribay, Foussier, Burgevin, Chivaille, Touchaleaume, Rezé, Desmazière ; et même le nom du grand bedeau, Christophe Taulpier, qui porta la convocation faite par le Doyen.

(2) Chanoine de semaine. C'était à l'hebdomadier, c'est-à-dire au chanoine qui faisait sa semaine au temps de la vacance, que revenait la *présentation* à faire au nom du Chapitre, pour la cure ou *vicairerie perpétuelle* du Louroux-Béconnais.

(3) *Id libenter et sponte fecit.* Docteur-régent de la Faculté de Théologie, M. Ribay connaissait et appréciait l'étudiant.

(4) Cf. *Registre des conclusions du Chapitre de Saint-Pierre d'Angers*, (Archives départementales, G. 1171, et *Affiches d'Angers*.)

(5) 31 mai 1653 et 16 octobre 1656.

(6) Le livre de Cornelius Jansenius.

Quand la nouvelle fut répandue, ce fut grand deuil à l'Hôpital des Incurables. Gruget écrit, dans son *journal,* que l'aumônier « avait emporté les regrets » de tous.

Lui, triste et joyeux à la fois, partit presque tout de suite pour le poste où Dieu l'appelait. Là, parmi beaucoup de douleurs et quelques joies, il allait donner toute sa mesure.

CHAPITRE III

(14 septembre 1788 — fin décembre 1790)

LE CURÉ

L'HOMME. — LA PAROISSE DU LOUROUX

LE MINISTÈRE PASTORAL DE NOEL PINOT. — L'ÉTAT DES

ESPRITS, AU LOUROUX ET EN FRANCE.

Noël Pinot a quarante ans bien sonnés. Il est dans la maturité de l'âge et de l'esprit, dans toute sa force.

D'après les témoignages des contemporains, on peut esquisser son portrait.

Petit de taille, comme son confrère et ami Simon Gruget ; mince, nerveux et musclé, en somme dur à la fatigue ; le teint mat ; les yeux noirs ; les cheveux noirs, tombant assez longs sur le cou, deux boucles légèrement frisées et grisonnantes encadrant les oreilles, avec un peu de calvitie sur le front. L'éclat des yeux et le pli des lèvres, son allure, manifestent l'énergie et la décision de la volonté, tempérées par ce qu'on a coutume d'appeler la douceur angevine : sa fermeté n'exclut ni la prudence et l'esprit de conciliation, ni la tendresse : « il ne brisera pas le roseau froissé, et n'éteindra pas la mèche prête à mourir (1). » La netteté de la parole révèle une intelligence claire ; la voix vibrante, un cœur chaud. Il n'a jamais cessé d'étudier ; et un ministère de dix-huit ans, vicariat et aumônerie, a complété sa culture. Il est bien préparé pour ses fonctions, qui sont

---

(1) *Isaïe*, XLII, 3.

difficiles, et pour les jours qui, même au Louroux, s'annoncent mauvais.

Noël Pinot avait hâte de prendre un premier contact avec ses paroissiens. Il s'installa, dès le dimanche 14 septembre. C'est le jour où l'Eglise fête l'*Exaltation de la Sainte Croix*. Avait-il choisi cette date intentionnellement? Il est impossible de le savoir. Avait-il le pressentiment des croix qui l'attendaient, et qu'il commençait, ce jour-là, de gravir son rude calvaire? Peut-être. Ceux qui ont parlé de lui n'ont pas manqué de signaler le fait. L'un d'eux, M. le marquis de Ségur, fait ce rapprochement heureux, et saisissant : « ...Mgr Affre, prenant possession du siège de Paris, commença son premier mandement à ses diocésains par ces mots prophétiques : « Je suis venu vous apporter une victime. » C'était bien aussi une victime que l'abbé Pinot apportait à ses nouveaux paroissiens, une victime d'amour et de dévouement apostolique (1). »

L'a-t-il dit textuellement? Non, sans doute. Ce qu'il leur a dit très certainement, c'est qu'il se donnait à eux pour toujours; que le fardeau, mis sur ses épaules par son évêque, il le porterait allègrement, de toutes ses forces; que déjà, par la grâce de la mission reçue, il les aimait de toute son âme, plus et mieux qu'une mère n'aime son enfant; que son cœur s'exhalait en tendresse et en reconnaissance, d'avoir été jugé digne de leur parler de Dieu et de leur donner Dieu; et qu'il leur promettait « de ne plus rien chercher en ce monde qu'eux seuls, eux seuls suffisant aux biens et aux maux de sa vie » (2). La parole solennelle, donnée au jour des épousailles, fut tenue dans toute son ampleur. Le berger s'était engagé à la vie et à la mort. En réalité, il ne vécut que pour ses ouailles.

____

(1) *Un admirable martyre sous la Terreur*, p. 24.
(2) Cf. LACORDAIRE, *Panégyrique du Bienheureux Pierre Fourier*.

Pour elles, pour ne pas les délaisser au milieu de périls inouïs, et pour remplir sa mission, il répandit tout son sang. Que pouvait-il davantage (1)?

La paroisse de Saint-Aubin du Louroux, qui appartenait au doyenné de Candé, dans l'archidiaconé d'outre-Maine, était (elle est encore, après la commune de Cholet), en superficie, la plus étendue de notre diocèse : près de 7.000 hectares, dont un grand tiers en landes et en bois ; « mauvais fonds », qui produisait « quelque froment », ni orge ni chanvre, de l'avoine et surtout du seigle, peu de pommiers et de châtaigniers (2). Le commerce y était médiocre. Pour cette raison, et pour d'autres (3), on y comptait beaucoup de pauvres et de mendiants.

Dans cette grande paroisse du Bas-Anjou, il n'y avait point de chemins praticables aux voitures, mais des sentiers mal entretenus qui reliaient entre eux une cinquantaine de villages ou hameaux et plus de cent grosses fermes, quelques-unes distantes du bourg de six kilomètres et plus. En hiver, et par les temps de pluie, ce n'était qu'ornières et fondrières. Dans l'enchevêtrement des chemins et des « voyettes », parmi ce bocage et les nombreux hameaux, si éloignés du centre, on comprend que, durant les jours de la persécution, le curé Pinot ait eu de grandes facilités pour échapper à ses « chasseurs »; mais, en temps de paix, c'était une vraie difficulté pour desservir sa paroisse. Aussi, pour se transporter du bourg aux villages, jusqu'aux extrémités, il aura besoin d'un cheval.

------

(1) Pour ce qui va suivre, je suivrai d'assez près l'enquête menée par M. l'abbé Brouillet, et je la compléterai par des documents nouveaux.

(2) Détails donnés, pour une enquête sur les impositions, par la municipalité de 1787.

(3) La présence de l'abbaye cistercienne de Pontron, et d'un assez grand nombre de châteaux sur la commune...

Quant au chiffre de la population, on ne peut pas, à cette heure, le calculer exactement. D'après le mouvement des naissances et des décès en 1789 et en 1790 (1), c'est-à-dire pendant les deux années complètes que M. Pinot gouverna le Louroux, il est légitime de conclure que le chiffre dépassait légèrement 3.000; c'est peu, me semble-t-il, pour tant d'hectares. Peuple paisible dans l'ensemble, accueillant et aimable, où cependant quelques fortes têtes, une cinquantaine au moins, principalement des habitants du bourg, par le goût des idées nouvelles et leur langage bruyant, tranchaient sur le reste. La masse des habitants était très attachée à la religion catholique et à ses prêtres. Les autres étaient des « philosophes » au petit pied, des frondeurs, ou des petits bourgeois voltairiens.

A feuilleter les archives, on découvre d'autres misères, plus vite que des vertus : les peuples heureux n'ont pas d'histoire ! Par exemple, l'Anjou était pays de gabelle; la Bretagne, non. Or, le Louroux était bourg-frontière. L'impôt du sel, la *gabelle* (2), y était mal accepté; il y avait donc, ne fût-ce que pour narguer le fisc, des faux-saulniers, et, par conséquent, des employés (3) pour prévenir ou réprimer les fraudes. De là, souvent, des injures et des rixes entre les uns et les autres, notamment, au village de Lasseron, moitié en Bellingé, moitié du Louroux. Ces employés, par ailleurs, étant détestés, n'avaient pas un recrutement très honorable : ils étaient, en majorité, fainéants et mauvais sujets. Ils étaient, aussi, une tentation : un domestique, s'il était mécontent de son maître,

---

(1) En 1789, 92 baptêmes et 110 décès; en 1790, 86 décès et 100 baptêmes. (Bibl. d'Angers, n° 1842).

(2) Le mot *gabelou*, qui en dérive, a toujours gardé, chez nous, mauvais son et mauvais sens.

(3) Sur la bordure de la paroisse, en Bellingé, ils étaient seize en deux postes. (Enquête de 1787, déjà citée, Archives dép., Q², 40.)

avait tôt fait de réclamer son compte, et allait « au sel ».

De même les gardes-chasses, étrangers à la localité pour la plupart et durs parfois dans leurs procès-verbaux, n'avaient pas bonne presse (1).

Il y avait, aussi, des voleurs de chevaux dans le pays ; les « cahiers » s'en plaignent amèrement ; ils demandent qu'on les saisisse et qu'on leur inflige une punition rigoureuse.

D'autre part, lorsque Noël Pinot arriva au Louroux, il trouva une municipalité, formée depuis le commencement de l'année seulement, et par l'ordre des *bureaux* du roi. Elle était composée comme suit : *Boré* (aîné), *syndic ; Bidon* (2) *; Avril ; Thouin ; Guimier ; François Boré* (le jeune)*; Morton ; Riverais; P. Peltier; Fr. Duhoux.* Cette municipalité resta en fonctions jusqu'au mois de février 1790. Le curé en faisait partie, de droit, ainsi que le seigneur de la paroisse, le comte Walsh de Serrant (3). Elle était, en nombre, gagnée aux idées nouvelles. L'année précédente, dans l'assemblée des imposables, quelques-uns d'entre eux avaient proposé, ou appuyé cette motion que, pour soulager les pauvres, on tirât une somme de 1.200 livres sur les biens ecclésiastiques, qu'on distribuerait en différentes saisons de l'année « par les membres de l'assemblée municipale ».

Ces détails, en éclairant le lecteur sur les affaires et la situation de la paroisse, lui montrent assez que tout n'était

____

(1) Archives départementa'es, série B.

(2) Il était gentilhomme et habitait le château de la Prévôterie. Il sera le deuxième juge de paix nommé, et il condamnera Noël Pinot, comme on le verra ci-après. Mais il revint, ensuite, à de meilleurs sentiments.

(3) Il habitait Serrant, mais n'assistait jamais aux séances, ayant des intérêts dans beaucoup d'autres endroits. Bien entendu, après février 1790, ni le curé ni le seigneur ne firent partie de la municipalité nouvelle.

pas rose à l'horizon. Mais le nouveau curé, par sa fermeté, par ses talents, par la bonne renommée qui l'avait précédé, et enfin par les grâces d'état que Dieu lui avait départies, était de taille à faire face à toutes les difficultés.

Quelle était sa situation personnelle?

Le curé, né pauvre, trouvait au Louroux un presbytère modeste. Il en reste une partie : au rez-de-chaussée, la cuisine, le bûcher, et une pièce qu'on pourrait appeler, en haussant un peu le ton, salon ou salle à manger. Au-dessus, au premier étage, sous les combles, il avait sa chambre, médiocrement meublée (1), *sans cheminée*. Rien que ce détail nous renseigne, et nous édifie, sur le degré de mortification du prêtre qui l'habita, été comme hiver.

En revanche, la *cure* était bonne. Noël Pinot déclarait officiellement, le 17 février 1790, que « le produit de sa cure, jardin, terres et prairies, tant affermés que par lui exploités, était du revenu de 4.700 livres, compris ses dîmes (2). » Il dépensa, chaque année, pour les pauvres beaucoup plus que les *douze cents livres* que les municipaux de 1787 demandaient à prendre, pour la même fin, sur les revenus de *tous* les biens ecclésiastiques de la commune du Louroux-Béconnais.

L'église paroissiale avait été restaurée, quelque temps auparavant, et pourvue d'un grand autel et de petits autels tout neufs. Mais la fabrique était pauvre : elle avait de toutes petites rentes, quelques maigres fondations et dîmes, sur la Glénaie, la Milanderie... Ce fait ressort de l'inventaire des titres, papiers et meubles, rédigé par la municipalité du Louroux, le 24 novembre 1790, sur l'ordre du district d'Angers (3). La même pièce établit, avec

---

(1) Les meubles n'y sont plus, comme nous le verrons dans la suite.

(2) Archives départementales, série Q.

(3) Archives départementales, Q², § 2, n° 40. Noël Pinot n'assistait pas à cet inventaire.

évidence, que le mobilier était fort pauvre : des ornements passables; la lingerie, de « presque nulle valeur »; deux cloches « dont une est cassée »; le reste, à l'avenant. C'est ce qui explique que, pour cette paroisse d'une si grande étendue, et qui comptait plus de trois mille âmes, il n'y eut habituellement qu'un vicaire, malgré l'abondance du personnel ecclésiastique diocésain. En octobre 1786, le prédécesseur de M. Pinot, le curé Thouin, qui était de chétive santé, en eut un second. Le 14 septembre 1788, au jour de son installation, Noël Pinot avait donc deux vicaires à ses côtés : MM. Fayet et Germond. Trois mois après, le 1er janvier 1789, M. Germond partit, et M. Fayet demeura vicaire unique. Celui-ci fut remplacé en mai 1790, par l'abbé Mathurin Garanger, dont nous aurons à reparler bientôt (1).

Tel fut l'état du clergé séculier, pendant que M. Pinot habita son presbytère. Il sera complet, si on y joint le prieuré du Chillon (2), qui, depuis longtemps, n'avait plus de religieux; seulement sa chapelle était desservie, comme chapelle de secours, par un prêtre habitué.

Mais, à côté du clergé paroissial, le Louroux avait un clergé régulier, peu nombreux, il est vrai, plus riche que l'autre. Quatre religieux administraient l'abbaye cistercienne de Pontron, avec ses 26 fermes, ses bois, ses étangs, et ses moulins (3). Dom Péquignot était leur prieur, ou supérieur (4). Sur les revenus des biens ecclésiastiques dans la paroisse (5), la plus grosse part leur était attribuée.

On saisit assez bien, me semble-t-il, parmi quelles dif-

____

(1) Cf. Archives municipales du Louroux-Béconnais.

(2) Il appartenait au Grand Séminaire.

(3) Du Louroux à l'abbaye, la distance était de 6 kilomètres environ.

(4) L'abbé commendataire était Jacques-Guillaume Blondel, docteur de Sorbonne, vicaire général d'Évreux.

(5) Environ 18.000 livres.

ficultés, petites ou grandes, Noël Pinot travailla. Il y était préparé, assurément ; mais on ne doit pas se lasser de redire que l'heure était critique et angoissante ; que la France, et même l'Europe, se trouvait à l'un des plus grands tournants de son chemin ; et aussi que, dans l'enfantement laborieux d'un monde nouveau, les événements avaient leur contre-coup inévitable jusque dans les derniers recoins du pays. Qu'il s'agît d'un peuple entier à conduire dans sa vie économique et sociale, ou d'une paroisse à maintenir sur le chemin du salut, la tâche était rude dans l'un et l'autre cas ; plus rude et plus effrayante encore dans le second que dans le premier, pour un cœur de prêtre, parce que l'enjeu est la vie, ou la mort, éternelle de ceux qui lui sont confiés. Une main ferme y était indispensable, autant qu'une intelligence éveillée. Noël Pinot possédait ces deux conditions. Il se mit à l'œuvre. Sa réputation l'avait recommandé. Son action la justifia. Et, sans doute, il a paru échouer d'abord, puisqu'il mourut dans l'acte même de son apostolat, sans avoir vu le triomphe. Mais on sait que les seules causes qui vivent sont celles pour qui on travaille et on meurt. Lui, avant de donner sa vie d'un seul coup, et avec joie, l'employa et l'exposa, jour par jour, dans un élan qui n'a jamais faibli. Le spectacle en est magnifique, sans trêve ni relâche.

La vie du curé commença par deux années de paix : d'une paix relative, certes, et cependant réelle, si on les compare aux années tumultueuses, et sanglantes, de la Terreur. Les esprits sont inquiets, et déjà troublés. Mais dans le Bas-Anjou, comme dans la Vendée et dans le Craonnais, à part quelques exaltés, la foi animait presque tous les cœurs et commandait la vie. Le ministère du prêtre rencontrait peu de résistances, et sa parole était écoutée.

Le ministère de Noël Pinot, assisté d'un seul vicaire, fut écrasant. Pour suffire à la tâche, le curé dut faire appel

Ancien presbytère du Louroux, habité par Noël Pinot.

à tous ses nerfs, et à tout son courage, qui n'était pas petit. Rien que pour les malades et les mourants, qui chaque année se chiffraient par plus d'une centaine, et pour qui, au premier danger, on réclamait son secours ; de même, dans les premiers mois après son arrivée, pour faire connaissance avec toutes les familles, s'informer de leur situation, découvrir les obstacles au bien, écouter le son que rendaient ces âmes : songez, s'il vous plaît, à la somme des déplacements que tout cela rendait nécessaires, dans un territoire où il n'y avait aucune route carrossable, et si vaste que, pour atteindre les villages et les fermes en bordure des paroisses voisines (1), le rayon à parcourir, du centre à la circonférence, était d'environ 6 kilomètres. Le vaillant curé s'en allait à cheval, de jour, de nuit, à travers les landes et les bois, parmi les sentiers tortueux, si peu praticables en hiver, ou par les chemins profonds bordés de haies vives et touffues ; interpellant les travailleurs dans les champs ; s'arrêtant pour converser avec les mères qui l'avaient aperçu et l'attendaient sur le pas de leur porte ; bénissant les petits enfants ; récitant son bréviaire, entre deux villages, ou égrenant son rosaire ; plus grave encore et silencieux, quand il portait les derniers sacrements aux malades... Au retour, il fallait visiter les habitants du bourg, recevoir des doléances, consoler les deuils, surveiller son jardin et son petit domaine, tenir à jour ses registres paroissiaux. Il fallait surtout, la veille des dimanches et des fêtes chômées, plus nombreuses que de nos jours, entendre les fidèles au confessionnal et les préparer à la communion, et combattre l'esprit janséniste qui s'infiltrait dans les campagnes et, sous prétexte de respecter le Dieu infiniment juste,

---

(1) Candé, Angrie, La Pouëze, Saint-Clément, Bécon, Villemoisan, Belligné, La Cornuaille.

éloignait les fidèles de la réception des sacrements et du contact avec sa tendresse infinie. Ah ! elles étaient loin, les occupations modérées du jeune vicaire, à Corzé et à Bousse ; plus loin encore, la vie régulière de l'aumônier à Angers. En ce temps-là, il trouvait des loisirs pour compléter ses études littéraires et théologiques. Maintenant, il devait vivre de son acquis, tout en feuilletant un autre livre, plus varié et plus captivant, le livre des âmes, où Dieu écrit, pour le regard des Anges et du prêtre, les plus belles pages qui se puissent lire en ce monde.

Lui restait-il du temps pour la prière ? Sans aucun doute : le prêtre est, avant tout, l'homme de la prière. Le matin, son oraison faite, il célébrait la messe : avec quelle dévotion, ses fidèles nous l'ont indirectement raconté ; c'était une vraie prédication. Le soir, après les fatigues de la journée, il priait paisiblement, dans son église, aux pieds du Tabernacle ; il recommandait à Jésus, au *Sacré-Cœur* (1), les intérêts et le salut de ses paroissiens. Bientôt, traqué comme une bête fauve par ses persécuteurs, il dira sa messe dans les champs de genêts, dans les étables, les greniers ou les granges, toujours sur le qui-vive ; il regrettera la douceur de son église et sa tranquillité.

Sa maîtrise — pardonnez-moi ce mot, que j'applique à un maitre ès arts — ce fut la prédication. Noël Pinot eut un remarquable talent de parole. Il ne le cultiva point pour briller ; il ne s'en servit jamais que pour la vérité et pour la vertu, ainsi que le demande Fénelon. Saint Paul, qu'il aima beaucoup et qu'il relisait souvent, a écrit (2) :

____

(1) La dévotion au Sacré-Cœur était en honneur au Louroux.

(2) 1 *Cor.*, 1, 17. *Non misit me Christus baptizare, sed evangelizare.* Ce qui signifie : « Ce n'est pas tant pour baptiser, que pour prêcher l'Evangile... » Parmi le peu de reliques qu'on a conservées de lui, on garde, à la cure du Louroux, un exemplaire des Epitres de saint Paul, qui lui aurait, dit-on, appartenu.

« Ce n'est pas pour baptiser que le Christ m'a envoyé, mais pour prêcher l'Evangile. » Il prêchait, lui aussi, simplement, chrétiennement, chaudement. Il enseignait, non pas la sentimentalité à la Jean-Jacques, qui nous a fait tant de mal, ni l'infaillibilité, la toute-puissance et l'autonomie de la raison humaine, mais l'Evangile, la foi en Jésus, la soumission à « Sainte mère Eglise », à l'Eglise catholique, apostolique, et *romaine*, qui continue son œuvre sur la terre ; non pas le Christ aux bras étroits, qui ne serait mort, comme l'affirment les Jansénistes et comme ils le représentaient en réalité, que pour les seuls élus, mais le Rédempteur aux bras largement ouverts, au cœur *catholique*, qui pour *tous* a versé tout son sang. Elève des Sulpiciens et des docteurs de la Faculté d'Angers, il nourrissait son peuple de la moelle de leur enseignement.

Il avait, comme Jésus le Maître unique, et comme tous les bons prêtres, une prédilection pour les enfants. Le Louroux n'avait qu'une école de filles, dirigée par Mlle Marie Alusse. Autant que ses élèves, la maîtresse d'école profita des leçons du curé. Pendant la Terreur, elle fut enfermée à la prison du Grand Séminaire. Le 17 avril 1794, requise, en tant qu'institutrice, de prêter le serment de Liberté et d'Egalité (1), elle répondit qu'elle préférait la mort. On l'avait interdite de ses fonctions, dans un premier interrogatoire. Comme elle persistait dans ces sentiments, le greffier inscrivit, en marge : *Fanatique, entêtée, mauvais sujet.* Transférée de la rue Courte à la

---

(1) En vertu de la loi du 19 décembre 1793 (c'est-à-dire, dans le calendrier révolutionnaire, = 29 frimaire an II), et bien que l'enseignement fût déclaré libre par cette même loi, nul n'avait le droit d'enseigner que s'il avait prêté le serment (de liberté et d'égalité) et, par-dessus le marché, obtenu un *certificat de civisme*. Nul prêtre, même *déprêtrisé*, ne pouvait être choisi comme instituteur.

prison du Carmel, Marie Alusse y succomba, le 18 septembre 1794, à l'âge de 49 ans (1).

Il paraît étrange que ce bourg considérable n'ait pas eu
d'école de garçons; on n'en a trouvé aucune trace, pour
ces années-là. Mais, aux garçons comme aux filles, Noël
fut un excellent instituteur, au moins pour l'instruction
et la formation religieuses. Ses catéchismes étaient parfaits,
pour la clarté et la vie qu'il savait y mettre. Il se propor-
tionnait, comme une mère ou une nourrice, à la taille et
à l'âge des enfants : par des locutions et des images bien
choisies, il accommodait à leur intelligence la philosophie et
la théologie du catéchisme diocésain. Il voyait, dans son
auditoire, l'avenir de la paroisse et tout l'espoir de la
moisson. Et son auditoire de petits, séduit par sa manière et
par son dévouement, s'attachait au professeur : tous les
yeux se fixaient sur lui; et les cœurs, par le chemin aimable
où il les menait, s'élevaient comme tout naturellement vers
Dieu.

Ce fut là, à l'égard des enfants aussi bien que des parents,
le plus grand acte de charité du pasteur. Il leur apprenait
la vérité et la justice; la vérité qui délivre les âmes de
l'ignorance, leur plus grand ennemi, et les fortifie contre
les entraînements de la passion; la justice, qui maintient
l'ordre et la paix entre les nations et les individus; et cela,
en un siècle où la justice et la vérité subissaient le plus
terrible des assauts. Cependant, si ces hautes leçons donnèrent leur fruit, c'est pour d'autres bienfaits, moins relevés,
mais plus tangibles, plus accessibles à la masse, que le
nom de Noël Pinot fut béni de tous ses paroissiens. Je

____

(1) Elle était fille de François Alusse, cultivateur au Louroux, et
de Jeanne Moreau, née à Vern. Sa sœur, Perrine Alusse, femme de
Pierre Huet, métayer au Louroux, mourut également dans la prison
du Carmel (voir plus loin). Cette famille si chrétienne ne mérite-t-elle
pas d'être mise à l'honneur ?

veux parler de sa charité pour les pauvres : de cette charité que les hommes exaltent toujours au-dessus de tout, et que Jésus Lui-même a magnifiée singulièrement, puisqu'Il a solennellement déclaré qu'au dernier jour Il reconnaîtra comme fait à sa personne, et qu'Il récompensera par la gloire du ciel, tout ce que nous aurons fait pour les malades et pour les pauvres. Or, dans une sphère plus petite, la charité de Noël Pinot fait penser à celle de Vincent de Paul. Là-dessus, les habitants du Louroux, émerveillés autant que touchés, étaient intarissables.

La paroisse comptait beaucoup de pauvres, et même des mendiants; j'ai insinué pourquoi. L'agriculture était loin d'être florissante, comme elle l'est aujourd'hui. Le sol était maigre, et mal cultivé, faute de méthode, d'outillage et d'engrais; des landes, vrai chancre envahissant, des étangs, des bois, en occupaient une bonne part. Le triste état des chemins faisait que les champs étaient mal desservis et que les échanges des denrées, sur le marché, étaient peu abondants. Or, si la production et le commerce sont en souffrance, du même coup les ouvriers en pâtissent pour le travail et les salaires, qui ne sont plus guère rémunérateurs. Pour toutes ces raisons, le Louroux était devenu presque un « rendez-vous de misère (1)».

Cette misère, que toutefois il ne faut pas trop assombrir, le prêtre au cœur compatissant fit tous ses efforts pour la soulager et la diminuer. De ses revenus, considérables pour l'époque (2), il établit deux parts : la plus petite pour lui-même, qui menait la vie la plus simple et la plus austère; le reste, la très grosse part, pour les miséreux. Les pauvres malades étaient ses préférés : il avait pour eux des gâteries, il ne les laissait manquer de rien; et, chérissant en leur

---

(1) Célestin PORT, *Dictionnaire de Maine-et-Loire*
(2) Environ 5.000 livres.

personne, selon le langage de l'Eglise, « les membres souffrants de Jésus-Christ », il les visitait souvent avec une grâce toute paternelle, et, s'il ne pouvait les guérir, leur apprenait à faire « un bon usage des maladies ». Aux pauvres ordinaires, il fournissait du pain à discrétion et d'autres aliments pour entretenir leurs forces. Chaque année, au juste pendant trois hivers, de 1788 à 1791, sa cure se transformait en vestiaire où il entassait d'énormes pièces d'étoffes, de cette serge grise qui était l'habillement du « commun peuple », achetée ou même, dit-on, confectionnée par lui (1). Il puisait en son trésor pour habiller des familles entières. Quand il n'avait plus d'argent, il tendait la main à ses paroissiens aisés, et il renouvelait son vestiaire. Quand il n'avait plus d'étoffe, alors, il se dépouillait, et donnait son linge, ses vêtements, sa vaisselle. Celui qui le dénonça, un soir, à la justice révolutionnaire, fut précisément un ouvrier du bourg, à qui peu auparavant, il avait donné son meilleur pantalon ! M. l'abbé Brouillet, dont l'*enquête* nous renseigne, ajoutait : « Deux vieillards encore vivants (2) racontent que, pour soustraire à ces distributions trop généreuses quelques vêtements du bon curé, la servante les cachait dans les meubles à son usage afin de pouvoir lui donner ce qui était nécessaire. Son dévouement à un maître qui lui inspirait une si grande vénération, la portait à lui dérober quelques pièces d'argent qu'elle employait à l'achat des provisions de la maison lorsqu'il n'avait plus rien à lui donner, et à remplacer le linge qui disparaissait sans cesse... »

— Mais, me dira-t-on, ce que vous racontez-là, c'est

----

(1) Fils d'ouvrier tisserand, il savait le métier. Mais eut-il le temps de l'exercer, parmi la multitude de ses occupations ?

(2) C'était en 1865.

l'histoire *classique* de la charité : nous l'avons lu, déjà, en beaucoup de livres. — Eh ! oui. Vous l'avez lu, Dieu merci, dans l'histoire des saints, dans les *vies* de ces héros de l'humanité, tels un Vincent de Paul, un Grignion de Montfort, un Curé d'Ars et tant d'autres plus humbles, qui, poussés par l'amour divin, ne s'attachent à rien ici-bas et se dépouillent de tout pour aider leurs frères. Quelqu'un disait naguère, non sans humour : « Heureusement pour les pauvres, il y a les pauvres ! » Les vrais pauvres, s'entend : et ceux-là, tout les premiers, qui, nés dans la pauvreté et comprenant mieux les besoins de leurs semblables, trouvent dans le peu qu'ils ont le moyen de secourir la misère des autres ; et ceux qui, ayant trouvé une fortune dans leur berceau, en usent comme s'ils n'en étaient pas les possesseurs, mais seulement, selon le mot de Bourdaloue, les intendants de leurs frères les pauvres.

Noël Pinot, à ce double titre, était de leur famille. Et ce trait de sa physionomie est celui qui s'est imprimé le plus profondément dans les yeux et dans la mémoire de ses paroissiens. L'un d'eux, Lequeux, métayer à la Glénaie (1), parvenu à l'extrême vieillesse, « ne savait plus, dans ses derniers jours, que nous dire : *Que c'était donc un bon pasteur que M. le curé Pinot ! Que c'était un bon pasteur !* Et il versait des larmes abondantes au souvenir des leçons qu'il avait reçues, dans son enfance, du curé proscrit caché par son père (2). »

Un bon pasteur ! J'ouvre l'Evangile (3), et je parcours, avec vous, la plus connue des paraboles.

------

(1) Un hameau du Louroux, avec deux métairies.

(2) Mémoire de M. Brouillet. Ce témoignage est reproduit plusieurs fois dans le procès de béatification.

(3) *Evangile selon saint Jean*, chap. X.

« Je suis le bon pasteur. Je connais mes brebis et mes brebis me connaissent.

« Celui qui entre par la porte est le pasteur des brebis.

« Les brebis entendent sa voix; il les appelle par leur nom, et il les mène aux pâturages. Quand il a fait sortir toutes ses brebis, il marche devant elles, et les brebis le suivent, parce qu'elles le connaissent. Elles ne suivront point un étranger...

« Je suis le bon pasteur... et je donne ma vie pour mes brebis. »

Est-ce que tous ces traits ne s'appliquent pas au « curé Pinot », autant qu'un homme peut reproduire les traits et les vertus de l'Homme-Dieu?

Il connaissait bien ses brebis, et ses brebis le connaissaient, pour l'avoir vu chez elles et à l'église.

Il était entré par la porte, qui est le Christ; mais non pas les « intrus », les étrangers, qui vont le chasser de son presbytère et de la paroisse.

Il a conduit ses ouailles aux bons pâturages, en leur donnant la vérité et la grâce, qui sont la nourriture spirituelle des âmes, et en y joignant la nourriture matérielle, qui aide les pauvres à mieux recevoir le pain de Dieu.

Il marchait devant elles, comme le berger d'Orient à la tête de son troupeau. Il les appelait chacune par leur nom. Et l'exemple de sa vie mortifiée et de ses vertus fut, de toutes ses leçons, la plus efficace pour les déterminer à le suivre sur le chemin du ciel (1).

Enfin, jour par jour, goutte à goutte, il a employé sa vie pour elles. Bientôt il va la dépenser tout entière, et tout d'un coup, comme le bon Pasteur.

Son ministère pastoral, qui fut laborieux et si fécond,

____

(1) Lire le *Pastoral* de saint Grégoire le Grand, un des livres de chevet du moyen âge, où tous ces traits sont admirablement commentés.

ne s'exerça sans discontinuité au Louroux que pendant deux années, au plus trente mois. Encore n'y connut-il qu'une paix « boiteuse et mal assise », qui paraissait toujours sur le point de tomber. Il est utile, il est même nécessaire de rappeler en quelques mots les événements qui ponctuèrent ces années, au moins les principaux ; partis de la capitale, ils eurent leur répercussion dans les provinces ; et, dans ce petit coin de l'Anjou, ils troublèrent profondément les esprits en annonçant, comme autant de coups de tocsin, l'incendie qui se propageait, avec plus ou moins de rapidité, dans toutes les campagnes de France : vrais préludes de la révolution religieuse et sociale.

On ne parle déjà, dans la langue ampoulée du jour, fille de Jean-Jacques, que de liberté, des droits de l'homme et de la nation. Les têtes s'exaltent ; et les idées, ou plutôt les sentiments vont s'exprimer, et se figer, dans une langue emphatique que nous aurons à expliquer bientôt.

Les premiers troubles commencèrent, en France, six mois à peine après l'installation du curé Pinot. La convocation des assemblées primaires de mars, pour nommer les électeurs qui devaient choisir les députés aux Etats-Généraux de 1789 et rédiger les « cahiers », en fut l'occasion (1).

Donc, le dimanche 8 mars 1789, « sous le vestibule de l'église du Louroux, à l'issue de la messe et au son de la cloche », mais le curé absent, se tint l'Assemblée du Tiers-État de la paroisse. Le procès-verbal est signé par une cinquantaine de membres, syndic et conseil municipal, meunier, aubergiste, beaucoup de métayers et de closiers.

---

(1) Je ne parlerai pas des incendies de châteaux et d'églises, des massacres de nobles et de prêtres dans l'ardent Midi.

On nomme les « quatre électeurs (1) », qui emporteront le « cahier des doléances ». Les rédacteurs du cahier se plaignent des impôts — taille, corvée, capitation, gabelle — répartis, disent-ils, sans justice ni raison, par le caprice, l'amitié ou la haine d'un collecteur, et ils réclament l'égalité pour tous... Relativement aux droits féodaux, ils demandent : la suppression des garennes et des fuyes ; que toutes les terres soient reconnues *censives* (2) ; qu'il n'y ait plus que des *justices royales*, moins coûteuses et moins lointaines ; que le juge de paix soit choisi par tous les habitants, comme le plus honnête homme roturier ; qu'on établisse un bureau de charité pour le soulagement des pauvres, et qu'il leur soit défendu, sous peine de prison, de quitter la paroisse pour aller mendier dans une autre (3) ; que la milice (4) soit supprimée ; que soit maintenu le droit d'usage dans les *landes* et *communs* de la paroisse ; que chaque propriétaire ait le droit de tuer le gibier sur ses terres (5)... Ces doléances, à part une ou deux, ressemblent à celles des autres cahiers. Mais, pas plus chez les gens du Louroux que chez la plupart des autres, on ne trouve des sentiments *antichrétiens*. Le peuple, paysans et ouvriers, demeurait attaché à la religion. Au reste, on ne les avait pas consultés sur ce point...

A leur tour, Noël Pinot, comme curé, et dom Péquignot, prieur de Pontron, se rendirent à Angers pour les élections dans l'ordre du clergé. Les séances s'ouvrirent le 18 mars. Nombre de prêtres, séduits par l'attrait des uto-

---

(1) *Boré* aîné, syndic ; Pierre *Thouin*, René *Duhoux*, Nicolas *Avril*. La paroisse, composée au moins de 400 feux, avait droit à quatre électeurs.

(2) Non nobles.

(3) Il y avait déjà beaucoup de pauvres au Louroux.

(4) Tirage au sort.

(5) *Archives départementales*, série B.

pies généreuses, et, d'ailleurs, marchant avec le roi Louis XVI et leur évêque, Mgr de Lorry, qui, sans se prononcer à fond, souriait à ces rêves, allaient vers l'avenir avec enthousiasme. L'abbé S. Gruget, lui, ne partageait pas ces illusions; le curé Pinot, pas davantage : tant d'ivresse effrayait sa prudence, et il le disait.

Les événements se précipitent : prise de la Bastille, le 14 juillet 1789, et la cocarde tricolore devenue signe de l'union sacrée; la nuit du 4 août, et le sacrifice des privilèges politiques de la noblesse et du clergé sur l'autel de la patrie; le clergé renonçant aux dîmes, le 11 août; la déclaration des droits de l'homme du 26 août, sans le contrepoids d'une déclaration de ses devoirs; les journées des 5 et 6 octobre contre le roi et la reine...

Chose plus grave, l'Eglise, depuis le 23 juin 1789, n'étant plus un ordre dans l'Etat, un corps constitué avec des privilèges politiques, devient une simple association. Par décret du 2 novembre 1789, l'Assemblée constituante la dépouille de ses biens, qu'elle déclare propriété nationale. Cette sécularisation des biens ecclésiastiques, — biens des paroisses, des diocèses, des monastères, d'une légitimité aussi incontestable, aussi inviolable et sacrée (1), que celle de toute autre propriété — était une vraie confiscation, que flétrissait l'abbé Sieyès, dans son discours aux Constituants : « Vous voulez être libres, et vous ne savez pas être justes ! » Noël Pinot n'était donc plus le propriétaire de son domaine curial. Mais, par tolérance, on l'en constitua provisoirement administrateur, en attendant de lui allouer, pour compensation, un *traitement* de douze cents livres, et de lui promettre, comme prêtre réfractaire, une *pension* de cinq cents livres, qu'il ne toucha jamais.

---

(1) « La propriété étant un droit inviolable et sacré... » (Déclaration des Droits de l'homme.)

Puis, une loi du 14 décembre 1789 ayant prescrit l'établissement de nouvelles municipalités dans toute la France, on eut des élections au Louroux le 10 février 1790. De la municipalité nouvelle, le curé ne faisait point partie, ni de droit, ni de fait.

Le 13 février, la même Assemblée Nationale s'attaqua aux congrégations religieuses d'hommes et de femmes; elle ne reconnaissait plus les vœux solennels, et supprimait de droit, sinon de fait, tous les monastères. Pontron était donc plus que menacé.

Deux jours plus tard — on allait vite — le curé du Louroux, en vertu de deux autres décrets de l'Assemblée Constituante (1), venait déclarer à la municipalité nouvellement élue, le revenu de sa cure, jardin, terre, prairies, et des dîmes...

L'administration civile éprouvait, elle aussi, des changements. Louis XVI, le 4 mars 1790, supprimait la province d'Anjou, et créait le *département* de *Maine-et-Loire*, qui n'équivalait pas à la province. Maine-et-Loire était divisé en 8 districts et 99 cantons. Dans le district d'Angers, le Louroux-Béconnais fut chef-lieu de canton (2). Noël Pinot devint donc, *civilement*, curé de canton, sans être doyen. Il n'aurait eu, d'ailleurs, qu'un seul suffragant, le curé de La Cornuaille : car, de 1790 à 1795, le canton du Louroux ne comprit que ces deux communes. Mais que lui importait cette répartition nouvelle, que l'Eglise n'avait pas encore sanctionnée ?

Poursuivons. Le 13 avril 1790, la religion catholique cesse

---

(1) Décret du 6 octobre 1789, modifié par celui du 26 octobre 1789.

(2) La première assemblée primaire du canton eut lieu, *dans l'église* du Louroux, le 28 avril. Elle fut présidée par le maire, Boré aîné. Dans l'église, et non sous le vestibule : l'assemblée était deux fois plus nombreuse

d'être la religion de l'Etat : elle est une association reli-gieuse, comme le judaïsme, le protestantisme, ou l'Eglise grecque orthodoxe. Elle a perdu sa place d'honneur, définitivement, dans l'Etat.

Dans la paroisse du Louroux, l'abbaye de Pontron avait été visée par la loi du 15 février précédent. Le 5 mai, les officiers municipaux s'y présentèrent. Il y avait, en tout, quatre religieux (1). On leur demanda, conformément au modèle envoyé de Paris, s'ils voulaient « finir leurs jours dans l'état religieux »; chacun d'eux répondit qu'il le voulait et qu'il resterait « dans cette maison jusqu'à ce que l'administration en eût indiqué une autre». Ce n'était qu'une première alerte. On les laissa chez eux, sans autre vexation que cette visite domiciliaire.

A la même époque, et dans le même mois, l'administra-tion diocésaine envoya M. l'abbé Fayet (2) comme vicaire à La Flèche. Elle lui donnait pour successeur, au Louroux, M. Mathurin Garanger, de Jumelles. Par mal-heur, l'abbé Garanger était médiocrement intelligent et trop peu instruit : il fut une des croix, non la moins pesante, du curé Pinot.

Le 14 juillet de cette année, la Fête de la Fédération fut célébrée au Louroux, comme elle l'était, par ordre, dans toutes les communes de France. Le procès-verbal de la fête (3), revêtu d'une vingtaine de signatures, ne fait pas mention de la présence du curé.

Mais il répond à l'appel, il est là, quand il s'agit de la « contribution patriotique ». Necker l'avait inventée, pour remplacer certains « impôts onéreux » et pour équi-

---

(1) D. Péquignot, prieur; D. Virot, D. Quartier, D. Lamy.

(2) Que Noël Pinot avait trouvé vicaire au Louroux et qu'il avait gardé.

(3) *Archives départementales.*

librer le budget, sous la menace de la « hideuse banque-
route (1) ». Contribution « extraordinaire et momentanée »,
l'Assemblée Constituante, par décret du 6 octobre 1789,
l'avait fixée au quart du revenu, « déduction faite des
charges financières, des impositions, des . intérêts par
billets ou obligations, des rentes constituées auxquelles il
se trouve assujetti ». Pour la déclaration, on s'en rapportait à la bonne foi de chacun : « il ne sera fait aucune
recherche ni inquisition. » Le paiement devait s'effectuer
en trois termes : le premier, avant le 1er avril 1790; le
deuxième avant le 1er avril 1791; le troisième, avant le
1er avril 1792. Des ouvriers non propriétaires, on acceptait
avec reconnaissance « leur offrande, si minime fût-elle ».
Mais on craignait un échec; et, le 26 octobre, on prorogea
de deux mois le délai de la déclaration. Le 17 février,
M. le Curé Pinot se présentait à la municipalité, et, selon
le libellé reçu, fit la déclaration suivante : « Je déclare avec
vérité que telle somme — douze cents livres (2) — dont je
contribuerai aux besoins de l'Etat, est conforme aux fixa-
tions établies par le décret de l'Assemblée Nationale. »
Le rôle devint exécutoire dans la commune du Louroux,
à partir du 1er septembre 1790.

Mais la *contribution patriotique*, prorogée une fois de
plus le 27 mars 1790 et rendue plus impérative, ainsi que
les *dons patriotiques*, ne procurèrent pas les ressources qu'on
en attendait. Il est vraisemblable que Noël Pinot paya son
premier tiers : car, le 27 février 1791, il proteste, en chaire,
qu'il a payé tout ce qu'on lui demandait. Paya-t-il le
deuxième et le troisième? Non, certainement, parce qu'il

---

(1) Mot de Mirabeau.
(2) Il avait déclaré 4.700 livres de revenus.

n'était plus en fonctions dans le temps voulu, et n'avait plus aucun revenu (1).

Dans ce mois de septembre 1790, les têtes s'échauffaient un peu partout. Les difficultés financières s'aggravant, le blé et le pain haussaient. Il y eut quelques émeutes en Anjou, dont une sanglante.

Le samedi 4 septembre, à Angers, des femmes du peuple, rassemblées sur la place des Halles, à 10 heures du matin, et prévenues que le blé allait hausser, se précipitèrent furieuses, renversèrent et entassèrent « les boisseaux, cuviers et autres ustensiles contenant le blé » et y mirent le feu. Le bûcher allait tout détruire, si le maire n'eût

---

(1) Cette affaire eut une suite, qu'il est intéressant de consigner. Le 3 mars 1796 — c'est-à-dire plus de deux ans après que Noël Pinot était mort sur l'échafaud — l'administration centrale de Maine-et-Loire prit l'arrêté que voici :

« Vu la pétition présentée par le citoyen Grandin, percepteur du don patriotique de la commune du Louroux, expositive (exposant) que le nommé Pinot, ex-curé de ladite commune, est compris au rôle du don (veut dire = contribution) patriotique pour une somme de 1.200 livres; que ledit Pinot n'a point satisfait tout ni partie de cette contribution, ayant été depuis toujours en fuite : n'ayant pu obtenir de paiement, il en demande décharge;

« Vu notre renvoi du 29 pluviôse dernier (18 février) devant l'administration municipale, pour constater l'époque où ce redevable (N. Pinot) a disparu et si, à cette époque, le percepteur avait fait ses diligences;

« Vu les observations des officiers municipaux du temps de la confection du rôle, par laquelle ils attestent que le rôle du don patriotique fut rendu exécutoire le 1er septembre 1790; que, peu de temps après, il fut décidé que les prêtres fonctionnaires prêteraient le serment. Le nommé Pinot, ex-curé, s'y refusa (*à prêter le serment*), ne paya point son premier terme. (*Si la chose est vraie, c'est parce qu'on n'était pas arrivé à l'échéance.*) Au contraire, au mois de mars 1791, il fut incarcéré et condamné à deux ans de forban (= bannissement). Depuis ce temps, il n'a reparu dans cette commune que comme errant, prêchant le fanatisme. La vente de ses meubles fut faite (*le 5 mars, 1793, et produisit au moins la totalité de la contribution*), et le produit versé en mains du receveur du droit d'enregistrement. Pourquoi, ils invitent à accorder la décharge demandée;

requis aussitôt le régiment de Picardie. Le lundi 6, neuf cents « perreyeurs » armés se rangent en bataille sur le Mail, pour le même motif. On leur annonce que le pain est diminué. Ils foncent quand même sur la garde nationale. Alors la loi martiale est proclamée. Le maire appelle le régiment de Picardie, qui a beaucoup de peine à disperser les carriers, dont une douzaine, hélas ! sont tués...

Dans les campagnes, on voyait avec effroi le blé traverser les bourgs et s'en aller en ville : les *Messieurs* (1), disait-on, voulaient affamer le peuple. Au Louroux, le dimanche 5 septembre, « une charretée de grain traversait la paroisse. Le public s'opposa à son passage, à l'instigation d'un nommé Rougeon (2). Le ci-dessus dénommé déclara que quiconque l'autoriserait, il lui passerait une pique, dont il était porteur, au travers du corps, et qu'il engageait tout le monde à en faire autant. Un grand nombre prit son parti, et la municipalité fut obligée d'avoir un dessous ! »

« Le Département arrête que le percepteur du don patriotique sera déchargé sur son rôle de la somme de 1.200 livres formant la cote du nommé Pinot, ex-curé, et ladite somme passée en non valeur. » (*Archives départementales*, L 89.)

Voilà beaucoup de paroles pour rien. Par quoi, il appert que les administrations sont toujours aussi pressées et que, chez nous, *M. Lebureau* est immortel.

(1) Les *bourgeois* du Tiers-Etat. J'explique ce terme d'après la dénonciation du maire du Louroux contre l'homme dont il est question dans cette page. Les passages entre guillemets en sont extraits textuellement.

(2) Forte tête, mais bon cœur, c'était un fileur de laine, qui demeurait au village du Haut-Tertre, au Louroux. Le maire, Boré l'aîné, dit de lui — ce qui n'est pas une trop mauvaise note, aux yeux d'un esprit sensé — qu'il « détourne le public de l'esprit de la Révolution, en disant que les *messieurs* veulent empiéter sur les droits de la noblesse et du clergé et vexer le paysan. » (*Archives départementales*, L 365) Toute la pièce est dans la note, et dans la langue, révolutionnaire. Le lecteur fera aisément la part de l'exagération venant de la peur, et aussi de l'amour-propre froissé.

— Le mercredi 8, « ce particulier se transporta au bourg de Bécon, et réitéra les mêmes propos..., ce qui occasionna une rumeur si considérable qu'un nommé Ricou, meunier, manqua en devenir la victime. Ce tumulte ne fut apaisé que par l'arrivée de la maréchaussée d'Ingrandes ». — De même, encore à Bécon, une petite insurrection éclata, sous prétexte de la cherté et de l'accaparement des grains. C'était le 14 septembre.

Sur un autre plan, les autorités, départementales ou locales, continuèrent les investigations et les tracasseries, ou la spoliation, en vertu des lois ou décrets de l'Assemblée Constituante.

Le 20 septembre, les membres du Directoire du district d'Angers viennent à l'abbaye de Pontron, pour demander aux quatre moines qui l'habitent s'ils veulent, oui ou non, continuer à mener la vie religieuse. Trois d'entre eux répondent qu'ils ont la ferme intention de « vivre dans leur état de religieux bernardins, se réservant d'user de la liberté accordée par les décrets, en cas de changement de cette maison, et de se retirer où bon leur semblera ». Un seul, dom Lamy, déclare qu'il veut « jouir du privilège accordé par l'Assemblée Nationale, et se retirer pour vivre en particulier, sans sortir du district ». Et il se sécularise. Le 6 octobre, le District d'Angers fait enlever les archives de l'abbaye.

Le 24 novembre, c'est le tour de la fabrique du Louroux. La municipalité fait, sur l'ordre du District, l'inventaire des titres, papiers et meubles de la fabrique paroissiale.

Le 26 novembre, enfin, on installe Jean-René Livenais, notaire, juge de paix du canton.

De ce résumé, rapide, sec et sincère, il ressort :
Qu'il y avait « quelque chose de malade » en France, et au Louroux ;

Que les craintes de Noël Pinot, et de Simon Gruget, n'étaient que trop légitimes;

Que le clergé paroissial restait populaire, au Louroux en particulier, où il était représenté par un saint;

Que malgré de graves accrocs, tous les liens n'étaient pas encore irrémédiablement brisés entre l'Eglise et l'Etat;

Que la Révolution commencée, si elle s'était bornée à la politique pure, serait arrivée, non sans peine, mais sans détruire la paix intérieure, à dicter ses volontés;

Que le clergé français, *pour ne pas se séparer de la Nation,* et Noël Pinot tout comme ses confrères, aurait accepté sa déchéance politique et sa ruine financière, celle-ci avec la compensation promise d'un traitement pour remplacer, vaille que vaille, ses propriétés volées...

Mais la Révolution ne s'arrêta pas. Nous arrivons, comme on l'a dit, à son *tournant.* Voici venir la grande secousse, qui va couper toutes les amarres, et jeter Noël Pinot, comme tant d'autres, hors de sa cure, de son église, et de sa chère paroisse. Il en sera la glorieuse victime.

CHAPITRE IV (fin 1790 au 9 février 1794)

LE TOURNANT DE LA RÉVOLUTION. — LA LANGUE RÉVO-
LUTIONNAIRE. — LA CONSTITUTION CIVILE DU CLERGÉ.
— SES AUTEURS RESPONSABLES. — SES CONSÉQUENCES.
— LE REFUS DE SERMENT. — LA PREMIÈRE ARRESTATION
DE NOËL PINOT. — JUGEMENTS D'ANGERS ET DE BEAU-
PRÉAU. — LES DEUX CLERGÉS. — LA PROPAGANDE. —
LA VIE ERRANTE DU CURÉ « RÉFRACTAIRE » JUSQU'A SA
SECONDE ARRESTATION.

« Le tournant de la Révolution, c'est la Constitution
civile du Clergé (1). » Jamais affirmation ne fut plus vraie.
Jusque-là, en effet, les hommes de la Révolution s'étaient
attaqués seulement, ou principalement, aux privilèges
civils et politiques des nobles et des prêtres ; en les sup-
primant, avec la connivence ou la collaboration des inté-
ressés, ils avaient supprimé l'ancien régime. Cette fois,
ils se prennent à la conscience catholique. Du même
coup, ils tournent contre eux le peuple fidèle et le clergé.
Entre la loi de Dieu et la loi humaine, comme au temps
des Apôtres, il ne pouvait pas y avoir l'ombre d'une hési
tation, pour un bon chrétien. Une guerre civile, la guerre de
Vendée, une « guerre de géants » (2), en est sortie : elle
s'est faite au cri de la conscience religieuse outragée :
« Rendez-nous Dieu ! Rendez-nous nos prêtres ! » La

(1) SALTET, *Histoire de l'Eglise*, 1915, Paris, de Gigord, p. 278.
(2) Le mot est de Napoléon.

toute puissance despotique de l'Etat, qui ne voulut pas avouer ses torts, engendra la Terreur. Et, par la plus naturelle des conséquences, « l'ère des martyrs » fut rouverte chez nous (1).

Mais, avant d'aborder le fond de cette question capitale, et pour mieux saisir les citations qui vont être faites, il est à propos, mieux que cela, il est indispensable de donner quelques explications de mots : des mots qui reviennent sans cesse dans les documents publics.

En somme, sous des influences qui se dissimulent dans l'ombre, une religion laïque est éclose, qui prétend se substituer à la religion divine. Elle a ses doctrines, et sa langue : langue renouvelée, sinon nouvelle, qui donne les plus graves entorses au français clair et au bon sens, et qui emploie, pour passionner les débats, les jurés ou les lecteurs, les expressions les plus truculentes.

Cette religion laïque a deux ou trois mots sacrés qui la désignent et se tiennent : *révolution*, *philosophie*, *nature*. Elle ne connaît plus la *charité*, trop chrétienne, mais la *philanthropie*, la *bienfaisance*, ou déjà la *solidarité*...

Tout ce qui la contredit ou s'y oppose, quand bien même l'ensemble de l'humanité l'appellerait justice, vertu ou raison, est stigmatisé, comme d'autant de brûlures indélébiles, par les mots *contre-révolutionnaire*, *réaction*, *réfractaire* (2), donc mauvais par essence.

Un révolutionnaire est un *sans-culottes*, un vrai *patriote*, un modèle en tout, un citoyen *pur*, *loyal et grand*, même un *savant*, le seul *religieux*, le seul *vertueux*, le seul *saint*...

Le catholique, lui, est un *fanatique* (3), un *ignorant*, un

---

(1) A-t-elle jamais été fermée, dans l'histoire de l'Eglise ?
(2) Il se dit d'un prêtre « réfractaire à la loi du serment »
(3) Il n'y a pas de mots plus employés que celui-là.

superstitieux, ou encore un *aristocrate* (1) : car ces « *messieurs* » de la bourgeoisie révolutionnaire, les *démocrates*, qui vont acheter, à vil prix, les biens de la noblesse et les biens ecclésiastiques, n'ont rien trouvé de mieux que d'unir, sous ce vocable abhorré, les gentilshommes et les prêtres. S'il défend son église, son clergé, son foyer, le catholique est proclamé *traître à la patrie, criminel de lèse-nation, factieux, anti-constitutionnel, assassin, brigand* ; et, fût-il doux comme Noël Pinot, il est *perturbateur du repos public, incendiaire* dans ses écrits et dans ses paroles, *ennemi de l'ordre et de la paix.*

Aux seuls révolutionnaires s'appliquent, et pour le mot et pour la chose, la *liberté*, la *tolérance, l'égalité*, la *fraternité.*

Aux autres, on donne les épithètes suivantes : *intolérants, scélérats, esclaves ;* et ils ne méritent que la *mort* (2), ou les *fers*, puisqu'ils sont des scélérats. Quelqu'un qui parle ou écrit, par exemple, de la fête de *saint* Jean, parle ou écrit en *style d'esclave.* Les *vœux* religieux sont un autre signe *d'esclavage*...

La liste de ces déformations serait très longue. N'insistons pas davantage (3).

Cela dit, quand est-ce que parut la *Constitution civile du Clergé*, et en quoi précisément consistait-elle ?

La loi sur la *Constitution civile du Clergé* avait été proposée à l'Assemblée Constituante le 6 février 1790. Elle fut votée par l'Assemblée le 12 juillet, et acceptée le 22 par le roi.

---

(1) La plus belle injure, et la plus rare, que j'aie lue est celle-ci : *aristocratie messière*, appliquée à un catholique qui va à la messe.

(2) *Liberté, égalité, fraternité* ou... la *mort !*

(3) Par contre, si on proscrit les vœux religieux, on prodigue les *serments.* Jamais on n'a plus exalté la liberté, qu'à cette époque de despotisme froid et cruel. Tout roi est un *tyran parjure.* Mais les

Enfin, le 24 août suivant, après bien des hésitations qui témoignaient des troubles et de la délicatesse de sa conscience, Louis XVI, averti cependant par le Pape, mais imprudemment entraîné par deux hauts conseillers ecclésiastiques (1) qui pensaient en cela servir la France et l'Eglise en France, permit de la promulguer. Il reconnut plus tard son erreur, et se rétracta pleinement. Mais, acceptée par lui, cette loi faisait partie de la Constitution même du royaume.

Les hésitations du roi avaient déjà inquiété, à juste titre, les prêtres et les fidèles. Pour les prêtres et aussi pour les

---

« tigres altérés de sang », que l'abbé Gruget, témoin oculaire, nous dépeint ainsi à maintes reprises, voulaient faire de la terreur un moyen de conversion. J'ai dit ailleurs (*Victoire Conen de Saint-Luc*, chez G. Beauchesne, pp. 378-379) : « De tout cela, et d'autres choses, est faite l'*histoire révolutionnaire*, qui ressemble, comme une sœur, à la langue révolutionnaire. Histoire et langue ont eu leur répercussion jusqu'à nous. Il faut lire, sur ce point, un très intéressant opuscule de Jean-François de la Harpe : *Du Fanatisme dans la langue révolutionnaire, ou de la persécution suscitée par les Barbares du XVIII⁰ siècle contre la religion chrétienne et ses ministres*, avec cette épigraphe, du reste mauvaise traduction de la *Vulgate* : « *Firmaverunt sibi sermonem nequam, — Ils se sont affermis dans l'habitude d'un langage pervers.*» (Ps. 63, V. 6.) A Paris, chez Migneret, imprimeur, rue Jacob, n⁰ 1186. An 5 = 1797. L'auteur est d'autant moins suspect, dans cette partie, qu'il avait pris goût, dès les débuts de la Révolution, aux idées nouvelles. Mis en prison par les sectaires, il se convertit. Ses éditeurs ont dû trouver trop religieux son opuscule : ils ne l'ont pas admis dans ses *Œuvres complètes !* On y sent l'indignation de l'écrivain contre la logomachie révolutionnaire. Elle nous infecte encore aujourd'hui, hélas !

Dans les *Affiches d'Angers* et le *Journal du Département de Maine-et-Loire*, de ces années-là, la *Société des Amis de la Constitution*, les deux *Sociétés populaires* (de l'Est et de l'Ouest) tiennent ce langage et, somme toute, pratiquent les choses qu'il signifie. Elles prônent la *sublime Constitution*, soutiennent les acquéreurs de biens nationaux, protègent les prêtres assermentés, raillent les autres, attaquent le Pape et ses Brefs : vraie franc-maçonnerie, qui a des affiliés dans toute la France. La Société populaire de l'*Ouest* tenait ses assises dans la maison des *Pénitentes*.....

(1) Les archevêques de Bordeaux et de Toulouse.

plus éclairés des fidèles, le titre même de la loi était un autre sujet de crainte : *Constitution* CIVILE *du Clergé*. Remplacez *civile* par *laïque*; vous aurez le sens du titre, et, puisque les mots sont les signes des idées, l'esprit de la nouvelle loi (1). Ce fut bien autre chose quand parvint le texte même de la loi, votée par l'Assemblée et acceptée par Louis XVI. Le pouvoir civil, ou laïque, qui avait découronné l'Eglise catholique en lui enlevant sa place d'honneur dans l'Etat, voulait lui ravir son gouvernement divin. On en jugera d'après l'analyse. On peut, en effet, ramener la Constitution civile du Clergé à ces points principaux :

1) *Les circonscriptions de tous les diocèses et d'un certain nombre de cures seront modifiées. Chaque département formera un évêché...*

2) *Les évêques seront nommés par les électeurs qui nomment les députés et les conseillers chargés d'administrer le département ; les curés, par les électeurs qui choisissent les conseillers du district.*

3) *Les Chapitres sont abolis. Le conseil des évêques sera composé d'un certain nombre de prêtres, dits* VICAIRES ÉPIS-COPAUX, *qui seront en même temps vicaires de la cathédrale, la cathédrale devenant une paroisse dont l'évêque est le curé.*

4) *Un serment, prêté par tous les nouveaux titulaires élus, assurera leur adhésion au nouvel ordre de choses.*

Du Pape, il n'y était fait mention aucune, sauf pour dire que les évêques nommés lui feraient part de leur élection,

---

(1) Aussi bien on dressera, on dresse déjà, des autels de *la Patrie* et on y fera des baptêmes *civiques* ou *civils* : n'est-ce pas la même chose ? Et on donnait ce prénom, *Civique*, à des enfants, au lieu d'un prénom chrétien. C'était le *culte* laïque qui commençait, une *dévotion*; et, si l'on prend garde qu'un de ces baptisés reçut les prénoms *d'Amour-Satan*, le « satanisme ». Le mot a été écrit par J. de Maistre. Est-il injuste ? (Cf. Histoire de la Nation française, *Histoire religieuse*, par G. Goyau, des *Cahiers du Clergé au Concordat*.)

mais avec défense formelle de lui demander l'institution canonique ! « Le nouvel évêque ne pourra s'adresser à l'*évêque de Rome pour en obtenir une confirmation.* » (Art. 20.)

Lorsque Noël Pinot reçut et lut cette élucubration de légistes parlementaires, ce fut chez lui un sentiment de stupeur. Quoi ? La France, par ses dirigeants de l'Assemblée, en était venue là ! Sans doute, il y avait quelques malentendus entre l'Église gallicane et Rome ; et ses maîtres du Séminaire, tout comme ceux de la Faculté de Théologie, y avaient un peu trop appuyé. Mais, à la suite de Bossuet et dans son sillage, et plus tendrement encore avec Fénelon, ils saluaient l'autorité de l'Eglise romaine et la suprématie du Pape, vicaire de Jésus-Christ sur terre. Ni les uns ni les autres n'auraient pu songer à une ruine semblable de la discipline. Le 18 mars 1789, et les jours suivants, dans l'Assemblée du clergé angevin, il avait bien entendu des récriminations contre les abbés commendataires ou contre un épiscopat pris tout entier, ou presque, dans la noblesse, faites par des curés mis à la portion congrue ou par des prêtres du commun qui auraient désiré une mître et la voyaient passer à côté de leurs têtes, parce qu'ils étaient roturiers ; quelques-uns succomberont, par ambition ou par un trop grand amour de l'argent. Mais ces sentiments, ces passions, qui sont de tous les temps, ne s'alliaient pas, dans la masse de ses confrères, à une telle aberration de l'esprit et n'allaient pas jusqu'à refuser l'obéissance au Pape ni à une telle méconnaissance du dogme catholique. Dans leurs cahiers, rédigés et lus le 8 mars 1789, « sous le vestibule » de son église, les paysans et les bourgeois du Louroux, tout de même que la plus grande majorité du peuple de France, n'avaient point fait montre d'irréligion, ni d'hostilité contre les moines de Pontron, ni parlé contre les vœux monastiques, ni même ne s'étaient plaints des dîmes d'Eglise, sauf pour demander qu'on employât une partie de ces revenus, à peine un quinzième, à soulager les nombreux pauvres de la paroisse; ils commençaient, par ailleurs, de connaître leur nouveau curé, et son cœur plein de charité fraternelle pour les miséreux et les mendiants. Ils voulaient des réformes: on en réclamait partout; mais ils ne pensaient, ni ne disaient, ni même ne soupçonnaient que l'Eglise eût besoin d'une nouvelle *constitution.* A plus forte raison, sauf peut-être quelques-uns, à la remorque des beaux parleurs de la ville, ne voulaient-ils point en remontrer à leur curé, qui était un savant et un saint, ni se séparer du Pape, ni détacher la France de « Sainte Mère Eglise », dont elle aimait à se dire, depuis treize siècles, depuis Clovis, la fille aînée.

Or, la Constitution *civile,* précisément, faisait cette brisure : elle séparait de leur Père commun les fidèles de France, et, en cela, elle apparaissait *schismatique,* d'un mot grec qui signifie brisure et séparation. Elle attribuait à des *laïques,* à de simples chrétiens baptisés, à des incrédules, à des indifférents en religion, parfois même — on verra cette énormité — à des protestants et à des juifs, le pouvoir de nommer les curés et les évêques, et de leur donner la juridiction, qui dépend de l'Eglise et de son Chef; et, en cela, elle était *hérétique.* Qui donc, du moment que ce n'était pas le bon peuple de France, était l'auteur responsable de cette doctrine monstrueuse?

Le curé du Louroux parlait de tout cela, non sans angoisse, avec ses confrères voisins, surtout avec les curés de La Cornuaille et de Belligné, qui avaient avec lui une communion plus intime de pensées et de sentiments. Ils n'avaient pas trop de peine à démêler, parmi les événements contemporains, et derrière les mains ténébreuses qui en tenaient et en dirigeaient les fils (1), les influences

____

(1) Celles de la Franc-Maçonnerie, qui, sous couleur d'un vague déisme et de philanthropie, voulait, et veut toujours, détacher les

néfastes qui avaient agi sur le XVIIIe siècle, principalement dans sa seconde moitié, et que propageaient à cette heure, dans les clubs, par les journaux, par les conférences, par les comités et « sociétés de pensées », qui s'installaient partout, ceux qui s'intitulaient les « *Amis de la Constitution* ». On disait, et on répétera : « C'est la faute à Voltaire ! C'est la faute à Rousseau ! » Oui, Voltaire et sa bande d'Encyclopédistes, en bafouant la Bible et en riant des dogmes chrétiens, en excitant contre les prêtres l'ironie et la haine : tous ces voltigeurs qui, sur les ailes de l'armée antichrétienne lançaient leurs brochures anonymes, comme autant de flèches barbelées, parmi les fidèles, avaient ébranlé la foi dans les âmes et semé l'irréligion. Oui, et plus sûrement encore, l'ennemi de Voltaire, Jean-Jacques Rousseau — que l'on comparait, bien à tort, à Fénelon — Rousseau, qui, par son *Vicaire Savoyard*, prêchait on ne sait quelle religion de la nature, attendrissante, poétique et vague, mais aussi, par son *Contrat social*, la toute-puissance et comme la divinité de l'Etat, sapait ouvertement les fondements de l'Eglise et lui enlevait son autorité, qu'il remettait aux mains du pouvoir laïque : Rousseau était devenu le vrai docteur des hommes de la Révolution. Mais, dans cette tâche, consciemment ou inconsciemment, d'autres l'aidaient au sein de l'Assemblée Nationale : les Jansénistes, qui détestaient le Pape et prenaient leur revanche de la bulle *Unigenitus*. Plus haut que les gallicans parlementaires, avec un accent d'hostilité et tout leur fiel recuit durant un siècle et plus, ils disaient : « Qu'est-ce que le Pape ? Il est tout simplement l'*Evêque de Rome !* » Et, de la même manière que les socialistes et

peuples de l'Eglise catholique. — N. B. Dans cette énumération des causes responsables, j'ai nommé les plus éclatantes. Il y en a d'autres, qui ont préparé la victoire de la Révolution : à côté du gallicanisme et du jansénisme, le *joséphisme*...

les communistes de nos jours, qui revendiquent Jésus comme étant le premier d'entre eux et leur modèle, ils prétendaient revenir, eux, à la discipline des premiers siècles de l'Eglise : ils coloraient ainsi leur vote et leur adhésion à l'œuvre révolutionnaire de la Constitution civile du Clergé...

Enfin, la Constitution civile étant votée par l'Assemblée et approuvée par le Roi, et quels qu'en fussent les auteurs responsables, la faute était commise, « à l'encontre de la justice et de la raison (1) ». Qu'allait-il arriver ?

Noël Pinot, et ses confrères, qui s'entretenaient de la question, savaient que certains évêques avaient consulté le Pape Pie VI sur la loi, et que Pie VI, avant d'exprimer son jugement, avait sollicité l'avis de l'épiscopat de France. Ils savaient, aussi, que, dans l'Assemblée constituante, de hauts dignitaires ecclésiastiques espéraient, contre toute espérance, que Rome trouverait un compromis pour ne pas laisser tomber la France dans le schisme; mais que notre chargé d'affaires à Rome ne croyait pas au succès de ces tractations. Noël Pinot était sûr, enfin, que jamais le Pape, qui avait protesté dès le 10 juillet, auprès de Louis XVI, contre la loi qui était seulement en préparation, ne pouvait pas l'accepter davantage après le vote (2). Le sort en était jeté. L'Etat s'attaquait à la liberté de conscience des catholiques. La résistance à une loi injuste et oppressive était, comme le proclamait la Déclaration des Droits de l'homme, non pas seulement un droit, mais un devoir sacré, quelle que dût être l'issue d'une lutte inégale (3).

----

(1) Jugement de C. Port, archiviste de Maine-et-Loire, dont nul, chez nous, ne peut contester les sympathies pour la Révolution.

(2) Cf. R. P. Theiner, préfet des Archives secrètes du Vatican : *Documents* inédits relatifs aux affaires religieuses de France, de 1790 à 1800, tome I

(3) Un écrivain protestant, M. de Pressensé, a dit, de même, dans son livre, l'*Eglise et la Révolution française*, p. 140 : «... Faire porter

Les conséquences de la lourde faute étaient acceptées d'avance par les victimes. Nous allons les voir se dérouler au jour le jour, selon la logique implacable des choses.

La loi avait annoncé un serment (1), qu'on déférerait aux nouveaux titulaires élus. La mesure prise fut plus large. Un décret, voté le 27 novembre 1790, et sanctionné par le roi *un mois après*, le 26 décembre, ordonnait que « les évêques, les vicaires généraux, les directeurs de Séminaires, les curés et vicaires », en un mot tous les ecclésiastiques réputés fonctionnaires publics, eussent à prêter, sous peine de destitution, un serment formulé comme suit : « *Je jure de veiller avec soin sur les fidèles qui me sont confiés (2), d'être fidèle à la nation, à la loi et au roi, et de maintenir de tout mon pouvoir la* CONSTITUTION *décrétée par l'Assemblée nationale et acceptée par le roi.*» Serment *civique*, c'était son nom, serment *schismatique* aussi, puisque dans la Constitution générale du royaume était comprise la *Constitution du Clergé*, qui ouvrait les portes au schisme. Il devait être prêté, le 4 janvier 1791, par les ecclésiastiques, évêques et prêtres, de la Constituante, à la tribune; dans les semaines suivantes, par les autres, en chaire. La loi n'accordait, la notification faite, qu'un délai de dix jours.

La détermination de Noël Pinot n'était pas douteuse. L'étude des textes, tant de la loi que du serment, et les consultations qu'il avait demandées aux autorités compé-

---

le serment directement sur la Constitution civile du Clergé, c'est-à-dire sur une mesure qui blessait profondément la conscience d'un grand nombre de prêtres honorables, c'était transformer la résistance en un devoir sacré... et entrer dans une voie au bout de laquelle était la dictature et la proscription. »

(1) Chose à redire : jamais on n'a tant parlé de *serments* ni on n'en a jamais tant proposé que dans ces jours où on proscrivait les vœux de religion comme attentatoires à la liberté humaine.

(2) Ou bien : Je jure de *remplir mes fonctions avec exactitude...*

tentes, l'avaient ancré solidement dans la résistance. Mais, comme il avait l'âme apostolique, il souhaitait vivement de communiquer ses convictions à ses frères. A son vicaire, tout d'abord ; en quoi il eut peu de succès. Ensuite, aux curés du voisinage, avec qui, dès son arrivée au pays, il entretenait les meilleures relations. C'est la municipalité du Louroux qui nous l'apprend authentiquement : dans la pièce où elle dénoncera son curé, elle lui reprochera, tout justement, de *n'avoir cessé, depuis qu'il a été question de la prestation du serment civique, d'intriguer pour engager les ecclésiastiques des environs à s'opposer à la loi.* L'apostolat est, en effet, le trait saillant de la physionomie du curé : n'est-il pas la forme suprême de la charité fraternelle ?

Son tour vint, parmi les premiers. La municipalité du Louroux, qui avait le respect de la loi, même injuste, uniquement parce qu'elle était la *loi* (1), et qui avait, en majorité, étant composée de petits bourgeois, plus que de l'attrait pour les « idées nouvelles », vint donc, dans les premiers jours de l'année 1791, conformément à l'ordre reçu, signifier à son curé le décret du 27 novembre-26 décembre 1790, relatif au serment civique. Elle fut accueillie poliment, peut-être avec des remarques dont elle se serait volontiers passée. Or, depuis le 23 février 1790, ordre avait été donné par l'Assemblée Constituante aux curés de lire ses décrets au prône. Le dimanche 9 janvier 1791, lecture

---

(1) Chez nous, depuis les temps de Philippe le Bel, les *légistes* ont grand air, et ils nous ont appris à prononcer avec respect le mot *loi*, comme si c'était « Sa Majesté la loi ». De nos jours, leurs successeurs ajoutent à ce mot, quand la loi s'attaque à Dieu et à son Église, l'épithète *intangible*. On ne voit pas, ou on voit trop, pourquoi. Comme si des lois faites par des hommes changeants pour d'autres hommes changeants pouvaient être irréformables, au-dessus des temps et des pays ! Mais il faut répéter que certains hommes d'aujourd'hui, comme leurs « grands ancêtres » d'hier, ont fait de la Révolution une contre-Eglise.

fut donc faite du décret, au prône de la messe paroissiale,
non par le curé, mais par le vicaire. Il y eut grande curiosité, et vif émoi, dans l'assistance, et dans la paroisse
entière, qui connaissait les sentiments du curé Pinot.

Le dimanche 16 janvier, la municipalité, maire en tête,
se rendit à l'église. Mais, comme le délai fixé par la loi
entre la « signification » du décret et la prestation du
serment pouvait être prolongé jusqu'à dix jours, Noël
Pinot, sans doute, pria qu'on remît l'affaire au dimanche
suivant : ce qui, d'un commun accord, fut accepté.
« M. Pinot... à la fin de la messe, a annoncé aux maire,
officiers municipaux et notables de s'assembler dimanche
prochain, à l'issue de la messe, pour recevoir la prestation
du serment que l'Assemblée Nationale exigeait d'eux (1). »
Dans la rédaction équivoque, faite par le secrétaire-greffier
et chargée de ratures, ne faudrait-il pas lire, entre les
lignes, que le curé gagnait du temps pour amener à l'attitude désirable son vicaire, qui chancelait ?

Il eut beau prêcher, discuter, supplier : il ne triompha
pas, en fin de compte, de la faiblesse et des hésitations du
pauvre prêtre. Le dimanche 23 janvier fut, pour le curé,
un jour d'agonie. Il célébrait la messe paroissiale.

Officiers municipaux et notables sont donc revenus. La
messe finie, ils s'avancent dans le chœur pour la cérémonie
annoncée. Mais Noël Pinot ne se présente pas. Il reste dans
la sacristie, où il fait son action de grâces, où il prie Dieu
avec larmes d'écarter de lui l'autre calice qu'il redoute.
Alors la troupe officielle va le trouver à la sacristie. Le
maire, Jean Boré l'aîné, le somme de venir prêter serment devant l'assistance, en chaire, ainsi que le requiert
la loi. Le curé, dignement, s'y refuse. Seconde interpel-

____

(1) Dans ce qui précède et ce qui suit, je me tiens aux Archives municipales du Louroux, aimablement communiquées par M. Huault-
Dupuy à M. le chanoine Uzureau.

lation et sommation du maire; second refus du curé. Sur quoi, le maire lui représente que, d'après le texte de la loi du 27 novembre-26 décembre 1790, il est réputé avoir renoncé à son office; en conséquence, il lui interdit d'exercer aucune fonction sacerdotale dans la paroisse. D'une voix très calme, le curé lui répondit que « la loi (1), non plus que le maire, ne pouvait lui retirer les pouvoirs qu'il tenait de Dieu et de son Église; qu'il restait curé légitime du Louroux et que, s'il ne pouvait rien contre la force, il ne soumettrait jamais sa conscience à des lois injustes devant Dieu». Le public de l'église, entendant ces pourparlers, s'énervait, quand il vit les municipaux rentrer au chœur et s'adresser au vicaire. Celui-ci, interpellé au nom de la loi, monta en chaire, prêta le serment civique « pur et simple », et en aurait, dit-on, *fait l'éloge...*, à l'étonnement des paroissiens, et à la grande douleur de son curé.

Le procès-verbal dit sèchement : « Nous, maire, officiers municipaux et notables, nous sommes réunis, le jour indiqué, au chœur, à l'effet de recevoir ledit serment. M. le Curé ne se présentant point, nous... avons été le trouver dans la sacristie, où il nous a déclaré, après interpellation, s'y refuser, et y a perssisté. Pourquoi nous nous sommes retirés au chœur, où M. Mathurin Garanger, vicaire de notre paroisse, a juré, en présence de la commune, d'être fidèle à la nation, à la loi et au roi, et de maintenir de tout son pouvoir la Constitution... et a signé (2). »

Malgré les menaces de la loi, et la défense portée, Noël

----

(1) « ... Ceux des évêques, curés et autres ecclésiastiques, fonctionnaires publics, qui n'auront pas prêté, dans les délais déterminés, le serment qui leur est respectivement prescrit, *seront réputés avoir renoncé à leur office*, et il sera pourvu à leur remplacement comme en cas de vacance par démission »

(2) Le procès-verbal, conservé dans les archives de la mairie, est signé : *Garanger; Jean Boré* aîné, maire... Jacques-Romain Faucheux, secrétaire-greffier.

Pinot administra sa paroisse et sa cure. Il garda dans son église, et à sa table, le vicaire « jureur »; il n'éteignit pas la mèche prête à mourir. D'ailleurs, le Pape n'avait pas encore parlé solennellement, pour condamner la loi et appeler les coupables au repentir ou fulminer contre les endurcis la sentence qu'ils méritaient. Et au Louroux, dans la situation nouvelle, *tous* les paroissiens venant à la messe, les uns pour soutenir le vicaire assermenté, les autres, en très grand nombre, pour défendre leur curé rebelle à la loi, il était difficile de faire un éclat sans troubler profondément la paix de la paroisse. Noël Pinot attendit patiemment, très attristé du scandale, et quand même aussi courageux dans sa tâche que par le passé (1).

Il avait d'autres sujets de tristesse, où se mêla un peu de joie. Si, en effet, ses confrères des alentours, les curés de Vern, de La Pouëze, de Bécon et d'Angrie, avaient prêté le serment « pur et simple », comme son propre vicaire, ceux de Saint-Sigismond et de Villemoisan y avaient mis des restrictions, qui le firent annuler; quant aux deux *recteurs* (2) de La Cornuaille et de Belligné, qui pensaient comme lui, ils avaient, comme lui, bravement résisté à la loi schismatique. Il apprit, hélas ! que le clergé de Corzé avait eu la faiblesse d'y obéir (3); le curé, il est vrai, avec des explications qui diminuaient sa faute et ouvraient la porte à l'espérance. Il lui écrivit, sans aucun doute, pour le ramener à de meilleurs sentiments; il eut, aussi, l'occasion de le voir; et quand ils firent, le curé et ses vicaires, leur rétractation, l'opinion publique, à raison plus qu'à

---

(1) Il n'est pas défendu de croire que cette attitude gagna le vicaire, qui se rétracta, ainsi que nous le verrons.

(2) *Recteur* a, en Bretagne, la même signification que *curé* en Anjou. La Cornuaille, paroisse du diocèse de Nantes, ressortissait, pour le civil, à l'Anjou.

(3) Le curé, M. Avril des Monceaux, le 13 février.

tort, en rendit responsable, pour une bonne part, l'ardent apôtre qu'était le curé du Louroux... Les partisans de la Constitution civile amassaient contre lui, jour par jour, tout un trésor de rancunes.

Des avertissements d'un autre genre le faisaient souvenir que la campagne antireligieuse se poursuivait avec ténacité. Les biens d'église du Louroux, mis à la disposition de la Nation, se vendaient à l'encan, au district, adjugés à quelques-uns de ses paroissiens : le 7 janvier, le domaine de l'abbaye de Pontron, pour 370.600 livres ; le 4 février, la Grande-Closerie, dépendance du chapitre de Saint-Pierre d'Angers, pour 12.600 livres ; le 9 février, trois métairies, dépendantes du chapitre de la cathédrale, la Touchardais, le Moiron, la Pasquerie, respectivement pour 17.600, 7.225 et 15.000 livres. Enfin, le 18 février 1791, on vint faire l'estimation du domaine de la cure (1). Dans le procès-verbal, elle montait à 5.510 livres ; en réalité, deux mois plus tard, le ci-devant domaine, vendu au district d'Angers, fut adjugé au prix de 11.400. Il ne pouvait donc plus être question, pour le curé devenu pauvre, de contribution patriotique !

A dire vrai, ce n'était pas de voir se dissiper son revenu

---

(1) Le détail du domaine nous donnera un aperçu des revenus du curé. Il comprenait — du moins ce qui fut vendu le 19 avril — une grange, près du presbytère, pour les dîmes ; un logement à côté, servant de garde-monceau, et la grande aire ; la prairie, au bas du jardin, *cinq hommées* ; le pré du Bignon ; le pré du Pont-Pinelais ; deux morceaux de pré, dans les communs des Chaussées ; la pièce de la Frairie ; la pièce des Bouroches ; la pièce du Champ-Pointu ; la pièce de la Sellette ; la pièce de la Couesrie ; le champ Roux ; le champ du Cimetière ; un morceau de terre autrefois en vigne, joignant, à l'occident, le jardin de la cure ; la pièce de la Marinière ; le champ de la Vigne ; un petit enclos nommé la Chenaye, avec la propriété d'un petit étang à côté, « qui doit être entretenu d'eau pour l'usage des habitants du bourg, et dont le curé disposait, d'ailleurs, exclusivement pour le droit de mettre et de prendre du poisson... » (*Archives départementales de Maine-et-Loire*, série Q.)

curial, qui le chagrinait : il ne travaillait pas pour l'argent ;
et l'argent qu'il récoltait, ou qu'il quêtait, passait presque
totalement au service des pauvres. Mais, lorsque les mille
voix de la renommée lui eurent certifié que les *électeurs*
du département, réunis à Angers le 6 février (1), avaient
nommé, aux lieu et place de Mgr Couët du Vivier, évêque
légitime et « réfractaire », par conséquent *perturbateur de
l'ordre public*, l'intrus M. Pelletier, prieur-curé de Beaufort, « âme honnête et tendre » — ainsi se définissait-il
lui-même — en réalité un ambitieux et un ignorant, qui
avait accepté d'être l'évêque constitutionnel du département de Maine-et-Loire, pour obéir à l'appel de la
patrie et venger « la Constitution calomniée » : alors,
regardant autour de lui et constatant que les mesures de
l'administration nationale, comme les tracasseries de la
municipalité du Louroux, tout de même que la faiblesse de
son vicaire et la défection de quelques curés voisins, étaient
de nature à ébranler la foi de son troupeau, il se dit que,
dans peu de jours, au plus dans quelques semaines, il
serait remplacé par un intrus mercenaire : il se devait
donc, en qualité de berger, et il devait à ses brebis de les
prémunir, non uniquement par son exemple, mais par une
leçon publique et très solennelle, contre le schisme où l'on
voulait précipiter la France. Cette leçon, peut-être la
dernière qu'il aurait à faire entendre, en avait-il parlé à
quelques amis ? Non, peut-être. Mais, en homme habile,
il avait choisi, pour la donner, une fête locale, un jour
d'assemblée, le 27 février, dimanche de la Sexagésime, où
beaucoup de ses paroissiens, et même des gens du voisinage, assisteraient à la messe.

Il chanta lui-même la grand'messe, et laissa M. Garanger

---

(1) La salle des réunions était l'église de Saint-Aubin. Les électeurs se rendirent ensemble à Saint-Maurice, où se fit la nomination.

parler après l'Evangile, et lire des *décrets* après la communion. Mais, la bénédiction donnée, et avant d'avoir récité le dernier évangile, il s'élança, l'âme en feu et les yeux étincelants, vers la chaire. Il en prit possession, comme un conquérant, et il parla, comme un apôtre. Pour les raisons déjà exposées, les autorités étaient là, et aussi la masse des bons fidèles. De son geste et de son attitude, nul ne fut étonné. Mais les uns et les autres, amis et ennemis, demeuraient fermes sur leurs positions respectives...

Noël Pinot, ému, bien que pleinement maître de sa doctrine et de sa parole, justifia sa conduite, éclaira la situation embrouillée où on se débattait, fit le procès de l'Assemblée Nationale et, songeant à son vicaire tout autant qu'à ses paroissiens, il montra fortement, par des comparaisons appropriées et par une solide argumentation, les périls de l'heure présente, le gouffre où les téméraires entreprises de l'Assemblée entraînaient le pays.

Un incident violent se produisit soudain. Le maire, étonné d'abord de ce coup droit contre la Constitution civile du Clergé, qui l'atteignait indirectement sans doute, mais visait, par-dessus sa tête, toutes les âmes que le curé voulait instruire et sauver, celle du maire comme les autres, s'exaspéra. De sa place, debout, il cria au prédicateur : « Descends de cette chaire : tu nous dis que c'est une chaire de vérité, et tu ne débites que des mensonges ! » L'insolente apostrophe indigna la masse des assistants; elle provoqua dans l'église, malgré la sainteté du lieu, « un beau brouhaha », comme eût dit Mme de Sévigné. L'un des assistants, Rougeon, celui-là qui, cinq mois auparavant, avait donné à la municipalité « un dessous », répliqua sur le champ : « Restez en chaire, Monsieur le Curé : vous parlez bien; nous vous soutiendrons.» Et, prenant fait et cause, une fois de plus, contre « les messieurs », il appela, dans son langage populaire un peu vif, ses compatriotes au secours de M. Pinot. Ce qu'il dit, le maire l'a résumé dans la dénonciation qu'il envoya au département contre lui (1) : « Il n'a pas manqué de manifester son esprit d'opposition dimanche dernier : car, lorsque nous fîmes défense au sieur curé de notre paroisse de poursuivre le sermon *incendiaire* qu'il avait commencé, ce particulier ameuta nombre de mauvais sujets comme lui, et les sollicita pour fondre sur la municipalité, l'expulser à coups de trique de l'église et maintenir le curé dans son prône. *Heureusement* la descente que fit le curé de sa chaire devança les projets hostiles de Rougeon. » Comme l'indique ce soupir de soulagement, l'ouvrier fileur de laine faisait peur aux officiers municipaux !

Noël Pinot, après l'apostrophe du maire et la réplique de Rougeon, et parmi les murmures de l'assistance, avait voulu placer quelques paroles d'apaisement. Il sentit que l'énervement et l'indignation de son peuple croissaient et que mieux valait ne pas achever son sermon. Il quitta le chœur et rentra dans la sacristie, pour déposer les habits sacerdotaux. Aux deux enfants de chœur qui lui avaient servi la messe, et qui étaient restés jusqu'à la fin de cet incident presque tragique, il dit avec une tendresse compatissante : « Mes petits, restez à l'église, et préparez-vous à vous confesser pendant que je vais déjeuner : il est probable que, d'ici à longtemps, vous n'aurez point de prêtre catho-

---

(1) Il a fait précéder ce résumé de ces lignes, qui sont très suggestives : « Depuis ce temps — *c'est-à-dire l'échauffourée du Louroux et de Bécon, à propos de l'accaparement des grains* — ce même particulier n'a fait que donner les plus mauvais conseils en disant que trop longtemps *les messieurs* avaient été leurs maîtres, qu'il fallait que la *canaille* le devînt à son tour. » La canaille, ici, n'est pas le peuple révolutionnaire ; mais les *messieurs* sont les bourgeois qui ont provoqué la Révolution et qui en profitent.

lique qui puisse vous donner l'absolution. Voici de mauvais jours qui viennent sur nous ! » — Le lendemain, l'un des deux, Paul Deniau, qui avait neuf ans, fit sa première communion. De tels souvenirs ne se perdent pas. Soixante-quatorze ans plus tard, en 1865, Paul Deniau, président du conseil de fabrique du Louroux, recontait à son curé (1), avec la fraîcheur des toutes premières émotions, ce grand fait de sa vie et les sombres pressentiments de M. Pinot devant un horizon chargé de tempêtes.

Noël Pinot ne s'était pas trompé, ni pour lui personnellement, ni pour la France et pour l'Eglise.

L'incident clos, non pas précisément à leur satisfaction, les officiers municipaux s'en allèrent de conserve à la mairie. Sous le coup de la peur et de la colère, ils rédigèrent le procès-verbal de l'événement, et l'envoyèrent sans retard au Directoire du département de Maine-et-Loire : c'est une véritable dénonciation contre leur curé. Il est juste d'en remercier le maire et les autres officiers municipaux, qui l'ont authentiqué (2). Sans cette pièce (3), d'un intérêt et d'une importance extrêmes, nous ne connaîtrions que par ouï-dire le talent de parole de Noël Pinot : il a fallu que cette éloquence soit bien prenante pour avoir gravé si fortement dans la tête de ces petits bourgeois, ses adversaires, les idées qu'elle exposait. Et puis, à travers l'allure décousue de ces pages et la logomachie révolutionnaire, on trouve mieux que du talent : la science nette du théologien, l'ardeur conquérante du « bon pasteur ». La voici, complé-

---

(1) *Mémoires* de M. Brouillet, qui fut curé du Louroux, de 1850 à 1879.

(2) Je suis tenté de croire qu'ils ont pris des notes, à l'église, pour rédiger aussi nettement leur procès-verbal à la mairie.

(3) *Archives départementales de Maine-et-Loire*, L, 365.

tée en chemin par quelques traits (1) qui la font plus piquante encore ou plus empoignante :

« Vous expose la commune de la paroisse du Louroux-Béconnais que, depuis qu'il a été question de la prestation du serment civique demandé aux fonctionnaires publics, le sieur Pinot, curé de ladite paroisse, n'a cessé d'intriguer pour engager les ecclésiastiques des environs à s'opposer à la loi, et à décrier tout ce qu'a fait l'Assemblée Nationale. La chronique nous a appris que ses menées sourdes n'avaient eu que trop d'effets, puisque plusieurs curés, reconnus auparavant pour des gens *pieux et amis de la paix*, ont depuis manifesté ses principes (2).

« Le sieur Pinot n'a pas visité que ceux de son ordre. Il n'a pas craint de donner des conseils *pervers* jusque dans le tribunal de la pénitence. C'est après s'être assuré de la manière de penser d'un grand nombre de ses paroissiens (3), qu'il a cru qu'il était tenu de débiter dans la chaire de vérité ce qu'il avait dit à chacun en particulier. Se croyant sûr de sa doctrine, le sieur Pinot a choisi ce jour de dimanche, où il y avait une assemblée et par conséquent beaucoup de monde à la grande messe, pour allumer *le feu de la discorde* et *secouer la torche du fanatisme*. Il a donc monté à la chaire, avant le dernier évangile. (Le vicaire avait débité un sermon au prône, et lu des décrets après la communion.)

---

(1) Empruntés au *Journal du Département de Maine-et-Loire*, numéro du 16 mars, dans le compte rendu qu'il donne de l'arrestation, du procès et de la condamnation.

(2) Voir plus haut, page 105.

(3) Il n'en avait pas besoin : si je comprends bien cette phrase, elle veut dire que le curé n'a parlé qu'après s'être assuré de l'approbation de son auditoire. Non : le curé va dire lui-même, dans la suite du procès-verbal, qu'il ne parle que pour instruire son peuple... Que si elle signifie qu'un grand nombre de ses paroissiens pensaient mal, au jugement du curé, c'est autre chose. Mais cela m'étonne... Qui a pu renseigner le maire sur ce qui s'est passé au confessionnal ?

« Il a débuté, en disant qu'on allait sans doute être surpris de l'entendre parler sur les matières qu'il allait traiter; qu'il savait bien à quoi il allait s'exposer selon les lois civiles; mais que ni les tourments ni les échafauds n'étaient capables de l'arrêter : qu'il le devait à sa conscience, au public qu'il devait instruire; et que le Dieu qu'il venait de recevoir (1) lui commandait impérieusement de détourner le troupeau, qui lui était confié, du sentier de l'erreur où il allait se précipiter.

« Tant que les lois qu'a faites l'Assemblée Nationale n'ont porté que sur le temporel, j'ai été le premier à m'y soumettre — a-t-il dit. C'est en raison de cela que j'ai fait ma déclaration pour la contribution patriotique, que *j'ai payé les impôts dont on m'a chargé*. Mais aujourd'hui qu'elle veut mettre la main à l'encensoir, qu'elle attaque ouvertement les principes reconnus depuis tant de siècles par l'Eglise catholique, apostolique et romaine, mon silence serait un crime. Je dois vous avertir : tout me commande de vous instruire.

« Vous voulez savoir ce qui m'empêche de prêter le serment? C'est que je ne le puis en conscience : c'est qu'il *contrarie* la religion. Aussi tous les évêques de France n'ont-ils pas voulu s'y soumettre (3). Qu'ont demandé les évêques à l'Assemblée Nationale? Ils ont demandé une chose juste : ils ont demandé un concile (4), où toute

------

(1) « *Et qu'il porte dans son sein, dit-il en se frappant la poitrine...* » (*Journal du Département de Maine-et-Loire*.) Il venait, en effet, de communier.

(2) 17 février 1790.

(3) **Quatre** seulement, sur cent trente et un, le prêtèrent. Ils ont eu donc, dans l'ensemble, avec la noblesse de naissance, la noblesse du cœur et de la foi.

(4) L'idée avait été émise, à la séance du 29 mai 1790, par Mgr de Boisgelin, archevêque d'Aix, d'un *concile national*. Mgr Bonal, et les autres, y avaient adhéré.

l'Eglise assemblée eût déterminé les bornes qui doivent exister entre le temporel et le spirituel. Cependant cette Assemblée Nationale, au mépris de tout ce qu'il y a de plus sacré, s'y est refusée. Elle a détaché la France de notre Chef visible, qui est le Pape, de sorte que ce dernier portera aujourd'hui le nom de Chef des fidèles et n'aura aucune communication avec eux, semblable à un président que vous éliriez dans une de vos assemblées, et qui, placé à la tribune, n'aurait pas la faculté de s'entretenir avec le moindre votant d'entre vous. Vous voyez donc que cela est évidemment contraire à notre religion...

« Dès notre plus tendre jeunesse, nous avons appris que l'Eglise frappait d'anathème le prêt à *usure*; aujourd'hui un décret de l'Assemblée Nationale l'autorise (1)...

Nous avions toujours considéré les vœux comme ce qu'il y a de plus sacré; et quiconque les eût ci-devant violés, eût été traité d'impie et d'apostat. Cependant l'Assemblée Nationale a jugé à propos de les dissoudre. Elle a dit : *Sortez, religieux et religieuses;* et les couvents, lieux où habitaient le recueillement et la sainteté, se sont ouverts et trouvés déserts...

---

(1) Décret du 3 octobre 1789 : « Tous particuliers, corps, communautés et gens de main-morte, pourront, à l'avenir, prêter de l'argent à terme fixe avec stipulation d'intérêts, suivant le taux déterminé par la loi.» Dans la discussion, l'abbé Gouttes, député, avait dit : « Le prêt à intérêt et à temps produit l'*usure*.» C'était le sentiment commun des théologiens, et celui de Noël Pinot. Mais Maury, s'appuyant sur une pratique de Rome, accepta ce décret, et l'abbé Gouttes aussi. Longtemps, chez nous, le prêt à intérêt eut mauvaise presse. *Longtemps* représente à peu près quinze siècles d'histoire ecclésiastique. C'est le *prêt à intérêt* qui a contribué au développement du capitalisme dans sa forme actuelle, ainsi que le reconnaissent les évêques d'Autriche dans leur *lettre collective* du premier dimanche de l'Avent 1925. On peut donc juger combien est inepte l'accusation lancée par des adversaires contre l'Eglise, quand ils lui reprochent « d'avoir favorisé et protégé les magnats de l'industrie et les ploutocrates de nos jours ! »

« *Ce monsieur l'Evêque qui vient d'être nommé, n'aura jamais de pouvoirs, personne ne lui en donnera* (1). » En vacance d'un Evêque — a-t-il continué — c'était le Chapitre qui *vaquait* au spirituel. Maintenant *il* sera confié à son premier vicaire (2), qui ne pourra jamais avoir aucune véritable délégation ni aucun droit sur les consciences.

« Pour vous convaincre davantage de tout ce que j'avance, et pour vous prouver que nous ne pouvons prêter le serment sans manquer à la religion et sans nous rendre indignes de notre saint ministère, c'est que moi qui vous parle, après avoir étudié *tous* les livres saints, après avoir consulté les gens les plus pieux et les plus attachés à notre religion, je verrais mon supplice préparé que je m'y refuserais. C'est ainsi que firent les premiers fidèles en se refusant aux lois injustes des *rois du paganisme;* c'est ainsi que nous devons faire.

« Enfin l'Assemblée Nationale n'a pas plus de droit de donner de nouvelles circonscriptions aux diocèses et aux paroisses — cc qui ne peut regarder que le spirituel — que l'Eglise n'en aurait de vouloir faire exercer un juge de paix dans un autre canton que celui qui lui est assigné.

« Croyez, a-t-il dit, que, si plus des deux tiers du clergé de France, et notamment celui des grandes villes où il est plus instruit qu'ailleurs, s'est refusé au serment, ce n'est pas le regret qu'il a pour les biens d'ici-bas, mais la crainte de perdre son âme.

« Au surplus — a-t-il continué — rien ne peut m'empêcher d'être votre curé; et, quand on m'en arracherait de force, je le serais néanmoins. »

« Il a ensuite établi *plusieurs points*, pour démontrer

______

(1) Ces lignes soulignées sont extraites du *Journal du Département de Maine-et-Loire.*

(2) *Il* = le spirituel; *son premier vicaire* = le premier des *vicaires épiscopaux.*

que le serment ne pouvait sympathiser avec la religion ; et il allait en démontrer les conséquences, lorsque nous, maire et officiers municipaux, lui avons représenté qu'il prêchait le *fanatisme ;* qu'il voulait *faire égorger une famille de frères ;* et lui avons commandé de descendre de la chaire, ce qu'il n'a voulu faire que lorsqu'il a vu que le bruit et les murmures qui se sont élevés dans l'église l'empêchaient de se faire entendre.

« Il est facile de juger quel était le but d'un tel sermon. Plusieurs menaces, faites çà et là, nous prouvent clairement qu'il s'est fait des prosélytes parmi les *gens simples et méchants.* Son explication est si contraire aux *principes de l'union,* qu'il a été dit, à la sortie de la messe et dans l'église (1), qu'il serait à propos de donner une volée de coups de trique à la municipalité, et laisser le curé tranquille.

« Nous ne doutons point qu'ayant vu manquer le fruit de sa *scélératesse,* il n'aille de nouveau parcourir la campagne, pour achever d'égarer les esprits, à l'effet de refaire un nouveau *prêche* dimanche prochain et se faire soutenir par ses partisans. *Nous sentons combien un homme comme lui est à craindre* (2). Il ne faut qu'une étincelle pour occasionner une *combustion générale.* Pour obvier à un pareil malheur, nous requérons que, ce considéré, Messieurs, il vous plaise présenter notre plainte à votre tribunal et concerter avec lui les moyens les plus propres à empêcher que les mains ne s'arment du *fer du fanatisme,* ce que nous prévoyons ne pouvoir se faire que par l'arrestation de ce *curé incendiaire* et sa constitution dans vos prisons, pour son procès lui être fait comme *perturbateur du repos*

---

(1) Par Rougeon et ses amis.

(2) Cette phrase est tout à l'éloge du curé, de ses talents et de sa foi conquérante.

public et être, d'après les charges prouvées, condamné en telles peines qu'exige un tel délit. »

Le dernier sermon du curé ne convertit pas ceux des officiers municipaux qui soutenaient, et qui soutinrent de plus en plus, la Constitution civile du Clergé Il eut, pourtant, de bons effets : il affermit les fidèles, et il remua le cœur du vicaire assermenté.

Une autre dénonciation fut envoyée, à la même adresse, contre Rougeon, le soutien du curé, l'ouvrier assez audacieux pour déclarer que « nos représentants... ne sont qu'une bande de voleurs qui doivent dilapider... le produit de la vente des domaines nationaux... et pour détourner le public de l'esprit de la Révolution... »

L'une et l'autre furent bien accueillies du Directoire du Département, qui autorisa, dès le 3 mars, le procureur général syndic, Pierre-Marie Delaunay, à dénoncer au tribunal du district le curé du Louroux et son paroissien : ce qui fut fait le lendemain, 4 mars, à une heure de l'après-midi. Les témoins, et au premier rang le maire du Louroux, furent entendus. A neuf heures du soir, le décret d'arrestation était lancé. « Pour prêter main-forte à l'exécution » du décret, cinquante hommes de la garde nationale à cheval, partirent pour le Louroux. Ils étaient en nombre. Les autorités du Département, et celles du Louroux, craignaient-elles, d'après le réquisitoire cité, une émeute populaire? Il est possible. Ainsi s'expliquerait ce déploiement de la force armée.

Noël Pinot, qui avait l'honneur d'être le premier poursuivi, selon le mot de l'abbé Gruget, ne prétendait aucunement résister à la force et ne comptait pas sur tant d'agents. Il était informé de ce qu'on préparait. Il aurait pu fuir, ou se cacher : il en avait le temps, et beaucoup de bonnes volontés se seraient offertes à l'y aider, s'il en avait témoigné le moindre désir. Mais, très heureux de souffrir,

ou même de mourir, pour la cause de Dieu, il attendait.
Il priait, pour obtenir la force nécessaire. Dans sa charité
— car le bon pasteur pense à tout — il se demandait même
ce qu'il pourrait faire pour les agents, qui seraient fati-
gués d'un long voyage...

Les gendarmes de la garde nationale arrivèrent très
avant dans la nuit. Ils défilèrent dans la rue du bourg,
et se mirent en devoir, silencieusement, de cerner le
presbytère. Au coup de sonnette, le curé lui-même vint
ouvrir la porte. Le chef lui signifia le décret de prise de
corps. Il n'en fut ni surpris, ni très ému; il introduisit
aimablement les soldats dans sa maison. Un peu étonné
du nombre des envahisseurs, le prisonnier leur offrit,
du peu qu'il avait, à manger et à boire : sans vergogne,
ils acceptèrent et firent honneur à la cave de leur hôte :
n'étaient-ils pas en pays conquis? Le curé leur demanda,
seulement, de le laisser méditer et prier à l'écart, tant qu'ils
resteraient chez lui. Ils le laissèrent monter dans sa chambre, et mirent une garde à la porte. Dom Chamard, qui
raconte ce trait (1), met en parallèle l'arrestation de l'évêque de Smyrne, le martyr Polycarpe. «...Des cavaliers
arrivèrent au lieu de sa retraite, le vendredi, à l'heure du
souper. Ils étaient armés comme s'il se fût agi d'un brigand
insigne. Il aurait pu fuir, il ne le voulut pas. Il se contenta
de dire : « Que la volonté de Dieu soit faite ! » Lorsqu'il
les entendit qui s'approchaient, il se mit en devoir d'aller
à leur rencontre et s'entretint aimablement avec eux.
Les soldats admiraient un tel courage dans un âge si
avancé. Quelques-uns se disaient : « Etait-il donc besoin
« d'un si grand appareil pour s'emparer d'un vieillard?»
Or, tandis qu'ils parlaient, l'évêque donna ordre qu'on

----

(1) *Vies des saints personnages de l'Anjou : Noël Pinot*. La page citée
est extraite des *Actes* du martyre de saint Polycarpe.

leur présentât à boire et à manger autant qu'ils le désire-
raient. Il leur demanda une heure pour prier Dieu en
toute liberté, ce qu'ils lui accordèrent. Alors il entra en
oraison; et, pendant deux heures entières il ne cessa de
faire monter vers Dieu les supplications les plus ferventes;
en sorte que les soldats, étonnés et ravis, regrettaient la
besogne qu'on leur avait commandé de faire. »

Les gendarmes qui gardaient le jeune curé du Louroux
et qui mangeaient à sa table n'eurent pas les mêmes sentiments. Le samedi matin, 5 mars, avant l'aurore, ils
reprirent le chemin d'Angers. Ils emmenaient deux prisonniers : Noël Pinot, et son paroissien Rougeon. Ils
avaient placé le curé au milieu d'eux, solidement garrotté
sur son propre cheval. Et ils réglèrent leur marche de
manière à entrer en ville à l'heure de midi. Ils voulaient
donner aux habitants un grand exemple, en leur montrant,
dans l'appareil d'un criminel, le « prédicateur séditieux »
qui avait osé braver la « loi » française et critiquer la Constitution civile du Clergé !

Ils arrivèrent à Angers, en effet, vers midi, la veille
du dimanche « des Quarante Heures (1) ». Ils entrèrent
en ville par la porte Saint-Nicolas, la rue Saint-Nicolas,
sur la paroisse de la Trinité où résidait encore l'abbé
Gruget (2), « réfractaire » comme l'était l'abbé Pinot;
passèrent le petit et le grand Pont, traversèrent les rues
Bourgeoise et Baudrière, la rue Saint-Laud, la place du
Pilori, et arrivèrent à la prison, sise sur la place des Halles.
Simon Gruget a écrit dans son *Journal*, à propos de cette

____

(1) Le dimanche de la Quinquagésime, ainsi appelé parce que,
le dimanche, le lundi et le mardi suivants, on expose le Saint Sacrement et on prie durant quarante heures à peu près, en réparation des
offenses commises durant le carnaval.

(2) Il quitta son presbytère et son église trois semaines après, le
27 mars.

entrée : «... Il traversa *toute la ville* au milieu de la garde nationale, qui l'escortait comme si c'eût été un prisonnier d'Etat, Il entendit quelques mauvais propos dans les rues. Le plus grand nombre, cependant, parut affligé de voir un si saint ecclésiastique, qui était connu pour tel de toute la ville qui l'avait vu naître, réduit en cet état d'humiliation. Lui seul était content et satisfait de souffrir pour sa religion et de se voir dans le cas de la confesser publiquement. Il fut conduit dans les prisons royales (1) ».

Le soir du même jour, le procureur général syndic Delaunay, qui avait obtenu le mandat d'arrêt contre Noël Pinot, faisait parvenir la nouvelle à ses deux collègues de Cholet et de Baugé : «...J'ai dénoncé hier, à une heure après midi, le sieur Pinot, curé du Louroux... Ce *quidam* a été arrêté cette nuit, et constitué prisonnier ce matin. Une demi-heure après son incarcération, les prisonniers ont fait une insurrection, calmée dès l'instant de sa naissance (2). »

Le *quidam*, que le procureur général traitait avec cette désinvolture, fut donc enfermé dans la prison royale, place des Halles, et d'abord mis au secret. « Il fut quelques jours sans avoir la liberté de parler à personne.» Mais on n'était pas arrivé aux sombres temps de la Terreur; l'installation de l'évêque et des curés *constitutionnels* n'était pas faite; la bataille n'était pas engagée sur tous les points; les honnêtes gens ne remplissaient pas encore les prisons. On réclama donc, de divers côtés, contre cette rigueur « barbare » appliquée à Noël Pinot, si bien que le Directoire se vit contraint de « lui donner un peu plus d'aisance qu'aux criminels ». On lui donna un lit particulier; et, le jour, il avait la liberté de se tenir chez le geôlier... Tous les

---

(1) *Mémoires et journal*, p. 91. On les appelait encore, à cette heure, *royales.*

(2) *Archives départementales de Maine-et-Loire*, L, 202 et 297.

honnêtes gens s'empressèrent de l'y aller voir et de lui
offrir des secours. Il édifiait tous ceux qui le voyaient.
M. de Lorry, évêque canonique, le fut visiter à plusieurs
fois différentes (1), ainsi que tous les ecclésiastiques de
la ville (2)... » Il faisait remonter à Dieu le courage et la
joie dont ils le félicitaient ; et il se recommandait humblement à leurs prières.

Devant le tribunal, où il comparut plusieurs fois, avec
le calme de l'innocence et la dignité du prêtre conscient
de son droit, il fit preuve d'un parfait bon sens, de sagesse
et de fermeté, au point d'étonner et presque de troubler
ses juges (3). Nous n'avons plus, pour nous en rendre
compte, les pièces du procès. Elles furent envoyées au
tribunal de Beaupréau, pour le procès en appel ; et les deux
dossiers ont été brûlés, avec les autres archives du tribunal, le 13 mars 1793, par l'armée vendéenne. Mais il nous
reste, du procès d'Angers, clos le 12 mars 1791, un résumé
fait par le *Journal du Département de Maine-et-Loire*, sous
ce titre, *Curé, prédicateur séditieux, condamné...* : d'autant
plus intéressant qu'il émane d'un adversaire, le journal
étant la voix de *la Société des Amis de la Constitution*.

Petite histoire, fait-divers, comme il y en a tant à la
barre des tribunaux ? —Que nous en sommes loin ! Deux
doctrines s'affrontent, d'où dépend le sens, et le prix de la

---

(1) Mgr Couët du Vivier de Lorry quitta Angers le lundi saint,
18 avril.

(2) Probablement, aussi, le curé de Corzé, qui avait prêté le serment avec restrictions, mais qui se rétracta bientôt, le 27 mars. La
citation est tirée de S. Cruget, *ibid*.

(3) Le tribunal du district d'Angers était ainsi composé, depuis le
11 novembre 1790 : J.-B. Louis Larevellière, *président* ; Pierre-
Jean Turpin, Victor Bodi, Marie-Joseph Milscent, Antoine-Auguste
Béguyer de Chamboureau, *juges* ; Joseph Delaunay aîné, frère du
procureur général syndic, *commissaire du roi* ; Pierre-René Choudieu
du Plessis, *accusateur public*.

vie ; deux lois, l'humaine et la divine ; deux sociétés, l'Eglise catholique, établie par Jésus pour enseigner les peuples, et une de ses filles, sa fille aînée, la nation française, que l'on veut ramener au paganisme. Le premier de nos prêtres de France, Noël Pinot a l'honneur, et le bonheur, de représenter l'Eglise et d'affirmer sa doctrine, à la fin de ce dix-huitième siècle, léger comme un oiseau, borné comme les horizons de la terre, qui rit et chante et va glisser dans le sang. Noël Pinot le sait, et il a conscience de l'honneur ; il croit, peut-être, qu'il va lui falloir donner sa vie pour sauver ce peuple. C'est encore trop tôt. Mais si, des deux côtés de la barre, on se comprend de moins en moins, c'est qu'on y parle de plus en plus, en français, deux langues, une traditionnelle, l'autre révolutionnaire.

En somme, c'est le sermon du 27 février qui supporte tout le débat. On interroge Noël Pinot sur ce qu'il a dit ; on le confronte avec les témoins ses accusateurs, qui, à la façon *officielle*, travestissent sa pensée. Calme et sage, il remet les choses au point : il n'a fait que son devoir, et il ne pouvait pas, en bon berger, faire autrement. On l'accuse d'être un *perturbateur de l'ordre public*. Noël Pinot le nie : « en commençant son sermon, il avait exhorté les fidèles à se soumettre à la puissance temporelle (1) ; et si on (*le maire*) ne l'eût pas interrompu, il avait dessein, en finissant, de faire la même exhortation ; au reste, il n'avait pas eu intention d'exciter des troubles... »

Le défenseur légal de l'accusé, M. le Tellier, dont la tâche est de le sauver, parle d' « un moment d'erreur qui a pu égarer le sieur Pinot » et sollicite l'indulgence du tribunal. Il est dans son rôle ; il a cru dangereux d'entrer dans les sentiments du prévenu...

---

(1) Sous-entendez : *dans les choses qui regardent la puissance temporelle*. C'est la maxime du Christ : *Rendez à César ce qui est à César, et à Dieu ce qui est à Dieu.*

Mais le *commissaire du roi*, lui, remet la question dans son vrai jour. Nous allons voir jusqu'où il remonte, et dans quelle classe il insère Noël Pinot.

« Après avoir analysé les principaux faits, il a dit que rien ne manquait à la plénitude et à la régularité (?) de la preuve; elle n'était pas détruite par la dénégation du sieur Pinot; les témoins n'avaient pas chancelé au récolement et à la confrontation, ils avaient soutenu les faits : ainsi, dans le droit et aux yeux de la justice, ils étaient constants et avérés. D'où il a conclu qu'il ne s'agissait que d'examiner le délit en lui-même... pour voir que le discours du sieur Pinot était une protestation *incendiaire* contre l'Assemblée Nationale : il y attaquait la *Constitution* dans ses bases, et il avait abusé de son ministère pour égarer les *esprits faibles* et *sonner le tocsin de la révolte*, lui dont les fonctions augustes et bienfaisantes ne devaient tendre qu'à la paix. Il le regardait comme atteint et convaincu d'avoir prêché un discours séditieux, tendant à *soulever le peuple* et à le détourner de l'*obéissance due aux lois*. Le décret du 27 novembre 1790 porte que les *ecclésiastiques fonctionnaires publics* qui n'auront pas prêté le serment et qui exciteront des troubles et des oppositions à l'exécution des lois, seront privés de leur traitement (1), déchus des droits de citoyen actif, et en outre poursuivis et punis selon la rigueur des lois.

« Il existe deux lois contre les *prédicateurs séditieux* : la première, de Charles IX en 1561, qui prononce *la peine de mort;* la seconde, d'Henri IV, le 22 septembre 1595, qui condamne les coupables à avoir *la langue percée* et au *bannissement à perpétuité*. La loi de 1595, en pleine vigueur dans les tribunaux, y est consacrée par la jurisprudence des

______

(1) Noël Pinot n'a jamais touché un centime de traitement comme insermenté. (*Archives départementales de Maine-et-Loire*, L. 983.)

arrêts anciens et modernes et par l'autorité des jurisconsultes les plus célèbres. Cependant, il est des cas où les juges peuvent en modifier la rigueur et bannir à temps; la peine d'avoir la langue percée s'applique particulièrement aux blasphémateurs et, dans les autres cas, on y substitue le blâme. En général, dans l'application d'une peine, il faut considérer le coupable et ceux qu'il a offensés. Si le tribunal doit blâmer la conduite du sieur Pinot, il doit à ses paroissiens de bannir de leur pays celui qui a été pour eux un sujet de troubles et de scandale...

« En conséquence... il requiert que le sieur Pinot soit *blâmé* à la barre de l'audience publique et banni pour cinq années du département... privé de son traitement, déchu de ses droits de citoyen actif et déclaré incapable de remplir aucune fonction publique...»

Le réquisitoire fut « couvert d'applaudissements ».

Mais le tribunal, moins avancé ou plus indulgent que le Commissaire du roi, réduisit la peine proposée : il condamna Noël Pinot (1) « à être admonesté à l'audience de la barre publique et à se tenir éloigné, pendant deux ans,

-----

(1) Quant à Rougeon, il répondit, on le pria sans doute de répondre « à tous les interrogats, qu'il ne se rappelait aucun des faits qu'on lui imputait, parce qu'il était *ivre* à toutes les époques où ils se sont passés ». Il fut, tout simplement, « condamné à être blâmé à l'audience de la barre publique.» On n'avait aucun intérêt à lui infliger une condamnation plus forte. Le temps n'est pas venu où les pauvres gens du peuple, ouvriers, paysans, convaincus de favoriser la religion et de *fanatisme*, seront conduits, par *fournées*, aux fusillades du Champ-des-Martyrs ou à l'échafaud, avec les curés et les « aristocrates ». Pour l'heure, il suffisait que le perturbateur chef présentât en lui, « aux regards de tout le peuple, un grand exemple de justice et de sévérité.» Certains juges étaient portés à plus de douceur, dit M. Gruget. Celui-ci ajoute que Bodi, l'un des juges, donna sa démission dans la circonstance. Non : il la donna plus tard, le 19 avril, étant outré d'avoir vu deux pauvres filles d'Angers condamnées faussement, parce que, disait-on, elles avaient, de leur fenêtre, insulté le clergé *constitutionnel* de Saint-Laud en procession.

à la distance de huit lieues, de la paroisse du Louroux. »

La peine était relativement minime. Elle attrista les bons chrétiens, puisque M. Pinot était frappé « pour avoir dit la vérité en chaire ». En revanche, elle contraria vivement Choudieu, l'accusateur public. Il fit appel ; la garde nationale — pouvait-on s'y attendre ? — le soutint de toutes ses forces (1) ; et, avec elle, le Directoire du Département (2). L'appel ayant été retenu, sommation fut faite à M. Pinot de déclarer, dans la huitaine, le tribunal où il entendait porter l'appel (3), les décrets lui laissant cette liberté. Le curé du Louroux, conseillé par ses amis, choisit le tribunal du district de Saint-Florent-le-Vieil, siégeant à Beaupréau.

Ses amis lui avaient donné le meilleur des conseils. Dans la vie du curé, j'entends surtout du curé « réfractaire », ce premier séjour à Beaupréau, c'est l'idylle, la tranquillité la plus absolue, entre les bourrasques et les tempêtes. Mais d'en déterminer exactement les limites, c'est chose quasi-impossible : car nous ne possédons plus les documents officiels qui nous l'auraient située, ni le moindre article de journal. Il est vrai que le curé Pinot ne sortait de prison que pour aller dans une autre prison. La prison, dans ce bon pays des Mauges, qui allait souffrir, hélas ! lui aussi et plus que les autres, pour sa foi, lui fut douce.

L'abbé S. Gruget, qui était originaire de Beaupréau, avertit la maréchale d'Aubeterre, soit directement, soit par sa belle-sœur l'Abbesse du Ronceray, que Noël Pinot, obligé d'aller en appel, avait opté pour le tribunal de la

---

(1) Cf. *Journal du Département de Maine-et-Loire*, du 16 mars.

(2) *Archives départementales de Maine-et-Loire*, L 125.

(3) Il y en avait six, pour le district d'Angers : *Baugé, Châteauneuf, Nantes, Rennes, Vihiers,* et *Beaupréau*

petite ville; il le recommandait, en même temps, à sa bien-
veillance et à sa protection. Ravie de pouvoir lui venir en
aide, la maréchale, propriétaire du château et « dame du
lieu », donna des ordres en conséquence. Son régisseur
était, justement, le président du tribunal. Elle lui demanda
de traiter honnêtement le prisonnier qu'il aurait à juger « et
d'avoir pour lui tous les égards qu'il méritait ». Elle avait
d'autant plus le droit de donner ces avis à son régisseur,
qu'elle avait permis qu'on se servît de son château pour
y mettre le tribunal, la municipalité et la prison. Elle eût
désiré qu'on lui eût donné dans son château une chambre
particulière, avec la liberté de se promener dans les jardins
et le parc; mais cela n'était pas possible, il fallait qu'il
fût traité comme s'il eût été criminel. Tout ce qu'on put
faire, ce fut de lui donner une chambre particulière, qu'on
eut soin de bien meubler, mais à la fenêtre de laquelle on
fit mettre des grilles, « afin qu'elle eût l'air d'une prison (1). »

L'abbé Pinot dut s'y rendre vers la mi-avril. Il fut accueilli
par les habitants de Beaupréau comme un confesseur de
la foi. A son arrivée, les gens « de l'endroit et des environs », instruits déjà de la persécution qu'il éprouvait,
s'empressèrent de lui témoigner leur respect. Chacun
sortait aux portes sur son passage et le comblait de béné-
dictions. Il trouva un repas « préparé pour lui (2) » en
ville.

Il fallut occuper sa chambre au château, la chambre-
prison. S'il ne pouvait sortir de son appartement, il avait,
en revanche, toute latitude pour recevoir des visites.

S. Gruget ajoute, avec la joie reconnaissante et la fierté
d'un enfant de Beaupréau, qu'on ne le laissait manquer de
rien : « C'était à qui lui offrirait quelque chose, tant on

______

(1) *Mémoires* de l'abbé Gruget.
(2) Id., *ibid.*

était jaloux de lui être utile et d'adoucir son sort.» Tout en lisant ces lignes, il est agréable de constater que les Mauges d'aujourd'hui ont toujours la foi vive, et qu'ils gardent, pour leur religion et pour leurs « bons prêtres », les sentiments des Mauges d'il y a cent trente ans.

Non pas, comme l'affirme un historien (1), que Noël Pinot fût alors le seul prêtre fidèle à qui les habitants étaient heureux de venir demander les secours de la religion. Il est très vrai que l'intrus Coquille, le moine Récollet de Beaufort en rupture de ban, l'ami de l'évêque constitutionnel Pelletier, avait usurpé l'église et le presbytère de Notre-Dame. Mais M. Trottier, le curé légitime, ne quitta Beaupréau que le 19 février 1792; M. Clambart, curé de Saint-Martin, et son vicaire M. Poirier, restèrent dans leur église jusqu'au mois de janvier; trois chanoines de Sainte-Croix, MM. Giffard, Pichonnière et Deniau, ne partirent qu'en mars; et les professeurs du collège, avec leur admirable supérieur M. Darondeau (2), restèrent en fonctions jusqu'aux grandes vacances de la même année. Les secours ne manquaient donc pas aux fidèles de la bonne ville.

Légende aussi, la présence au château des religieuses de l'abbaye du Ronceray, qui seraient venues, dès 1790, sous la conduite de leur Abbesse, Mlle d'Aubeterre, demander à la maréchale la plus charitable et la plus fraternelle des hospitalités. En réalité, elles ne quittèrent leur maison que le 30 septembre 1792. Et le saint curé Pinot, confiné dans sa chambre, n'eut donc pas à leur servir d'aumônier. Son histoire est assez belle, et son ministère

----

(1) M. le marquis de Ségur, p. 66 et suivantes.

(2) Coquille disait de lui, avec une forte pointe de jalousie : « Darondeau a autant d'autorité ici que le Pape dans son empire !» M. Loir-Mongazon était régent de seconde.

assez plein, pour que nous n'ayons pas besoin de les fleurir.

Il était au château pour être jugé une seconde fois. Les interrogatoires et les confrontations recommencèrent. A ses juges de Beaupréau (1), qui lui étaient en majorité sympathiques, l'accusé faisait les mêmes réponses, lumineuses et fortes, qu'à ses juges d'Angers. On se prit à espérer un acquittement. Mais la Révolution était en marche : elle déroulait l'écheveau de son programme, plus ou moins vite, selon les temps et les lieux. La sentence fut la confirmation du jugement d'Angers. Le tribunal, s'il était convaincu de l'innocence du prisonnier, eut cette faiblesse. Mais il n'aggrava pas la peine, et ce fut un échec pour Choudieu.

Au fond, et toute réflexion faite, il semble bien que Noël Pinot ait *désiré*, pour ne pas retarder davantage la reprise de son ministère sacerdotal, que la sentence du tribunal d'Angers fût confirmée par celui de Beaupréau. Car, s'il avait été acquitté, comme on l'espérait autour de lui, dans ce procès où il était inculpé du crime de lèse-nation, Choudieu, qui avait fait appel *a minima*, n'eût pas manqué de reprendre l'accusation et de le déférer à la Haute-Cour d'Orléans, installée à cette fin le 25 mars 1791 (2) : elle devait juger en dernier ressort les affaires criminelles, et

---

(1) Le tribunal était composé comme suit : François-Mathieu Gaultier, régisseur du domaine de Mme d'Aubeterre, *président;* René-François Gontard, René-Mathurin Clemanceau, René-Marie-André Dumesnil, Yves-Louis-Joseph Paumard, *juges;* Gautret *commissaire du roi ;* Desgrés, *accusateur public.*

(2) En exécution du décret voté par la Constituante le 5 mars précédent. C'est M. Gruget qui, dans une note de son rapport à Mgr Montault, en 1816, donne cette explication. Dans ses *Mémoires* de 1794, il avait dit que la sentence d'Angers avait été confirmée à Beaupréau, « au grand scandale des honnêtes gens ». En 1816, il est mieux informé

principalement celle-là. Noël Pinot, et ses amis, le firent-ils savoir aux juges de Beaupréau? Sans doute. Au lieu d'accuser les juges de faiblesse, il conviendrait donc de les remercier pour leur décision favorable, qui rouvrait plus vite au prisonnier le chemin de l'apostolat auprès des âmes.

De toute manière, le plan de Choudieu était déjoué.

Noël Pinot sortit de prison. Il quitta, non sans regret, cette chambre de la tourelle où il avait vécu quelques semaines, ce beau parc et ces jardins dont il jouissait pour les apercevoir à travers les grilles de sa fenêtre, et d'où lui arrivaient, en ce printemps de 1791, les chants d'innombrables oiseaux, avec le parfum des fleurs nouvelles. Il y laissait, en partant, une auréole. Les propriétaires différents, successeurs de la maréchale d'Aubeterre, l'ont respectée, et conservée, comme la demeure d'un martyr. Et le spirituel abbé Gourdon, dont parle encore l'histoire angevine, le Bellopratain devenu curé de notre cathédrale, voulut y finir ses jours dans le recueillement et la paix (1). Avec Noël Pinot reconnaissant, saluons-la, en nous souvenant qu'il répétait à l'abbé Gruget : « Je n'ai jamais passé de jours plus agréables que ceux où j'étais en prison dans le château de Beaupréau. » Mais l'idylle est finie, courte comme tous les bonheurs de ce monde : une échappée de lumière dans la plus sombre des existences...

Quand il fut rendu à la liberté, à une liberté relative, il semblait pourtant que ce bonheur ne dût pas s'en aller si vite. « Chacun s'empressait d'avoir Noël Pinot chez soi et de pourvoir à tous ses besoins (2). » Il n'avait pas été

---

(1) Il y rendit le dernier soupir le 23 octobre 1846. De sa fenêtre, il apercevait le clocher de son ancienne paroisse, la Chapelle-du-Genêt.

(2) *Mémoires* de l'abbé Gruget

créé pour vivre dans ces « délices ». Mais il gardera, très fraîche, la mémoire de ces jours paisibles et de la charité vraie, fondée sur la foi chrétienne, qu'on lui avait témoignée. Traqué par les décrets et par la haine persévérante de ses ennemis, lorsque presque toutes les avenues de son pays (1), à lui, seront fermées, il reviendra au bon pays des Mauges, à deux reprises, et la seconde fois pour assez longtemps, en vue de se cacher et d'agir sans cesse : car telle est désormais sa mission.

Les décrets pleuvaient (2), décrets ou arrêtés du Directoire du Département, pour avertir les prêtres insermentés qu'ils étaient « sous la surveillance des corps administratifs », et que, sur la dénonciation de quelques citoyens « patriotes », ils seraient aussitôt recherchés et emprisonnés ou bannis. « Dans ce temps-là, on ramassait, dit Gruget, tous les curés et vicaires qui avaient refusé le serment et qui avaient été *déplacés* (3). »

Le curé du Louroux revint à Angers, où il fit rayer son nom sur le registre d'écrou de la prison royale. Mais il y revenait en *banni*, et obligé, par sa double condamnation, de résider à plus de huit lieues de sa paroisse. Or, il était parmi les plus *suspects*. Poursuivi le premier, deux fois condamné mais à une peine que l'on estimait de beaucoup inférieure à sa faute, hardi dans l'action et habile dans la parole, donc très redoutable, les « patriotes » surveillaient ses démarches, et, au premier faux-pas, se tenaient prêts à l'appréhender pour le mettre hors d'état de nuire.

Angers n'est pas à huit lieues du Louroux-Béconnais (4). Le curé, pourtant, estima qu'il pouvait y *résider ;* les témoi-

---

(1) J'entends Angers, Corzé, le Louroux.
(2) Décrets du 24 mai, du 24 juin, du 25 juillet 1791...
(3) = Privés de leur bénéfice et remplacés par un intrus.
(4) La distance est, seulement, de 29 kilomètres.

gnages de déférence et d'affection qu'il y avait reçus l'y décidèrent. Il alla frapper à la porte de l'Hôpital des Incurables, vers la mi-juin. Il en était sorti voilà trois ans à peine, parmi les démonstrations de la déférence et de l'affection la plus reconnaissante. Il y revenait cette fois, sans avoir aucunement démérité, mais en cachette, en fugitif. On n'ignorait pas ses deux procès, soutenus pour la liberté de l'Eglise; et, sinon les administrateurs, du moins les gouvernantes lui en savaient gré; les pauvres Incurables ne pouvaient se souvenir que de sa délicatesse et de ses bontés pour eux. Les gouvernantes, qui étaient à leur poste, l'accueillirent avec un respect doublé de compassion; elles s'ingénièrent pour le loger à l'Aumônerie, avec d'autres prêtres. Avec lui, elles reprenaient les conversations de jadis, plus souhaitées à cette heure où la religion et l'Eglise étaient en si grand péril. Mais, dans les relations avec le dehors, on apprenait à se taire, pour ne pas faire tort aux proscrits que l'on recelait. Malheureusement, dans une grande maison où il y a beaucoup d'yeux et beaucoup d'oreilles, il est quasi-impossible de garder longtemps un secret. Et, quand ils savent quelque chose, des gens parlent, non pour trahir, simplement pour le plaisir de parler et de montrer qu'ils savent. Or, dans une de ses séances, la *Société des Amis de la Constitution* fit savoir qu'elle avait reçu des avis, une dénonciation : « Il y a des prêtres *réfractaires* logés à l'Hôpital des Incurables; et on demande qu'on les en chasse (1). » M. Pinot, qui n'était pas dans les conditions réglées par le tribunal, partit aussitôt : la Société avait nommé quatre commissaires pour aller dénoncer les « réfractaires » aux coups de l'administration.

Angers lui étant interdit, Noël Pinot partit pour Corzé,

---

(1) Séance du 30 juin 1791. Cf. *Journal du Département de Maine-et-Loire.*

dans les premiers jours de juillet. Il partait en toute
confiance; il savait qu'il y trouverait des confrères aimés
qui lui feraient assurément le meilleur accueil. Ils avaient
eu quelques heures d'oubli, puisque le curé et ses deux
vicaires avaient prêté le serment. Mais ils avaient réparé
leur faute : le curé, dès le 27 mars; les deux vicaires,
peu après. Malgré leur rétractation, l'administration départementale ne les avait encore nullement inquiétés : ils restèrent
à Corzé jusqu'au mois d'octobre, où ils furent remplacés
par un curé jureur (1) Au presbytère, on reprit, avec un
convive de plus, les relations fraternelles, interrompues
pendant dix ans : la joie était vive chez tous, puisque tout
était rentré dans l'ordre et que le nouveau-venu ne manqua
pas, discrètement, de féliciter ses amis. On ne se cacha
même pas assez : ainsi on fit chanter une grand'messe (2)
au curé Pinot, au grand contentement des paroissiens qu'il
avait évangélisés pendant cinq ans.

C'en était trop. « Ses ennemis, qui le suivaient partout,
portèrent des plaintes contre lui, et déjà on se disposait à
s'en saisir de nouveau pour le remettre dans les fers. (3) »

Noël Pinot, pour ne pas les compromettre davantage,
dit adieu à ses confrères de Corzé, et à sa chapellenie de
Saint-Avertin, qui ne lui était plus, et pour cause, d'aucune
utilité. Il reprit le bâton du pèlerin, désormais son com-

---

(1) L'intrus Pottery

(2) On a même raconté, mais sans ombre de vraisemblance, qu'il
aurait dit une messe la nuit, dans un champ de genêts. Les choses
étant ce que j'ai dites, c'est une nouvelle légende à dissiper

(3) *Journal* de l'abbé S. Gruget. Le 27 juin 1791, le procureur-
général syndic d'Angers écrivait à son collègue de Baugé : « ... Quant
aux autres prêtres non conformistes qui habitent votre district,
nous vous prions de les surveiller et de sévir contre eux dès qu'ils
se rendront coupables. Nous attendons un décret qui éloignera tous
ces réfractaires de notre département.» (*Archives départementales
de Maine-et-Loire*, L 197)

pagnon inséparable. Et, sondant de tous les côtés l'horizon, toujours confiant en Dieu, il se dirigea vers ce pays chrétien des Mauges, qu'il avait appris à connaître au temps de son incarcération et où il comptait faire, en si bonne terre, du bon travail.

Cependant l'attitude et l'attention de ses ennemis n'avaient pas changé, non plus, ni à Beaupréau où il arrivait, ni dans le Baugeois d'où il débarquait. C'est même d'après une dénonciation de l'intrus de Beaupréau, qu'on peut fixer approximativement la date de son arrivée en terre vendéenne. Le 25 juillet, Coquille écrivait au Directoire du département : «... Saint-Martin de Beaupréau devient *l'école de l'ignorance*, en servant de refuge aux prêtres réfractaires; et M. Pinot, le ci-devant curé du Louroux, vient encore d'augmenter leur nombre (1). ».

D'autre part, il était à peine installé à Saint-Martin, qu'on lui fit tenir une lettre « pressée » : on le cherchait, lui écrivait-on, parce qu'il « avait été dénoncé pour avoir chanté une grande messe à Corzé et (pour) être cause que M. le Curé et ses vicaires avaient rétracté le serment qu'ils avaient fait (2). » C'était donc le chef, l'apôtre, l'ennemi dangereux et incorrigible de la Constitution civile, que l'on pourchassait en lui : le fait, autant que l'opinion des adversaires, est tout à sa louange.

Au lieu de l'apostolat en plein jour qu'il avait rêvé parmi les excellentes populations de Beaupréau et des alentours, il accepta la vie et le travail dans l'ombre, dans des cachettes successives, « pour ne point s'exposer et pour

---

(1) Cf. C. Port, *La Vendée angevine*, t. I, p. 396. Le délateur est bien dans l'esprit de Voltaire, en attribuant l'*ignorance* à ses adversaires. Il est à peine besoin d'ajouter que Saint-Martin, cette paroisse si profondément chrétienne, fut toujours l'*école* de la piété et de la vraie charité.

(2) *Journal* de l'abbé Gruget

ne point exposer aussi les amis qui le recevaient (1) ».
Le prêtre qui nous le dit est celui-là même qui, au soir de
la mort du martyr, résuma sa vie en quelques pages, les
yeux terrifiés encore par le spectacle qu'ils avaient contem-
plé quelques heures auparavant, et le cœur plein des
émotions qu'ils avaient éprouvées ensemble, Noël Pinot
et lui, dans l'été de 1791. Pendant tout le mois d'août, en
effet, ils avaient été « cachés ensemble à Beaupréau ».
Entre les alertes de cette vie d'aventures, Noël Pinot et
l'abbé Gruget se communiquaient leurs impressions, et
aussi leurs espéran es. Le curé du Louroux remerciait,
dans la personne du curé de la Trinité, les fils de Vendée
dont la respectueuse tendresse avait ensoleillé les jours de
sa prison ; mais, regardant vers l'avenir, il lui faisait part,
aussi, de l'espoir tenace qu'il avait de retourner dans son
Bas-Anjou, dans le large champ que Dieu lui avait ordonné
de cultiver et qui restait « son héritage. » Que n'a-t-il été
plus communicatif encore ! Pour nous autres, qui cherchons
à lire dans une âme de saint, l'abbé Gruget n'a pas été
assez « bavard ». Par lui, nous aurions mieux apprecié
l'apprentissage qu'ils firent ensemble de l'héroïsme qu'ils
ont montré, tous les deux, sous la Terreur.

Les deux amis se séparèrent. Noël Pinot resta dans le
pays vendéen jusqu'au début de novembre. Il connut,
seulement alors, le décret d'amnistie générale voté le
14 septembre par l'Assemblée, au lendemain de l'accepta-
tion par Louis XVI de la *Constitution de 1791* ; Louis XVI
le sanctionna aussi. Ce décret, devenu loi du royaume, fut
envoyé aux districts et aux municipalités, qui le firent
publier au prône et afficher à la porte des églises. Mais les
nouvelles ne circulaient pas toujours très vite, elles péné-
traient tard dans les cachettes qui abritaient les prêtres

---

(1) Id., *ibid.*

réfractaires. Cette loi, qui paraissait une trêve dans la bataille, ne fut jamais appliquée sérieusement au clergé (1). Noël Pinot, aussitôt qu'il en eut connaissance, crut qu'il allait réaliser l'espoir dont il avait entretenu l'abbé Gruget. Il partit pour le Louroux : il avait hâte de revoir et de réconforter son troupeau.

Ce voyage, entrepris avec allégresse, fut pour Noël Pinot une grosse déception D'amnistie, personne n'en parlait plus, tout au moins pour les délits contre la Constitution civile. Les lois, qui avaient pour but de mater les prêtres catholiques, se faisaient de plus en plus nombreuses et dures : le carcan se resserrait autour des persécutés : on n'entrevoyait pas, dans le tunnel où on était lancé, la moindre petite lumière libératrice... La municipalité du Louroux montrait la même obstination.

Il s'enquit de ce qui s'était passé depuis son départ, c'est-à-dire depuis près de neuf mois.

Son mobilier et son linge avaient été enlevés de la cure et placés sous séquestre, dans deux maisons du bourg.

La paroisse elle-même, en quelles mains avait-elle été remise? A son départ, le 5 mars, elle était dirigée par le vicaire assermenté Mathurin Garanger. Mais le Directoire du Département, convaincu, disait-il, qu'il « importe à l'ordre public que le service divin ne soit pas interrompu », envoyait sur le champ à la municipalité MM. Loir-Mongazon frères, deux épistoliers de la cathédrale, « pour dire la messe ». Ils demeurèrent deux jours au Louroux !

Le 13 mars, l'ancien vicaire de M. Pinot, M. l'abbé Fayet, fut nommé par les électeurs curé constitutionnel du Louroux. Il n'accepta pas.

____

(1) Sauf que, le 15 septembre, on donna la liberté aux prêtres renfermés dans la prison du Séminaire, à Angers.

Le 3 avril, un nommé Ecot fut installé, en qualité de «desservant. » Il n'y était plus le lendemain.

M. Garanger, très ébranlé par le sermon du 27 février, se rétracta publiquement le 22 mai : grande joie, qui effaçait, pour Noël Pinot, d'amères douleurs.

A son tour, de même que l'ancien curé, dont il reprenait les traces, M. Garanger encourait la disgrâce du maire, qui le dénonçait, le 2 juillet, au procureur général syndic, « comme ayant les mêmes principes que M. Pinot ». Vraie récompense du curé et du vicaire réunis dans la même profession de foi.

Un nouveau curé constitutionnel était nommé, le 18 septembre, «aux lieu et place de M.Pinot, *démissionnaire*, inconstitutionnel et jugé » : M. Voillemant, ancien maître de psallette de la cathédrale d'Angers. Comme il refusa le poste, le District d'Angers pria M. Garanger de continuer ses fonctions jusqu'à nouvel ordre.

Enfin, le 27 septembre, l'intrus Delaleinne était installé, par la municipalité, comme « desservant » du Louroux. M. Garanger quittait la paroisse, et se retirait dans sa famille, à Jumelles.

M. Pinot, précisément, arrivait au Louroux dans ces circonstances. « Il ne put pas y paraître en public (1). Il y avait danger pour lui : et de la part de l'intrus qui prétendait défendre sa situation et ne pas souffrir un rival; et de la part de l'Assemblée législative, laquelle déclarait, le 29 novembre, les prêtres insermentés «suspects de révolte contre la loi et de mauvaises intentions contre la patrie, et, comme tels, plus particulièrement soumis et recommandés à la surveillance de toutes les autorités constituées. » L'amnistie était loin; et la municipalité

----

(1) *Journal* de l'abbé Gruget.

le savait. Il y avait danger, de même, « pour ses paroissiens qui le logeraient ». Réflexion faite, conclut Gruget, il décida de revenir au pays de Beaupréau, « après avoir fait tout ce que son ministère exigeait de lui (1) ».

La terre vendéenne fut, décidément, pour Noël Pinot, sa terre de prédilection, avec le Louroux. Elle le garda vingt mois, ou peu s'en faut, du mois de décembre 1791 à juin 1793. Dans cet intervalle, parut l'arrêté du 1er février 1792, porté par le Directoire du Département, contre les « prêtres séditieux », en faveur des prêtres « paisibles », c'est-à-dire jureurs. Il se résume en ce décret : *Tous les prêtres non assermentés seront tenus de se rendre, dans la huitaine, au chef-lieu du département et d'y fixer leur demeure* (2). Noël Pinot « ne crut pas *devoir* y obéir », comme dit sobrement l'abbé Gruget, lequel, tout aussi sobrement, renferme en quelques lignes le travail des vingt mois : « Il se détermina donc à passer tout son temps dans les Mauges, allant d'une cure dans une autre... Il resta dans le pays et rendit aux fidèles du canton tous les services dont ils avaient besoin. Il s'attacha particulièrement à la paroisse de Saint-Macaire, dont M. Delacroix, le véritable curé, avait été chassé pour avoir refusé le serment (3). » C'est tout. Assurément, c'est trop peu, pour notre curiosité en éveil, qui voudrait plus de détails, de noms et de faits.

Mais c'est la même lutte, publique ou sourde, qui continue et se développe par toute la France autour de la

____

(1) ID, *ibid.*

(2) La municipalité devait tenir à jour un registre où elle inscrivait leur nom et leur domicile. Et chaque matin, à dix heures, ils devaient aller répondre à l'appel nominal... sous peine de châtiments croissants, et sous la responsabilité des autorités locales.

(3) *Journal* de l'abbé Gruget. M. Delacroix fut remplacé par l'intrus Boillet. Mais il demeura dans la paroisse et dans la région. Il fut pris le 4 juin 1794, et guillotiné le 10, à Angers

Constitution civile. Dans la région des Mauges, où travaille M. Pinot, elle est, pour l'heure, moins difficile à soutenir aux prêtres fidèles, parce que leur peuple se serre autour d'eux dans une cohésion plus forte. Avec ses confrères, Noël Pinot, toujours semblable à lui-même, dans la pleine conscience de son devoir, refait, doctrinalement et pratiquement, le sermon du 27 février 1790. La Révolution, elle, poursuit son plan sous l'influence des sociétés occultes ou avouées ; elle va, furieuse des résistances qu'elle rencontre et qu'elle ne peut ou ne veut pas comprendre, au despotisme sanglant de la Terreur et poussant les choses à l'extrême, conformément à la logique de l'erreur et de la passion, briser le pauvre outil qu'elle a forgé, et, comme Saturne — le mot est célèbre — dévorer ceux-là même de ses propres enfants qu'elle ne jugera pas assez convaincus ni assez « purs ». De le montrer brièvement, éclaircira le laconisme du curé Gruget. Cette période, de mai 91 à juin 93, a été, dans le débat, une période tout à fait mouvementée, jusqu'à ce qu'enfin la Terreur apparût, mais pour un temps seulement, victorieuse.

Si donc M. Pinot n'obéit pas à l'arrêté du Directoire du Département (1), qui le sommait de se retirer à Angers, c'est qu'il était, depuis quelques mois, au fort de la bataille, et qu'il jugeait, en conscience, que la voix de Dieu et de l'Église l'y retenait. Il avait même plus de motifs, qu'en février 1791, de garder sa ligne de conduite. Car pendant qu'il était en prison, à Angers et à Beaupréau, le Pape avait parlé. A deux reprises, solennellement, le 10 mars 1791, et le 13 avril, il avait condamné la Constitution civile du Clergé, et proscrit, comme *schismatique*, le *serment civique* qu'elle exigeait. Les prêtres fidèles en furent d'autant

____

(1) 1er février 1792.

affermis, et, au premier rang, Noël Pinot, dont la foi avait été, avant les déclarations de Pie VI, lumineusement ferme et agissante. Rome avait parlé : la cause était entendue, finie. Les prêtres constitutionnels, s'ils avaient pu, à la rigueur, prétexter la bonne foi, ne le pouvaient plus maintenant : ils devaient ou se rétracter publiquement, à la sollicitation paternelle du Pape, comme le firent un certain nombre d'entre eux, ou s'enliser davantage dans l'ornière où ils s'étaient engagés. Les doctrines gallicanes, et les arguments historiques, invoqués pour pallier leur défection, n'étaient plus guère que des faux-fuyants pour « sauver la face ».

Ces défections étaient-elles nombreuses en Anjou ? Un contemporain, l'abbé S. Gruget répond : à peine un sur dix prêtres. Il nous fait la part un peu trop belle. Mettons, après avoir pris connaissance des archives : un sur cinq ou six (1). Elles étaient inégalement réparties sur notre territoire : le pays des Mauges, par exemple, qui avait été évangélisé par Montfort et ses fils les Mulotins, fut presque immaculé. Elles représentaient donc, somme toute, l'étiage de la foi. Les causes en furent, tantôt l'ambition, tantôt l'impatience du joug monastique ou sacerdotal pour certaines âmes entrées au sanctuaire sans autre vocation que l'appel de leurs parents, tantôt l'ignorance des sciences sacrées avec la séduction des « idées nouvelles », tantôt la terreur de perdre une situation assez bien rentée, tantôt d'autres motifs moins avouables. A chaque fois qu'il les consigne, l'abbé Gruget (2), sauf pour

---

(1) M. Pierre de la Gorce, dans son *Histoire religieuse de la Révolution française*, écrit, pour l'ensemble de la France : un sur deux ou trois.

(2) Cf. ses *Mémoires*, publiés et annotés par le chanoine Uzureau, sous ce titre : *Histoire de la Constitution civile du Clergé en Anjou*. (Paris, Alph. Picard.) Ce livre est très émouvant.

quelques exceptions, jette cette remarque : « Cela ne surprit personne », et il donne l'une des causes énumérées. Bref, en dépit de tous les moyens employés par le pouvoir et les *Amis de la Constitution*, caresses, promesses, menaces, sollicitations et flatteries, leur moisson, certes trop abondante à notre gré, ne fut pas riche ; et leur déception s'exhala souvent en termes amers et cruels (1). Mais, accrochés à la fortune de la Constitution civile, les pauvres prêtres séduits s'en montrèrent généralement les intraitables défenseurs ; et leurs confrères *anti-constitutionnels* n'eurent pas d'adversaires, de délateurs, plus tenaces et plus hardis que ces « apostats » persévérants (2).

Il y avait donc deux clergés : l'un, qui avait les faveurs du pouvoir civil, et qui jouissait des presbytères et des églises là où le peuple fidèle se résignait, de gré ou de force, à le suporter, le groupe des intrus (3) ; l'autre, tenu constamment en alerte par les décrets que l'Assemblée nationale, Constituante, Législative, Convention, et les Directoires des départements lui assénaient sans relâche pour le tenir en respect et enrayer sa propagande : réduit à voyager et à travailler la nuit, et à se reposer le jour, n'ayant d'autre toit où s'abriter que celui des fermes ou des maisons amies dans la campagne, errant par les bois et les petits sentiers de la France chrétienne comme dans un pays de mission, disant la messe dans les granges, les greniers, les étables, ou dans les bois, prêt à répondre à tout appel de la ville, du bourg, ou des hameaux perdus dans

______

(1) Ils disaient, dans l'intimité, ou écrivaient, dans leurs lettres : « Nous n'avons pour nous que la lie ou la ch..... du clergé ! »

(2) J'excepte de ce jugement, en particulier, Mgr Montault des Isles, l'évêque constitutionnel de la Vienne, qui devint, en 1802, évêque d'Angers. Il avait été bon pour les prêtres *réfractaires*.

(3) Appelé d'un autre mot plus énergique, plus populaire, les *trutons*...

la nuit noire, instruisant les enfants, réconfortant ceux qui chancelaient, échauffant les courages, et, dans cette tâche multiple, soutenu lui-même par la pensée et la présence réelle de l'Homme-Dieu qu'il portait aux malades et aux mourants. Telle était l'action incessante d'un Gruget dans la ville d'Angers, d'un Noël Pinot et de ses confrères dans la région des Mauges, et aux quatre coins du diocèse.

Au fond, et en définitive, ce qui a séparé ces deux groupes, ce n'est rien autre chose que la *Constitution civile du Clergé*, prônée par les uns, attaquée par les autres. Elle seule a divisé ces prêtres, et les troupes qui les soutenaient, en deux camps ennemis. La campagne a commencé ouvertement lors de l'installation des curés intrus; elle s'est faite plus âpre, quand la loi et le serment civique ont été condamnés par Pie VI et par l'ensemble des évêques français. Nous savons comment Noël Pinot sonna le premier coup de clairon, avant toute intervention officielle de Rome, et ce qu'il en avait souffert. Or, ce fut pendant sa prison, à Beaupréau et dans les jours qui suivirent, que se produisit, en Anjou, la première échauffourée, à la fois tragique et comique; il la connut parfaitement (1).

Le Directoire du Département était avisé que, durant les mois de mars et d'avril 1791, principalement dans les districts de Vihiers, de Cholet et de Saint-Florent-le-Vieil, des « prêtres missionnaires, connus sous le nom de *Mulotins* (2), qui, par leurs fonctions, ayant un rapport

---

(1) Je la résume brièvement, d'après le *Journal du Département de Maine-et-Loire, ami de la Constitution*.

(2) Les *Mulotins* = les Pères de la Compagnie de Marie, fondés par le Bienheureux Louis-Marie Grignion de Montfort, et qui sont, avec les Filles de la Sagesse, sa double famille spirituelle. On les appelait ainsi, du nom du P. Mulot, le successeur immédiat de Montfort, qui organisa les deux Congrégations naissantes.

plus immédiat avec les gens de la campagne, tendaient d'autant plus aisément à renverser la *sainte Constitution qui doit faire le bonheur et la gloire de l'Empire français,* » ces Mulotins, vrais héritiers de l'esprit de Montfort, continuaient son apostolat dans la terre qu'il avait évangélisée. Pour déjouer leurs manœuvres, et pour assurer, disait-il, la tranquillité publique, troublée par leurs paroles et leurs écrits *incendiaires*, le Directoire envoya, dans tous les coins du département, des *commissaires*, prédicateurs laïques (1), qui, « par leurs lumières et leur esprit conciliateur », ramèneraient aux sains principes les égarés. Il leur adjoignit « l'appareil de la force armée », sous les espèces de détachements de la garde nationale et des troupes de ligne, pour intimider les malveillants, protéger les prêtres assermentés, et arrêter les factieux (2). De tous ces factieux, les plus redoutables étaient ces Mulotins, qui, « établis dans le département de la Vendée, ne quittaient leur repaire que pour porter dans les alentours le trouble et la désolation ». Or, voilà qu'un détachement de la garde nationale, dans sa chasse à l'homme, franchit, sans le savoir ou plutôt avec la connivence des autorités angevines, les limites de l'Anjou, et, à Saint-Laurent-sur-Sèvre, en terrain prohibé, arrêta les PP. Dauche et Duguet, qui furent amenés à Cholet, puis à Angers. Le côté plaisant de l'affaire fut que le Directoire de la Vendée, froissé qu'on eût fait cette chasse avec perquisition sur son domaine, réclama et obtint les deux prisonniers. Mais, en attendant leur livraison, le procureur général syndic, Delaunay, celui-là même qui avait instrumenté contre Noël Pinot, fit, devant le Directoire de Maine-et-Loire, un réquisitoire assez violent où éclate la même incompréhension de

---

(1) Ils *prêchaient* et *catéchisaient*, dit le rapport.

(2) On n'avait pas oublié les « insurrections de Tilliers, de (St) Crespin, de Maulévrier et de Châtillon ».

l'attitude et de l'état d'esprit des catholiques. Je n'en veux retenir qu'un point. Dans la perquisition domiciliaire, faite à la maison de Saint-Laurent, on avait trouvé des *manuscrits*, dont le P. Duguet se reconnaissait l'auteur, avec ces titres : *Les modèles des chrétiens persécutés, Catéchisme sur l'Église et la Constitution civile du Clergé*, et surtout *Instruction sur les intrus (entretien entre un prêtre et un simple fidèle de la campagne)*. Et, à propos du dernier manuscrit où étaient tracées les directions pratiques à suivre pour les catholiques en face des prêtres constitutionnels, schismatiques et « apostats », que l'Eglise de Jésus-Christ ne voulait ni ne pouvait reconnaître, le procureur de s'écrier : « ...Quelle doctrine, quelle morale, ces prêtres dangereux professent ! S'ils renfermaient leurs opinions dans leurs cœurs, s'ils ne les propageaient pas, nous nous contenterions de les plaindre. Mais jetez un coup d'œil sur la situation de notre département, et vous y verrez cette morale mise en action. Rappelez-vous les installations des nouveaux curés (1) de Saint-Pierre de Cholet et de Chemillé, de Cossé, de La Tessoualle... et vous verrez des officiers municipaux, des sacristains, des chantres, des sonneurs refuser leur ministère... Votre attention se fixera sur le sort des nouveau-nés, baptisés dans le secret et dont l'existence civile n'est pas constatée. (Vous verrez) ici des prêtres dire à des (mères) qu'il vaudrait mieux couper leurs enfants en morceaux que de les faire baptiser par les nouveaux fonctionnaires publics ; là... faire des mariages sans le consentement et à l'insu des *légitimes* curés... Pourquoi le sieur Duguet a-t-il prêché, confessé, catéchisé et administré les sacrements à Jallais pendant tout le carême dernier, malgré votre injonction ? *L'homme de bien* se soumet à l'autorité, et ne prêche pas, par son exemple, la loi de

____

(1) *Intrus.*

l'insubordination... Depuis l'entrée de ces missionnaires dans votre département, les deux tiers des municipaux ont donné leur démission; les directoires des districts ont été réduits à un seul membre, et toutes les opérations sont arrêtées... Qu'avons-nous fait depuis deux mois? Nos séances n'ont retenti que de dénonciations contre les prédicants... La force armée vous était demandée : on vous annonçait que, sans elle, il y aurait du sang répandu; vous avez porté des troupes dans cinq districts. La loi enfin a été respectée... Cette *apparence de calme* vous a permis de prendre votre arrêté du 24 mai... Plus vous avez fait, moins vous devez vous endormir dans une fausse sécurité. Le mauvais génie veille. Mais, forts de votre propre conscience et de l'estime des gens de bien, vous êtes à l'abri de toute crainte... (1). »

Si j'ai fait cette longue citation, ç'a été pour mettre en lumière l'état du pays où Noël Pinot travailla durant vingt mois; l'effervescence des esprits, les deux propagandes qui s'opposent l'une à l'autre, et l'équivoque où les *Amis de la Constitution* maintiennent le département. Cette équivoque va s'aggraver de jour en jour et produire chez nous, plus qu'ailleurs, les pires catastrophes.

Mais, d'après cette escarmouche, on voit mieux quel fut le programme de Noël Pinot et de ses confrères. Le grand scandale, pour les catholiques, c'était le fait que des prêtres, nommés par des électeurs laïques, occupaient les cures et les églises, administraient les sacrements et exerçaient le culte public contre la volonté du Pape, le chef suprême; et le danger, c'était que cette organisation officielle, soutenue par les faveurs du pouvoir et même par la force armée, ne vînt à troubler les âmes et à les entraîner dans le schisme.

---

(1) Cela se passait les 4 et 5 juin 1791, quelques semaines avant le retour de Noël Pinot dans les Mauges.

Non seulement les prêtres « constitutionnels », mais des prédicants laïques, dénommés *commissaires* ou autrement, vrais conférenciers comme ceux de nos communistes et de nos socialistes d'aujourd'hui, et *apôtres* à rebours, appuyés par la *Sociétés des Amis de la Constitution* qui avait des ramifications partout, répandaient dans les villes et dans les campagnes la doctrine de l'hérésie et du schisme. L'intrus de Beaupréau, le fameux Coquille leur avait crié, du temps qu'il était aumônier de la garde nationale de Beaufort, par son *Prédicateur patriote :* « Prédicateur, *fais aimer* la Constitution ! » On publiait chez Pavie (Angers) et on propageait : *Prônes civiques* ou le *Pasteur patriote*, par M. Lamourette, docteur en théologie, « ouvrage infiniment utile aux âmes pieuses »; *Préservatif contre le schisme*, par un directeur du Séminaire d'Angers (?!). On bafouait, dans ces brochures, la confession auriculaire; on exaltait le mariage des prêtres, par quoi les vertus conjugales s'alliaient aux vertus sacerdotales (1).

En face, d'autres missionnaires, ayant au cœur la flamme de la charité catholique, sans domicile fixe, sans traitement, constamment exposés à toutes les poursuites et à tous les coups des autorités civiles, raréfiés, hélas ! parce que l'exil, la déportation, les massacres (2), ou les rassemblements au chef-lieu, avaient singulièrement amoindri la troupe des militants, qu'avaient-ils à faire sinon d'éclairer leurs ouailles et de les retenir au bercail, malgré toutes les craintes et les séductions environnantes ? Ils administraient les sacrements, baptisaient, confessaient, disaient la messe n'importe où, communiaient leurs fidèles, accouraient au chevet des malades, priaient sur les morts, et surtout

---

(1) Ajoutez : *Catéchisme pour la constitution civile du Clergé*, par Molinier; *Apologie du serment*, par un bénéficiaire angevin (Pavie).

(2) Les massacres de tant de prêtres aux Carmes, en septembre 1792, béatifiés le 17 octobr (1926...

prêchaient. Car prêcher la vérité, en ces sombres jours où on subissait la crise de la doctrine, était le capital de leurs devoirs.

J'ai devant les yeux, au moment où j'écris ces lignes, une petite brochure en mauvais papier, censément imprimée à Toulouse, intitulée : *Catéchisme dogmatique et pratique sur l'obéissance due à l'Eglise, à l'usage de ceux qui veulent garder la foi dans les circonstances présentes*, par Devaux (1). Manuscrits ou imprimés, signés Duguet, Devaux, Noël Pinot, ou non signés, il n'importe. Celui que je possède a été saisi dans une perquisition domiciliaire à Cholet : il a valu au libraire, Louis Denis, qui l'avait vendu ou le détenait, de la prison. Tous ces catéchismes circulaient sous le manteau, se lisaient en famille, redressant des erreurs, fortifiant des volontés. Ils étaient recommandés aux prêtres fidèles par l'évêque canonique, qui s'était exilé de son diocèse, et par les vicaires généraux, MM. Meilloc et Courtin, qui tenaient sa place et donnaient, en son nom, les pouvoirs les plus complets; et, expliqués par les missionnaires, ils portaient partout la lumière et les directives attendues. Ils avaient tous, malgré une rédaction différente, le même fonds.

Catéchisme dogmatique. On y enseignait, malgré la pointe de gallicanisme qui perce en certaines lignes, la vraie *doctrine* sur l'Eglise, son organisation, sa mission, son autorité infaillible, son chef visible. On y réfutait les théories de Rousseau sur l'omnipotence de l'Etat, mais principalement les sophismes de l'école janséniste qui cherchaient à légitimer, par de prétendus arguments tirés des usages de l'Eglise primitive, la Constitution que des laïques sans mandat avaient osé imposer à l'Eglise

------

(1) A la date de 1792.

contemporaine... On distinguait les *pasteurs légitimes et les intrus*. On analysait la *Constitution civile du Clergé*, et on traitait du *serment* ordonné par l'Assemblée nationale.

Catéchisme pratique. Après la doctrine, les directions nécessaires. Du nouvel état de choses, de la lutte engagée, surgissaient, presque à chaque instant, des cas de conscience qui troublaient les âmes fidèles, dans la vie chrétienne et dans la vie civile qui se compénétraient jadis plus intimement. J'en cueille quelques-uns, extraits du manuscrit du P. Duguet. — L'Eglise commande d'assister à la messe, les dimanches et fêtes. Que faire, si nous n'en avons pas d'autre que celle des intrus ? —Pour les baptêmes et les mariages, peut-on s'adresser aux intrus? — Si notre ancien curé ne peut enterrer nos morts, serons-nous donc enterrés comme de vils animaux?—Qui fera les actes de baptême, mariage et sépulture? — Moi, officier municipal, moi sacristain, moi sonneur, moi chantre, que ferai-je le jour que l'intrus se présentera pour s'installer? — *Et d'autres questions pratiques du même genre...* Les règles de conduite étaient tracées pour tous les fidèles « dans les circonstances présentes ».

Le tout, sous forme d'entretien, avec demandes et réponses. Il y allait, en vérité, de toute la foi et de toute la vie catholique. Cela valait la peine qu'on exposât et sa paix et ses jours et que l'on fût traqué comme des bêtes fauves ; car toutes ces pratiques allaient à étendre le règne de Dieu, à défendre la mission de l'Eglise, à procurer le salut du peuple chrétien...

De temps à autre — les événements marchaient si vite ! — la situation changeait, mais non la mentalité des deux camps. Après le 10 août 1792, quand la déchéance de Louis XVI fut proclamée, et la royauté abolie en France, le serment civique n'avait plus de raison d'être. L'Assemblée législative lui substitua immédiatement, pour les ecclésiastiques et les laïques, la formule suivante (1) : « Je jure d'être fidèle à la Nation et de maintenir la Liberté et l'Egalité, ou de mourir en les défendant. » Par décret du 3 septembre, la formule fut modifiée encore : « Je jure de maintenir de tout mon pouvoir la Liberté, l'Egalité, la sûreté des personnes et des propriétés, et de mourir, s'il le faut, pour l'exécution de la loi. » Serment de Liberté et d'Egalité, qui fut demandé en France jusqu'en 1795, et qui divisa le clergé fidèle. Les uns, et à leur tête, M. Emery, à Paris, M. Meilloc, à Angers, l'admirent comme licite (2). Les autres, et parmi eux Noël Pinot, le jugèrent inacceptable, tout comme le serment civique qu'il remplaçait. Rome, bien que souvent sollicitée de se prononcer, suspendait son jugement, déclarait seulement que, *dans le doute*, il n'était pas permis de jurer, mais ne déclarait pas schismatiques ceux qui l'avaient fait; elle l'interdisait seulement dans le comté de Nice et la Savoie. Noël Pinot, en réalité, n'eut rien à changer à son opinion.

Au milieu de ses courses apostoliques « dans le canton (3) » des Mauges, et par toutes les nouvelles qui lui venaient de tous les points du diocèse et de la France, il observait que la tension entre les deux camps, loin de s'amollir, se faisait plus rigide. La résistance des fidèles à leurs avances provoquait, chez les intrus, un regain de mauvaise humeur et de colère; leur surveillance était plus tracassière, et leurs délations au Directoire de plus en plus

---

(1) Loi du 14 août 1792.

(2) M. Emery, depuis le 11 septembre 1792, et ensuite invariablement; M. Meilloc, depuis le 24 juin 1793 seulement; il le regardait alors comme purement civil et politique et fit des *mémoires* en ce sens. Mais, fin 1794 et ensuite, il hésita. Il écrivit, à la fin de ces mémoires : « Nous ne voulons pas qu'on y ait jamais égard pour s'autoriser à faire le serment ou à y persister. »

(3) C'est l'expression même de M. Gruget.

fréquentes, à l'endroit des prêtres réfractaires. Les directoires des districts, les municipalités, la Société des *Amis de la Constitution*, les aidaient de tout leur pouvoir dans ce travail antichrétien. Toutes les fois que, soit l'évêque Pelletier, soit quelque autre des curés jureurs, se mêlait à leurs réunions, ces « patriotes » n'avaient pour eux que des acclamations et des transports de joie, comme pour les plus « purs » des citoyens français.

Le fossé se creusait donc chaque jour plus profond. Et, par la force des choses, le clergé «constitutionnel» inclinait de plus en plus dans le sens opposé à la vérité dogmatique et à la sainteté des mœurs. D'où il arriva que, la lassitude de leurs protecteurs et le mépris pour leurs faiblesses s'en mêlant (1), ces prêtres jureurs, en majorité, tombèrent très bas. Quand ils se mariaient, c'était grande liesse dans les Sociétés et dans les clubs. Et, lorsqu'ils apportaient, à la suite d'un Gobel ou d'un Pelletier, leurs lettres d'ordination sur l'autel de la Patrie, ces « déprêtrisations », qui scanda- lisaient et terrifiaient les fidèles, en paraissant combler d'aise les tyrans de ville ou de village qui les tenaient à leur discrétion, les jetaient dans le dernier mépris. La Révolution, sous l'action des puissances ténébreuses atte- lées à son char, expérimentait en eux le virus mortel qu'elle contenait, jusqu'au jour peu éloigné où, démasquant ses batteries, les églises closes et les croix abattues, le *décadi* remplaçant le dimanche, et les noms des saints étant laïcisés, elle chassera le Christ de ses églises pour mettre à sa place la déesse Raison...

Les derniers mois de 1793 virent cette explosion de la haine antireligieuse. Les premiers mois de cette année

---

(1) Cf. Pierre DE LA GORCE, *Histoire religieuse de la Révolution fran- çaise*, que je résume à grands traits, ainsi que les journaux du temps. Cf. *L'Anjou historique*, septembre-octobre 1915, *Le clergé* constitu- tionel à Angers (1791-1802).

avaient donné, dans les Mauges, un autre spectacle. De simples paysans, sous la conduite d'un voiturier, Cathelineau, qu'on a nommé justement le saint de l'Anjou, exaspérés des vexations dont l'Eglise catholique était l'objet, écœurés aussi de la servilité des prêtres constitutionnels comme de la persécution intentée sans relâche contre « leurs bons prêtres », et obligés, jusqu'à la loi du 20 septembre 1792, de passer par le ministère de l'intrus pour avoir un état-civil, se soulevèrent pour reconquérir la liberté de leur culte, opprimé par la Constitution. De ce soulèvement, la mort de Louis XVI et la conscription militaire ne furent que l'occasion, l'étincelle qui alluma l'incendie; le feu se propagea vite, comme dans la brousse ou dans leurs champs de genêts. Composée, d'abord, d'ouvriers et de paysans, *l'armée catholique* (1), tel fut son premier titre, et le principal, s'appela *l'armée catholique et royale*, lorsque ces soldats improvisés et inexpérimentés eurent quasi-contraint les seigneurs, leurs chefs naturels, de se mettre à leur tête. Je n'ai pas à raconter ici leur organisation, ni leurs premiers et éclatants succès, mais simplement à noter la répercussion qu'ils eurent sur la vie de Noël Pinot.

Il ne prit aucune part directe au soulèvement lui-même, sauf, bien entendu, par l'action qu'en bon missionnaire il avait exercée, dans la compagnie de ses collaborateurs, en allant « d'une cure dans une autre » et en rendant « aux fidèles du canton tous les services (2) » de son minis-

---

(1) Le cardinal Luçon, dans l'éloge qu'il fit de Cathelineau, définissait ainsi le Vendéen : « Un Vendéen, c'est un Français toujours fidèle à sa foi de chrétien, et dévoué jusqu'à la mort à son Dieu et à son pays. » Le premier trait est la fidélité à Dieu. Je cite cet autre passage du même discours : « ... Rends-toi ! », criait un gendarme à un soldat vendéen — « Rends-moi mon Dieu ! » répondit le paysan. C'était toi-même, ô catholique Vendée, qui parlais par la bouche de ton enfant. » (Angers, imprimerie-librairie Lecoq, 1896.)

(2) *Journal* de l'abbé Gruget.

tère. Cette action fut efficace, en proportion de son zèle, de son talent de parole, de sa science et de l'auréole qui nimbait le confesseur de la foi, le premier qui eût souffert pour elle dans la persécution présente. Mais, lorsque l'armée catholique approcha d'Angers, tout de suite il quitta les Mauges, qui avaient moins besoin de son aide ; et, quand Angers fut au pouvoir des Vendéens, Noël Pinot rentra dans sa ville natale. Hélas ! il chercha inutilement, au Clos du Présidial, les bâtiments de l'Hôpital des Incurables où il avait vécu pendant sept ans : on les avait rasés pour empêcher les Vendéens de s'en servir contre la ville. Il n'eut pas le temps de pleurer sur ces ruines. Car il sut presque aussitôt que les troupes de M. de Scépeaux arrivaient au Louroux-Béconnais : elles y étaient le 22 juin. Là était son troupeau, et son cœur. En août 1791, dans les cachettes où ils s'abritaient ensemble, il avait dit plus d'une fois à son compagnon d'infortune, l'abbé Gruget, qu'il nourrissait toujours l'espoir secret de reparaître dans sa paroisse et « d'annoncer dans son église la parole de Dieu ». Son pressentiment ne l'avait donc pas trompé. Il y vola. Avec quelle allégresse il rentra au Louroux, qu'il avait dû laisser vingt mois auparavant ! L'intrus Renier, le possesseur actuel, avait fui, par un juste retour des choses d'ici-bas, et s'était caché, à l'approche des Vendéens, de ceux qu'il appelait « les brigands ». Noël Pinot rentrait donc, sans rival, dans l'usage de son église, et parmi son troupeau qui accueillit avec des pleurs de joie le berger légitime.

Il vit, seulement, que le presbytère où demeurait Renier le curé constitutionnel, avait été pillé par les Vendéens (1),

____

(1) Liste des objets qui disparurent du presbytère, énumérés dans le *procès-verbal rédigé* le 24 septembre 1793, par le juge de paix Bidon de la Prévoterie, sur la demande de Renier : « Six boisseaux de froment, quatre boisseaux de blé seigle, huit boisseaux de blé

quelques jours auparavant, et le jardin dévasté. Et il fut mis au courant des changements principaux survenus au Louroux pendant ses vingt mois de séjour dans les Mauges.

A l'abbaye de Pontron, les trois moines cisterciens n'avaient pas été inquiétés, malgré l'arrêté du 1er février 1792 qui appelait tous les prêtres insermentés à venir fixer leur résidence au chef-lieu du département. En revanche, on leur demanda de prêter le serment de Liberté et d'Egalité. Des trois religieux, l'un refusa, dom Quartier, et fut déporté en Espagne. Les deux autres, dom Pequignot, le prieur, et dom Virot, le prêtèrent à la mairie du Louroux, et peut-être même en chaire, devant les fidèles qui assistaient. Cette nouvelle fut désagréable à Noël Pinot.

Un mois plus tard, le desservant, M. Delaleinne, requis par les officiers municipaux, fit le même serment. Mais, le 11 novembre, il était nommé desservant de Villemoisan. Son successeur, vicaire à la Trinité d'Angers, Renier, fut installé d'abord comme *desservant*, puis, après avoir été choisi par les électeurs du district, comme *curé* du Louroux, le 16 novembre, « à la place de M. Pinot, *ci-devant curé et dernier titulaire* ».

En la fête de Noël, le 25 décembre 1792, Bidon de la Prévoterie avait été installé juge de paix (1). Si je note ce détail, c'est pour signaler à votre attention celui qui

---

noir, une corde de gros bois, un demi-cent de fagots, trois quarts (un *quart*, chez nous, est une demi-barrique) de cidre, 300 bouteilles, une corde de puits avec la chaîne en fer, une table, une poêle à grêler, un sas à passer la farine, deux arrosoirs en bois et le bout en fer-blanc, 400 bouchons, une pelle de jardin, une fourche de fer à trois dents, une serpe, une crémaillère. *Son* jardin a été ravagé, pillé et tellement dévasté qu'il n'y a ni fruits ni légumes. » (*Archives de la justice de paix du Louroux*. Pièce communiquée à M. Uzureau par M. Huault-Dupuy.

(1) Il fut élu, le 9 décembre, à la place du notaire Livenais.

instrumentera bientôt, au Louroux, contre le curé-martyr.

Enfin, un autre fait-divers ne doit pas être omis. Quelques jours après la première arrestation de Noël Pinot, en mars 1791, son mobilier et son linge avaient été enlevés de la maison presbytérale et placés, sous séquestre, dans le bourg du Louroux, chez l'aubergiste Renier et chez la veuve Barrault, sa sœur. Deux ans après, comme pour un bien d'émigré, les agents du district, le 4 mars 1793, vinrent en faire l'estimation : mobilier vieilli, linge usé, linge et mobilier de pauvre, dont les diverses pièces ne répondaient guère aux gros revenus du curé du Louroux (1), revenus d'ancien régime, qu'il ne perçut guère qu'une année. La vente, faite les 5 et 6 mars, monta cependant, tous frais déduits, à 1.158 livres 11 sols, qui passèrent, non point au curé anticonstitutionnel, mais aux mains du receveur du droit d'enregistrement. A cette heure, où il revenait parmi les siens, dans le champ que l'Eglise catholique lui avait assigné, Noël Pinot était donc aussi pauvre qu'à son arrivée en ce monde. Et l'administration générale, qui avait pris tout ce qu'il possédait, jusqu'à sa dernière paillasse, continuera de le poursuivre pour non acquittement de sa contribution patriotique !...

Mais sa pauvreté lui était douce. Sa vraie richesse, celle que les hommes ne peuvent ni voler ni détruire, c'était sa foi invincible en Jésus-Christ et en son Eglise; son trésor le plus cher, le seul aimé, c'était le troupeau dont il avait la garde. Il reconnaissait toutes ses brebis, et toutes ses

---

(1) *Archives départementales de Maine-et-Loire*, série Q. Le 3 janvier 1793, Renée Pinot, femme Marcil, avait demandé au district d'Angers qu'il voulût bien surseoir à la vente des meubles de son frère, « ex-curé du Louroux ». Mais, vu que l'ex-curé n'avait pas produit de certificat de résidence, le district le comprit dans la liste des *émigrés*, et décida qu'il y avait lieu de procéder à la vente. Elle eut lieu, comme il est dit, les 5 et 6 mars

brebis le reconnaissaient. Berger et brebis, sauf celles qui avaient dénoncé le berger, lequel leur avait sincèrement pardonné et les chérissait comme les autres, se reprenaient ensemble à rêver un avenir plus paisible et plus beau, devant la lueur d'espérance qui faisait battre leurs cœurs.

Il fit très solennellement sa rentrée dans son église, le lundi 24 juin, en la fête de saint Jean-Baptiste, qui était fête chômée sous l'ancien régime. Ce jour-là, il chanta la grand'-messe, comme il l'avait chantée le dimanche 27 février 1791 ; et à son peuple, si heureux de le voir, si avide de l'entendre, il annonça « la parole de Dieu ». Ce qu'il leur dit, on le devine : car ni la presse ni la tradition orale ne nous ont rien conservé. Mais il est un trait de sa physionomie morale, à savoir une liberté toute apostolique, et un aspect de son zèle, je veux dire sa belle intransigeance à enseigner et à défendre la vérité intégrale, que nous ont révélé, pour ce jour-là, les documents officiels et qu'il est juste de souligner. Soit le 24 juin, soit le dimanche 30 — il ne parut guère en public, pour prêcher, que ces deux jours — il ne put s'empêcher de blâmer, devant son peuple, la conduite des deux religieux de Pontron qui avaient prêté le serment de Liberté et d'Égalité. On lui reprochera bientôt cette attaque personnelle. Il répliquera ingénument, et la main sur son cœur, qu'il avait pour mission de prêcher la vérité et d'écarter de son peuple l'obstacle qui pouvait le faire tomber en chemin.

Mais la lueur d'espoir, qui s'était rallumée, s'éteignit vite. Et ces quelques beaux jours, comparables aux douceurs qu'il avait goûtées dans la prison de Beaupréau, ne furent qu'une éclaircie dans le cyclone, qui reprit avec un redoublement de rage et de cruauté. Les Vendéens furent battus sous les murs de Nantes, dès le 29 juin. Toute la rive droite de la Loire retomba au pouvoir de la Conven-

Château de Beaupréau,
où Noël Pinot fut prisonnier en 1791.

tion. On sait le reste, c'est-à-dire le règne de la Terreur :
les colonnes infernales avec Turreau en Vendée ; Carrier et
les noyades, à Nantes ; les fusillades de nos Champs-des-
Martyrs, avec le proconsul Francastel (1), et, sur la place
du Ralliement, à partir du 15 octobre, la guillotine en
permanence. Le mot qui vient à satiété sous la plume de
Gruget, le témoin oculaire, est celui-ci, qui s'adresse aux
bourreaux : « *Ces tigres altérés de sang…* » Ils frappaient
d'autant plus fort, qu'ils avaient eu plus peur…

Renier, le berger mercenaire, reparut au Louroux.
Et Noël Pinot, le berger légitime, fut contraint de se
cacher. Mais, cette fois, il ne partit plus. Les temps étaient
plus sombres ; la lutte, plus vive ; les adversaires, ébranlés
un moment, plus assolidés et plus despotes. « Il eût pu
retourner encore dans cette Vendée… où son visage peu
connu ne l'eût pas exposé à être surpris par des espions. »
Il resta. « Sa résolution était inébranlable ; le sacrifice
de sa vie était fait. Il voulait mourir au milieu de son troupeau, en lui distribuant les secours de son divin ministère (2). » Il avait fait son apprentissage dans les Mauges,
un long apprentissage de la vie du missionnaire, non pas
chez des païens sauvages, mais parmi des *frères ennemis*.
Nous allons voir à l'œuvre le bon ouvrier, le *maître*, dans
sa paroisse et dans le voisinage, avec un courage héroïque et
le plus ingénieux savoir-faire.

Noël Pinot reste donc caché, avec la connivence de ses

---

(1) Francastel, l'un des cinq représentants du peuple délégués
par la Convention près l'armée de l'Ouest, arriva chez nous vers le
14 octobre. Il eut son logement et ses orgies, à l'Hôtel de Maquillé,
au coin de la rue du Cornet et de la rue du Canal. C'est un des
monstres les plus sanguinaires qu'ait produits l'humanité. Mort en
paix à Paris, en mars 1831, après avoir été proviseur du Lycée de Ver-
sailles (1805-1809).

(2) *Mémoires* du curé Brouillet. Il est ma principale source dans les
pages qui suivent.

paroissiens, tantôt dans une maison du bourg, tantôt dans les fermes et les hameaux du Louroux et des bourgs circonvoisins. Sa situation est critique; elle le devient de plus en plus, on peut dire chaque jour. S'il a pour lui ses fidèles, qui observeront admirablement la consigne donnée et seront, dans le silence et la discrétion la plus absolue, ses gardes du corps, tous, du plus petit jusqu'au plus grand, enfants et parents; il a, contre lui, des yeux qui l'épient constamment et le cherchent partout.

La municipalité, d'abord, et quelques notables ne désarmeront pas. Lisez cette pièce, rédigée dans le deuxième mois de la vie errante du curé rapatrié :

« Aujourd'hui 23 août 1793, nous, maire, officiers municipaux et membres du conseil général (1) de la commune du Louroux, étant convoqués en *assemblée* extraordinaire au lieu ordinaire de ses séances; le procureur de la commune a dit qu'il a connaissance, par le rapport qui lui a été fait, que le nommé Noël Pinot, ci-devant curé de cette paroisse, y habite journellement et *vise à remplir ses prétendues fonctions de curé ;* qu'une pareille conduite est *attentatoire aux lois* et compromettrait sûrement la commune; qu'on ne saurait prendre trop de mesures pour réprimer un abus aussi dangereux. Par ces considérations, il requiert que communication en soit donnée au Comité de surveillance, et réquisitoire à la force armée de faire perquisition dans toute l'étendue de cette commune dudit Pinot, et de l'arrêter partout où il sera trouvé, se réservant, au surplus, toute conclusion sur l'exécution dudit arrêté;

« Vu, par les membres soussignés composant la muni-

---

(1) Depuis la refonte des municipalités en 1790, un *conseil général* avait été adjoint aux officiers municipaux. Il était composé de quelques notables et siégeait dans les circonstances importantes.

cipalité et membres du Conseil général, l'avis et les conclusions du procureur de la commune ;

« A été arrêté que, faisant droit sur les conclusions dudit procureur de la commune, le présent arrêté sera communiqué au Comité de surveillance (1); et provisoirement requiert le commandant de la garde nationale... de faire exécuter le présent arrêté, et de prendre à cet égard toutes les mesures nécessaires et faire les réquisitions convenables ;

« *Arrêté*, en outre, que le présent (réquisitoire) sera remis sur le champ entre les mains d'un des officiers de la garde nationale qui en accusera réception, pour, par lui, prendre les mesures convenables ; et copie du présent arrêté sera envoyée, dans le plus court délai, au Directoire du District d'Angers, ainsi qu'au Directoire du Département.

« Fait et arrêté les dits jour et an que dessus :

« *Signé :* Bréhéret, procureur de la commune (2); Viau, maire....., Faucheux, notable (3). »

Parmi tous ces fils barbelés qui la circonviennent, aussi enchevêtrés que les phrases du présent arrêté, la pauvre victime, vouée et, d'ailleurs, résignée à la mort, ne saurait échapper : un jour ou l'autre, elle tombera aux mains des chasseurs. Le miracle est qu'elle ait tenu si longtemps dans la brousse...

Un autre ennemi fait le guet : le curé jureur. Sa rancœur, aigrie par l'irruption des troupes vendéennes, s'accroît de la présence du « réfractaire » et, surtout, de la fureur anti-

---

(1) Au Comité révolutionnaire d'Angers.

(2) Il deviendra l'*agent national*. L'agent national, institué sous la Convention le 4 décembre 1793, remplaçait le procureur général syndic, au département et au district, et, dans la commune, le procureur de la commune.

(3) *Archives du département de Maine-et-Loire*, série L, n° 200.

chrétienne qui s'empare de la Révolution en marche. M. Renier ne put faire les cérémonies du culte que jusqu'en novembre 1793. Le 28 novembre, à la réquisition de Bréhéret, l'église du Louroux fut dépouillée de ses vases sacrés, de son argenterie, de ses ornements, et de ses cloches, qu'on envoya, sous forme de *don patriotique*, à la Nation. Nous avons vu, déjà, que le don était petit, puisque l'église était fort pauvre. Néanmoins les donateurs expriment leur « douce satisfaction d'avoit été des premiers à envoyer leur offrande et à faire triompher le règne de la RAISON ». L'intrus continua d'habiter le presbytère (1).

Pendant qu'expirait, sous les coups de ses inventeurs, l'Église constitutionnelle, qui ne sera ressuscitée ni par la religion de l'Être suprême de Maximilien Robespierre, ni par le culte théophilanthropique de Larévellière-Lépeaux, Noël Pinot, le représentant de l'Église catholique au Louroux, faisait, jour après jour, non sans lassitude, mais sans découragement, son office de missionnaire. La belle cam-

---

(1) On peut suivre ainsi, dans l'histoire d'une paroisse, l'histoire entière de la Révolution. J'ajoute que, le 16 juillet 1794, le *citoyen* Bréhéret, devenu l'*agent national*, envoya au district d'Angers la bibliothèque du ci-devant curé Pinot et celle de l'abbaye de Pontron. Je souhaite qu'un travailleur découvre, dans l'un ou l'autre des livres de la bibliothèque municipale d'Angers, j'entends de ceux qui ont appartenu à Noël Pinot, des manuscrits et des remarques de sa main.

Pour achever ce qui regarde l'intrus, disons qu'il habita le presbytère jusqu'au 23 mai 1794, « jour où les chouans, pour venger la mort de Noël Pinot » — qui, du ciel, ne le demandait pas — ou plutôt, pour débusquer les « patriotes », incendièrent l'église et le presbytère du Louroux. Il eut, hélas ! la plus triste fin, comme plusieurs de ses confrères. Tout gagné aux idées de la Révolution, il recherchait les chouans, les dénonçait et, quand il le pouvait, les livrait à la justice. C'en était trop. Il fut rencontré, un jour de décembre 1795, par un groupe de chouans. Ils se saisirent de lui, et le firent mettre à genoux, lui accordèrent cinq minutes pour réciter le *Confiteor* et l'acte de contrition, et le fusillèrent en disant : « Tu ne dénonceras plus personne ! » (*D'après une note de M. Brouillet.*)

pagne ! Aucune autre expression ne convient mieux à la rude vie du soldat de Dieu et de l'Église. Il était entré dans la légion de ces prêtres *militants* qui, sous les déguisements les plus variés, n'étant jamais assurés ni d'un gîte ni des vivres, prêts pour la mort à chaque déplacement qu'ils étaient obligés de faire, ont entretenu et même avivé, chez nous, la flamme de la religion. Entre beaucoup, je nomme, parce que je les connais mieux : le paysan Gabriel Deshayes, l'admirable curé d'Auray et le fondateur de tant de congrégations religieuses, qui évangélisa, dans sa prime jeunesse cléricale, les campagnes de son diocèse de Saint-Malo (1) ; Guillaume Chaminade, à Bordeaux (2). Celui-ci, costumé en ouvrier rétameur, parcourait les rues et les ruelles de la grande ville, en criant : « Chaudrons ! Chaudrons ! » Un appel tombait ; et le chaudronnier montait à l'étage signalé pour porter Dieu à qui réclamait son ministère. Encore un coup, les beaux soldats ! Ils ont mérité mille fois, durant ces années terribles, que notre Eglise de France les présente à sa mère l'Eglise romaine pour qu'elle mette sur leurs fronts, mieux que la couronne civique, le nimbe de la sainteté.

Tout comme Gabriel Deshayes, Noël Pinot, le fils du maître tisserand du faubourg Bressigny, — *fabri filius* — se transforma, au moins pour l'extérieur, dans le plus humble et le plus madré des paysans, bretons ou angevins. Il laissa pousser sa barbe, revêtit la veste ou la blouse, et le pantalon de serge grise, mit des guêtres sur ses sabots ferrés, et, sur sa tête, un bonnet de laine qui, de loin, ressemblait au bonnet phrygien, avec ou sans cocarde... Ainsi accoutré, méconnaissable même à ses paroissiens, il

-----

(1) Cf. mon *Gabriel Deshayes* (Gabriel Beauchesne, éditeur, 117, rue de Rennes, Paris).

(2) Cf. *Guillaume Chaminade* (librairie Perrin).

traça ses plans de campagne. Plans à la fois précis et souples,
qu'il est impossible de vous exposer, mais qu'on peut
résumer à grands traits par les faits saillants, à la suite des
enquêteurs...

Comme il connaissait sa « vaste paroisse et les familles
les plus discrètes, il avisa celles où il pouvait trouver
l'hospitalité la plus sûre ; et, pour se dérober plus facile-
ment aux recherches de la police municipale, il prit le
parti de se cacher habituellement aux extrémités, dans les
lieux les plus solitaires. D'ailleurs, en rendant tous les
services possibles à ses paroissions, il pourrait rendre
aux paroisses limitrophes, dont les curés étaient presque
tous exilés (1) des services importants. La Cornuaille,
Angrie, Vern, La Pouëze, Bécon, Villemoisan, Saint-
Sigismond, Belligné, l'appelaient près de leurs malades,
lui apportaient des enfants à baptiser, lui présentaient
des mariages à bénir. Le bourg du Louroux et ses alentours,
quoique le danger d'y être découvert fût très grand, ne
fut point exclu de ses plans de résidence ».

Le plus étonnant de l'aventure, en effet, c'est que, sa
tête étant mise à prix par Francastel, et le parti de la
Constitution constamment aux aguets, il ait osé, à plusieurs reprises, s'installer au centre du bourg, presque à
l'ombre de son clocher et de son église désaffectée. Ceux
qui ont fait généreusement le sacrifice de leur vie, pour une
cause qui dépasse nos petits horizons de la terre, ont toutes
les audaces. Et puis, il y eut tant de dévouements coalisés
pour sa protection ! Il est même permis de croire que, dans
le parti opposé, malgré les déclamations outrancières et les
excitations des chefs, quelques yeux se fermèrent, à de certains moments critiques : l'humanité ne se laisse pas tout

---

(1) *Mémoires* de l'abbé Brouillet. Il ajoute : « **ou déjà** *immolés* » ;
ce qui est exagéré

à fait oublier (1). Mais la maison était très sûre (2), pleine d'amis éprouvés ; et, dans leur demeure, il y avait une cachette fort bien dissimulée quand l'armoire était poussée devant la porte ; petit réduit qui contenait une table (3), une chaise et un lit ; par une ouverture, dans la muraille, qui se pouvait obstruer aisément, la petite fille de la maison, Marie, âgée de 13 ans, faisait passer au captif volontaire les aliments et les renseignements qui lui étaient utiles (4). La famille Barrault, propriétaire de la maison, veillait sur le curé, avec des précautions d'autant plus minutieuses que, tout autour, les espions et les traîtres étaient plus nombreux. Elle n'admettait, elle n'introduisait auprès de M. Pinot, parmi ceux qui réclamaient son ministère, que les gens dont on pouvait absolument répondre, par crainte des indiscrétions et des bavardages compromettants. La garde fut bien faite ; et la protection, efficace.

A l'ordinaire, beaucoup plus vaste était le théâtre où s'exerçait l'activité apostolique du curé, et beaucoup plus pénible était sa vie : vie d'un Théophane Vénard ou d'un

---

(1) C'est ce qui arriva, par exemple, pour l'abbé Gruget. Un jour, un républicain du meilleur teint, peut-être même un membre de la Commission militaire, dit à la domestique de la maison où il habitait : « Cachez-vous donc mieux : je pourrais entendre la messe de chez moi ! » (Cf. l'article très intéressant de M. le chanoine Rondeau, l'*Hôtel de Campagnolle*, dans les *Mémoires de la Société nationale d'Agriculture, Sciences et Arts*, année 1912, p. 347.) Celui-là était moins cruel que les autres. Et d'en rencontrer quelques-uns dans la tourbe des « tigres », fait plaisir.

(2) Occupée, de nos jours, par l'*Hôtel de la Boule-d'Or*.

(3) La table fut acquise, et conservée comme une relique, par Mme de Lamoricière, la veuve de l'illustre général.

(4) Détails donnés par Mme Cellier, petite-fille de Marie Barrault. Il y avait d'autres cachettes, dans le grenier à foin et ailleurs. Les deux petites chambres où se cachait Noël Pinot, sont aujourd'hui la propriété de M. l'abbé Martin, aumônier du patronage Saint-Vincent de Paul, à Angers

Perboyre à la merci des mandarins, aux jours de la persécution; chemins peu praticables, qu'il parcourait à pied, le plus souvent à cheval; ministère de nuit et de jour, accompli, pour plus de moitié, dans la saison d'hiver, qui fut très dure en 1793-1794; ici ou là, toujours sur le qui-vive.

Pour le ministère du prêtre, pour le service de la paroisse et du voisinage, un comité fidèle, peu nombreux, composé de chefs de familles, et de femmes discrètes autant que généreuses, fonctionnait. Ils connaissaient les cachettes et la résidence du jour; ils discernaient la qualité des demandeurs; et Noël Pinot, en toute confiance, le plus tôt qu'il lui était possible, répondait à l'appel, ou recevait les visiteurs.

Le jour, il se reposait, il priait, il lisait, il étudiait : il travaillait pour lui. La nuit, en particulier pendant les longues nuits d'hiver, qui sont si froides et si noires, il travaillait pour les autres, pour ses paroissiens de toute la région. Vers sa cachette, une procession silencieuse se formait, le plus doucement possible et le plus discrètement. Les enfants de la maison, il les catéchisait. Par la confession, par la direction, par des instructions familières, il préparait les arrivants à la réception de l'Eucharistie. Vers minuit, une ou deux sacristines, à qui étaient confiés les linges et les ornements et les vases sacrés, préparaient un autel très simple, une table, un coffre, un bahut, dans un grenier, dans une chambre, dans une grange, même dans une étable; un crucifix, de pauvres fleurs de papier et deux petits cierges composaient toute la décoration. La foi des assistants et leur piété rendaient la scène digne des catacombes. La communion était reçue comme le viatique, en ces jours où, à chaque tournant de sentier, on songeait à la mort. Une parole chaude, sortie du cœur du célébrant, remuait les auditeurs. Et, avec les mêmes précautions que pour l'aller, on reprenait les chemins du retour, bien avant l'aurore, le visage transfiguré, l'âme toute vibrante des conseils entendus et parfumée des grâces de la communion.

On dit que le premier refuge de Noël Pinot, l'un des premiers du moins, où il revint plusieurs fois, fut la maison Lelarge, au village de Piard, près de l'étang du même nom, sur les confins de la commune de Villemoisan. Lelarge, honnête bourgeois, avait fait partie, en 1789, des notables du Louroux. Il avait reçu son curé, publiquement, à la Saint-Jean 1793. Il le reçut depuis, à la dérobée. Mais, comme il était un des « messieurs » (1), il était considéré, et un peu craint. Néanmoins, pour ses sentiments religieux, les «avancés» le traitaient en suspect. Les lignes suivantes, empruntées aux archives municipales, sont révélatrices : « Trois témoins (2) déposent que, vers la Saint-Jean 1793, le citoyen Lelarge a reçu chez lui l'ex-curé Pinot, mais seulement par la force et la contrainte des *brigands*. » Les *brigands* sont les Vendéens qui avaient pris le Louroux, et tenaient les deux rives de la Loire. Si les témoins les nomment, c'est par un sentiment de bienveillance mêlé de crainte révérencielle, pour disculper M. Lelarge et le soustraire aux poursuites des tribunaux. Mais on surveillait l'homme, à cause de ses sympathies pour son curé. Celui-ci, dans un des séjours qu'il fit à Piard, n'échappa que par le plus grand des hasards aux recherches de ses ennemis : vous entendez que je définis le hasard « l'incognito de la Providence ». Voici comment le gendre de M. Lelarge, M. Pineau (3) racontait l'étrange aventure.

---

(1) Voir plus haut.

(2) Qui ne savent, ou ne veulent signer.

(3) M. Pineau-Lelarge mourut en 1866, chez son fils, qui était curé de Forges.

«On avait informé la police municipale de son séjour au village de Piard. Le matin, de très bonne heure, Noël Pinot déjeunait, avec M. Lelarge et ses enfants, dans la pièce principale du rez-de-chaussée. Tout à coup un paysan aperçoit une troupe de gardes nationaux qui débouche à l'entrée du village (1), sur la rive droite de l'étang : en hâte, il vient donner l'alarme. Grand émoi dans la maison. On fait disparaître toutes les traces du repas. M. Pinot monte au grenier, où M. Lelarge renverse sur lui une vaste *panne à lessive*, en terre. Le père, la mère et leurs trois filles, redescendent. La troupe arrive. Mais tous ont eu le temps de se remettre de leur émotion : la fréquence du péril habituait les chrétiens de ce temps au courage et à la maîtrise de soi. On interroge les habitants : pas une réponse embarrassée ne trahit leur secret. On perquisitionne dans toutes les chambres, à la cave, aux étables. On monte enfin au grenier; les soldats tournent autour de la panne. Ils percent même, de leurs baïonnettes, un tas de lin et de filasse où ils soupçonnaient que le curé pouvait être caché; personne ne s'avisa de soulever la panne qui le recouvrait. Déçus, ils injurièrent, dans leur colère, le maître de la maison, qui haussa les épaules. Après quoi, ils allèrent fouiller dans tout le village, où ils ne trouvèrent rien... »

Non loin de Piard, à la métairie des Foucheries, située au milieu du bois de la Lianais, dans la direction de Belligné, Noël Pinot séjourna, semble-t-il, assez longtemps. Cette grande métairie était à l'une des extrémités de la paroisse, à sept kilomètres du bourg, par conséquent moins surveillée. Il y prépara douze adolescents à leur première

---

(1) Le village était très isolé. Pour arriver, après avoir traversé la chaussée de l'étang, il n'y avait qu'un chemin d'assez difficile accès. La retraite était sûre.

communion. Cette cérémonie, jadis si solennelle et qu'on retardait parfois un peu trop, dans la pensée que la jeunesse, plus avancée en âge, y participerait en meilleure connaissance de cause, n'avait pas eu lieu au Louroux depuis deux ou trois ans. Noël Pinot entreprit de la renouveler, malgré les périls de l'heure, pour ces douze jeunes gens, du quartier des Foucheries, que les parents lui présentèrent. Les bénéficiaires de la fête en conservèrent la plus touchante et la plus durable mémoire; l'un d'eux, parvenu à l'extrême vieillesse, se plaisait à revenir, devant M. l'abbé Brouillet, sur la préparation qui leur fut donnée et sur les joies du « grand jour ». Pendant plusieurs nuits de suite, le curé les avait réunis, en vue de leur enseigner les vérités essentielles qu'il importe de connaître pour ceux qui veulent s'approcher de l'Eucharistie : on eût dit Jésus instruisant et formant ses douze apôtres. Le catéchisme appris et les confessions entendues, la *Cène* eut lieu dans la grange, qui était assez spacieuse pour contenir une assistance compacte. Sur une pauvre table de la métairie, au fond de la grange, le curé dit la messe. Autour de lui étaient rangés les jeunes communiants, sur qui tous les yeux étaient fixés. Derrière eux, leurs parents et leurs amis priaient et pleuraient. Noël Pinot leur parla de toute son âme, les communia tous, petits et grands, fit avec eux l'action de grâces, inspira les résolutions opportunes, et ne les renvoya qu'après la rénovation des promesses du baptême et la consécration à Marie, conformément aux rites habituels de cette solennité. Ainsi, au temps des catacombes, les Tharsicius étaient formés pour le martyre... A cette heure, Noël Pinot se fondait en tendresse : il oubliait toutes ses fatigues, et toutes les haines qui le guettaient dehors.

Dans les mêmes parages, le village de Lasseron, mi-breton, mi-angevin, où les faux-saulniers, quelques années

auparavant, luttaient sans trêve contre les « gabelous »,
l'attirait et le recevait. Il y avait, dans le village, une chapelle de secours, desservie autrefois par les religieux de
Pontron; il y disait la messe aux gens du voisinage, les
prêchait et les confessait.

Il faudrait, avec lui, faire le tour de la paroisse, visiter
Quintonnay et la boulangerie où il officia souvent, la Menantais, La Touchardais, La Pinellière, La Rotherie, Les Fores-
teries, La Haye, Le Houssay-Quinzé, La Glénaie, tous
les villages qui avoisinent la Cornuaille, Angrie, Vern,
La Pouëze, Bécon, où il porta successivement les grâces
des sacrements et les consolations de son ministère pastoral. Ses courses apostoliques ne ressemblaient guère aux
randonnées des soldats de la troupe ou de la garde nationale
qu'on lançait à sa poursuite et qui vivaient, brutalement,
sur le plat pays. Il apportait, lui, la paix, le réconfort, les
« paroles de la vie éternelle ». On fuyait devant les « bleus »,
et on se cachait dans les bois. Lui, on le demandait, on
l'accueillait comme un sauveur et le plus grand des amis...

De ces courses apostoliques, on n'a retenu, on ne pouvait
retenir que les grandes alertes, qui furent racontées
longtemps dans les veillées. Les autres actions, pour sublı-
mes qu'elles fussent, restaient, parce qu'elles se renou-
velaient sans cesse et se ressemblaient, la trame monotone
et grise où s'insérait une vie héroïque.

Un jour qu'il demeurait à la métairie de La Touche, pas
très loin du bourg, il avait été dénoncé. Mais une âme
compatissante avertit la métayère, la femme Gillot, que la
garde nationale devait visiter la maison de la cave au
grenier. Elle eut, soudain, l'idée de cacher le curé Pinot
dans le ratelier même où on entassait la nourriture pour
le bétail : elle y met du foin; le curé s'y couche; d'autres
brassées de foin sont étendues sur lui, de manière à le
dissimuler entièrement; il ne pouvait respirer que du côté du

mur. La troupe survint ; elle inspecta tout, grange, chambres de la maison, grenier, étables ; nul ne soupçonna que le « réfractaire » pût être enseveli dans le foin qui garnissait le râtelier. Mais il était temps que la perquisition cessât : quelques minutes de plus, il étouffait, ou il allait être obligé de se rendre...

A La Glénaie, le bon père Lequeux lui donna souvent l'hospitalité ; avec le père Aubry, du Houssay-Quinzé, il était l'un des commissionnaires les plus sûrs, et l'un des receleurs les plus dévoués. Noël Pinot payait largement cette hospitalité par les secours spirituels accordés à la famille : messe, instructions, catéchisme fait aux petits. Dans les soirées d'hiver, au coin du feu, il prenait le fils de la maison, pour lui enseigner ses prières et les principales vérités. Sa patience, sa charité, sa douceur, et la vénération que les vertus du prêtre lui inspiraient avaient fait dans l'âme de l'enfant une impression si forte que, jusque dans ses derniers jours, il ne cessait de redire, les yeux pleins de larmes : « Que c'était donc un bon pasteur, que M. le curé Pinot ! Que c'était donc un bon pasteur ! » Connaissez-vous beaucoup d'oraisons funèbres, travaillées et prononcées par d'illustres prédicateurs, qui vaillent cette simple phrase et surtout le ton qui la modulait ?

Souvent des guides l'accompagnaient. Quelquefois, pourtant, il allait seul. Au mois de janvier 1794, par une nuit glaciale, Noël fut appelé auprès d'un mourant au village de La Menantais (1). Il se mit en marche par d'affreux chemins, pleins de flaques d'eau et de fondrières. Exténué de fatigue et de faim, il s'en vint frapper, presque confus, salué par les aboiements du chien, à la métairie de La Censie. Il fut reçu avec toutes les démonstrations de l'affection la plus déférente. On fit sécher sa veste, ses guêtres et ses

---

(1) Ce village était sur la paroisse de La Cornuaille.

sabots, et on lui servit à manger. Reposé, il se remit
en chemin. Mais le père Cottenceau (1), le métayer, et
avec lui un voisin charitable, tinrent à l'accompagner
jusqu'à La Menantais, et le ramenèrent en lieu sûr.

Un autre jour, dans le même hiver et le même mois, le
père Perrot, du village de La Haye (2), malade d'une fluxion
de poitrine, était en danger de mort. M. Pinot, mandé,
accourut. Pendant qu'il confessait le moribond, les gens de
la maison et le guide du curé se tenaient sur le seuil de
la porte. Un espion, le seul de ce village populeux, veillait
aussi. Comme il pensait qu'on ne laisserait pas mourir le
malade sans appeler le curé Pinot, il sortit pour se mêler à ce
petit rassemblement et prendre part à la conversation. Il
entendit le bruit d'un homme qui se mouchait dans la
maison, et demanda : « Qui est là? » On lui répondit :
« C'est le pauvre malade. » Il se retira, mais, rentré chez
lui, resta aux aguets, épiant de son grenier ce qui allait se
passer. Dans la chambre du malade, M. Pinot, inquiet de

----

(1) « Le père Cottenceau, par son air gai et en apparence sans souci,
n'éveillait pas les soupçons des sectaires. Il causait avec tout le
monde, attirait les passants à la Censie pour boire ; et souvent, bien
qu'il eût plusieurs personnes cachées dans sa maison, il étourdissait
les municipaux, qui s'en retournaient confiants et satisfaits. » Déposition de Mme la générale de Lamoricière, d'après le témoignage du
fils Cottenceau. Celui-ci, qui avait souffert avec son père, racontait
à Mme de Lamoricière combien la vie était pénible en ces jours.
« ...Chacun était aux aguets, pour éviter de tomber dans les bandes de
bleus, qui terrorisaient le pays. Souvent, un nombre considérable de
gens du pays étaient obligés de quitter leurs maisons pour laisser
passer les *colonnes*. Le père Cottenceau se souvient d'avoir souvent
couché dans nos bois (du Chillon) avec son père et sa mère et plus
de cinquante personnes de la paroisse... Les bleus, en passant, pillaient
tout. Quand on les sentait arriver, on s'empressait de mettre en
cachette toutes les provisions : à preuve, le charnier de Quintonnay, qui longtemps a été caché dans le « trognard » creux de la
prairie. »
(2) Pas très loin du château et du village de Piard.

la mauvaise tournure que prenait le mal, proposait de rester pour dire la messe et communier le père Perrot en viatique. La femme du mourant le pria de n'en rien faire : « Monsieur le Curé, il y a un méchant homme dans le village qui surveille tout ce qui se passe; bien sûr, il va vous arriver malheur ! » Le curé insistait, n'ayant aucune peur. On décida enfin, qu'il irait dire, dès minuit sonnant, sa messe à Chanteloup (1), et qu'il reviendrait. Ce qu'il fit. Il célébra le saint sacrifice dans un « toit » à moutons, et, intrépidement, apporta le saint viatique au malade.

L'éveil était donné. Noël Pinot dut abandonner sa cachette. Il se réfugia, de l'autre côté du village de Piard, à La Milanderie, aux confins de la paroisse de Villemoisan, chez Plaçais, qui lui avait servi de guide en cette nuit mémorable. Il avait fait très sagement. La municipalité du Louroux, instruite par l'espion de La Haye, fit de nombreuses battues dans le village et dans les alentours, pour s'emparer de l'insaisissable curé.

Les paroissiens, bien avertis, intervinrent auprès de leur curé si vaillant, et le supplièrent de prendre plus de précautions que par le passé. Il souriait, et, à peu près invariablement, répondait : « Oh ! j'ai pleine confiance dans mes paroissiens. Je n'en connais point qui veuillent me trahir. Je les crois, au contraire, prêts à me recevoir, à me cacher, et à se sacrifier pour moi. » L'optimisme est est une belle chose : sans lui, on ne ferait rien qui vaille; il prouve au moins la bonne conscience et le désintéressement le plus absolu. Mais les interlocuteurs répliquaient, en citant des noms connus du curé lui-même. Bien plus, ils lui faisaient observer que la guillotine, *la sainte guillotine — sacrosancta guillotina* — comme la dénommaient les « sansculottes », installée en octobre 1793, réclamait ardem-

____

(1) Chez Augereau.

ment, et de plus en plus, sa *ration* presque quotidienne, si bien que, le bourreau d'Angers se fatiguant, on dut appeler à la rescousse celui de Saumur. Au début de l'année 1794, ils lui apprenaient, s'il ne le savait pas déjà, que, le 24 décembre 1793, M. Doguereau, prieur-curé de Saint-Aignan d'Angers, et M. Chesneau, curé de Montreuil-Belfroy, avaient été saisis dans une ferme du Louroux et guillotinés le 31 décembre (1); que, le jour de Noël, quatre prêtres insermentés avaient été pris à La Cornuaille, emmenés à Angers, et guillotinés le 1er janvier (2). Le *cercle de mort* se resserrait donc, et menaçait d'englober M. Pinot avec ses confrères. On le suppliait, à nouveau, de ne pas s'exposer et de se ménager pour son troupeau. Il remerciait, mais continuait de faire son devoir avec la sérénité la plus calme. Seulement il renouvelait son offrande, et, sans le moindre souci du danger, il faisait toutes les sorties et toutes les courses qu'il jugeait nécessaires pour la gloire de Dieu, pour « Sainte Mère Eglise » et pour le bien de ses ouailles. Il réalisait, dans sa personne, le mot de saint Paul, qu'il aimait et pratiquait beaucoup : « C'est aux parents d'amasser pour leurs enfants. Pour moi, bien volontiers je me dépenserai moi-même tout entier pour vos âmes, dussé-je, en vous aimant davantage, être moins aimé de vous (3). »

Vraiment, il a aimé les siens jusqu'à la fin, jusqu'à l'excès. En bon curé, il veut, il va tomber dans l'exercice de son zèle.

---

(1) Certainement les deux réfractaires, qui travaillaient près de Noël Pinot, l'avaient rencontré plus d'une fois.

(2) MM. Legault, l'un vicaire, l'autre prêtre-instituteur au Plessis-Grammoire; M. Houssin, curé des Brouzils (Vendée); M. Hermenot, aumônier de l'hôpital Saint-Jean d'Angers.

(3) II *Cor.*, ch. XII, p. 14-15.

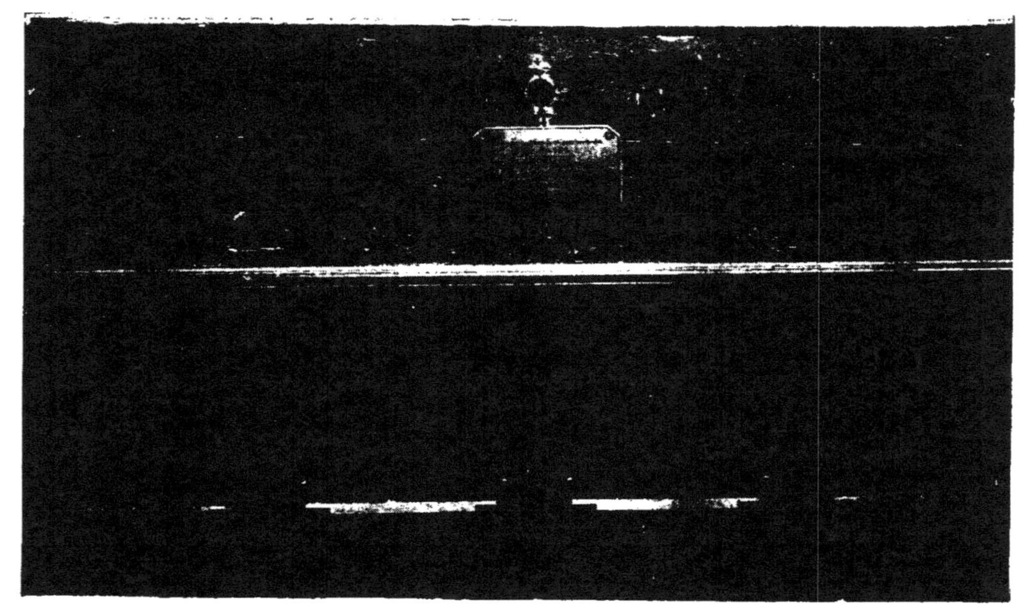

Coffre de la Milanderie, où fut pris Noël Pinot.

CHAPITRE V

(9 février — 21 février 1794)

La trahison. — L'arrestation. — De La Milanderie au Louroux. — Devant le juge de paix : l'interrogatoire. — Le départ. — Halte au Houssay-Quinzé. — L'arrivée a Angers. — Le tribunal révolutionnaire. — Première promenade en habits sacerdotaux a travers les rues d'Angers. — Le séjour prolongé a la prison nationale : la cause du délai. — Le 21 février, Comparution devant la Commission militaire. — L'interrogatoire. — La condamnation. — Deuxième et troisième promenades en habits sacerdotaux. — Le retour a la prison nationale. — Départ, a trois heures, du condamné revêtu de ses habits sacerdotaux. — L'exécution sur la place du Ralliement. — Légende (?) et histoire. — L'histoire aussi belle que la légende.

La Milanderie fut le dernier asile, la dernière retraite, du curé Pinot. Il logea, les premiers jours, chez Plaçais, dans la maison du village la plus éloignée, et, le dernier jour, chez la veuve Peltier-Taillandier. Malgré tous les avis, le bon curé ne s'épargnait guère davantage et ne prenait pas toutes les précautions désirables. Ainsi, le soir du 8 février 1794, après avoir passé toute la journée dans son réduit étroit et pauvre, il se promenait dans le jardin attenant à la maison. Un ouvrier charpentier, surnommé Niquet, l'aperçut à travers la brume, le reconnut parfaitement, et, pour gagner la prime, lui pourtant qui avait été l'objet d'une des dernières charités de son curé, s'empressa de le dénoncer au capitaine de la garde nationale, lequel alla informer les officiers municipaux. La municipalité, aussitôt, donna l'ordre au capitaine d'emmener avec lui cinquante hommes à La Milanderie, pour arrêter le curé réfractaire.

Avant l'arrivée de la troupe, il y eut, dans le hameau, un peu d'émoi. Au village de Moiron et dans quelques fermes, les chiens, dit-on, poussèrent, dans la nuit, des hurlements prolongés, lorsque les soldats passèrent à côté, troublant par leurs pas le silence de la campagne. On courut avertir le curé, lequel, toujours courageux, se contenta de faire, une fois de plus, son acte d'abandon à la volonté divine. Vers minuit, au moment où M. Pinot s'apprêtait à dire sa messe, la maison fut encerclée de soldats ; et les issues furent toutes gardées. La porte fut violemment secouée à coups de crosses de fusils ; la maîtresse de maison était sommée d'ouvrir sur-le-champ.

A l'intérieur, on délibérait. En quelques instants, une résolution fut arrêtée. Un bahut était là, profond, d'un mètre soixante-cinq de longueur environ, où l'on serrait, non pas le pain, mais les vêtements de la famille. On y fit coucher Noël Pinot, et avec lui on y déposa les objets compromettants, ses ornements et son calice. Et on ouvrit à la force armée...

D'un ton colère, avec force injures, le capitaine somma la veuve Peltier de livrer le prêtre. Elle refusa. On fouilla donc la maison ; les lits furent défaits ; le grenier inspecté : de curé, point. Furieux, les gardes nationaux proférèrent les menaces les plus terribles contre les habitants. Si les coups avaient succédé aux menaces, le curé, très ému, se serait livré de suite.

Mais voici que le lieutenant Robin soulève le couvercle

de la huche. Il le referme aussitôt, et s'assied dessus, le visage tout pâle. Un de ses hommes s'en aperçoit, et lui dit : « Tu as trouvé le s... calotin, et tu ne veux pas le dire ! » Il s'approche à son tour. Au même moment qu'il ouvrait, Noël Pinot se dressait devant l'assistance, le visage calme. Pour son obligé et son dénonciateur —car c'était le même personnage qui était là, qui l'avait trahi et venait de le découvrir — il n'eut que ce mot d'étonnement douloureux : « Comment ! c'est toi ! » Et, sans rien dire de plus, il se rendit à ses bourreaux.

On juge des transports délirants, et aussi des blasphèmes par quoi les soldats saluèrent leur prisonnier (1). On le garrotta. On saisit, de même, la veuve Peltier chez qui le prisonnier avait été pris. Et le cortège, avec son butin, se mit en marche vers le bourg.

Le voyage fut marqué par un incident, dont la paroisse a gardé longtemps le souvenir. On arrivait à un endroit appelé *les Fontaines du Bignon.* Le sol était tout détrempé,

---

(1) Mme de Lamoricière racontait l'arrestation d'une façon un peu différente : « Parmi les municipaux, il y en avait de bons, qui n'agissaient que par peur. Un Robin, qui faisait partie de leur bande, fut celui qui ouvrit le coffre le premier. Il y vit M. Pinot, et referma le coffre bien vite. On chercha dans toute la maison sans rien découvrir. Et la garde municipale sortit, mécontente de n'avoir rien trouvé. Comme elle s'en retournait, à peu près à mi-route de la Milanderie au Louroux, Niquet le charpentier, qui avait dénoncé M. Pinot et avait attiré la garde, affirma de nouveau que le curé était chez la veuve Peltier et se fit fort de le découvrir. La bande revint donc sur ses pas. Robin se dit alors : « On pensera, bien sûr, que je l'ai vu : il « était dans le coffre. Je suis perdu ! » Alors, suivant ses camarades jusqu'au petit chemin qui débouche à gauche du village sur Piard, il s'échappa furtivement de la bande et s'enfuit. On ne le revit plus au Louroux. Et sa femme fut emprisonnée trois ans à Angers... » Ce récit, tout respectable qu'il est, me paraît invraisemblable. Pendant que les soldats auraient fait, aller et retour, une marche de 6 à 7 kilomètres, Noël Pinot aurait eu, dix fois, le loisir et les moyens de s'échapper. Il l'aurait fait, ce me semble, ne fût-ce que pour ne pas compromettre la métayère de la Milanderie.

boueux, en sorte que le curé, qui avait les mains liées, ne marchait qu'avec peine et, sur le terrain glissant, chancelait. Le chef de la troupe s'approcha de lui et, le bousculant : « Allons ! allons ! — s'écria-t-il — faut bien que tu *galipotes* (1) comme les autres !... »

La nouvelle de l'arrestation, comme une traînée de poudre, s'était répandue dans la paroisse. Avant même que le cortège fût arrivé, quelques forcenés, ivres de vin et de folie antireligieuse, accoururent se mêler à la troupe, et, les yeux remplis d'une joie féroce, couvrirent de crachats le prisonnier et lui donnèrent des coups de bâton...

La veuve Peltier fut emprisonnée dans l'église. Elle y demeura toute la journée du 9, qui était un dimanche. Elle était gênante pour les autorités municipales, étant métayère, pauvre, veuve, et mère de famille; or, l'amener au tribunal révolutionnaire, c'était la condamner à mort. La compassion d'un de ses parents, de connivence avec d'autres dévouements, la sauva, en laissant ouverte, à une heure avancée de la nuit, la porte de l'église (2). Elle courut vers sa maison, préoccupée uniquement de son petit François, un enfant de six à sept ans, qu'elle avait abandonné chez elle, la nuit précédente. A quelques centaines de mètres de La Milanderie, son pied, tout à coup, heurte un obstacle sur la route : c'était son enfant, qui, échappé des mains qui le gardaient, était parti et, vaincu par la fatigue, s'était endormi sur une pierre du chemin; il allait peut-être mourir de froid s'il n'avait été rencontré par sa mère. Tous les deux se réfugièrent dans les bois, où ils furent secourus par leurs voisins, jusqu'à la chute de Robespierre, qui les délivra.

---

(1) *Galipoter* est un mot du patois local qui signifie *patauger dans la boue*.

(2) Le juge de paix Bidon avait ordonné l'élargissement *provisoire* de la pauvre femme. Mais cet ordre aurait-il été obéi?

Noël Pinot, lui, fut enfermé au corps de garde, qu'on avait improvisé dans l'auberge de la Corne. Il n'avait aucun espoir de salut : il savait, à n'en pas douter, le sort qui l'attendait à Angers. Mais ce que peut-être il n'avait pu soupçonner, c'était l'agonie affreuse qu'il eut à subir de ses geôliers, au Louroux.

J'ose à peine la décrire, tant elle me semble incroyable, si peu conforme à notre « douceur angevine ». Les mauvais traitements et les injures, le curé les subissait avec résignation, même avec reconnaissance. Mais les affronts faits à son maître Jésus-Christ, ces effets d'une rage démoniaque, lui parurent le supplice des supplices. Il avait toujours sur lui, suspendues à son cou et enfermées dans une custode, des hosties consacrées qu'il destinait aux malades. « Ces hosties, les forcenés qui entouraient Noël Pinot les prirent, se les passèrent de main en main avec des blasphèmes inimaginables, et les profanèrent d'une façon ignoble, et les consommèrent dans une horrible communion (1). » Le prêtre n'avait qu'un cri, qu'un gémissement sur les lèvres : le gémissement de Jésus sur la Croix : « Père, pardonnez-leur, car ils ne savent pas ce qu'ils font ! »

Que pouvaient lui faire, après cela, les coups, les injures, les soufflets qui s'adressaient à son humble personne ? Il les acceptait en silence, pour l'expiation de ses péchés et des péchés de son peuple. On dit, toutefois, que, sur le chemin ou à l'auberge de la Corne, un de ses paroissiens, pauvre homme qu'il avait nourri, ainsi que sa femme et ses enfants, s'acharna sur lui, et lui serra les mains et les pouces avec une telle force que le sang jaillit abondamment. La victime ne put s'empêcher de lui adresser cette parole, non pas de

---

(1) Dépositions des témoins aux procès de béatification

reproche, mais de douce plainte : « Mon ami, je ne t'ai pourtant fait que du bien (1) ! »

Ce même jour, 9 février, entre deux scènes de sauvagerie et d'insultes, Noël Pinot fut tiré de sa prison et conduit, sous bonne escorte, à la chambre où le juge de paix, F.-M. Bidon, donnait ses audiences. Le juge était assisté de son prédécesseur, devenu greffier ordinaire de la justice de paix, M. Livenais. Il interrogea Noël Pinot ; le greffier consigna les demandes et les réponses. Je donne *in extenso* le procès-verbal (2). Je prie qu'on le lise avec attention : on y verra, claire comme la lumière du jour, la délicatesse des sentiments de l'accusé, et, en regard des procédés de délation et des interrogations emphatiques, la netteté, la franchise, et la réserve de ses réponses.

« Aujourd'hui 21 pluviôse (3), l'an II de la République une et indivisible, nous, François-Marie Bidon, juge de paix du canton du Louroux-Béconnais, district d'Angers, ayant été requis de nous transporter (4) au bourg du Louroux pour y interroger un *individu* arrêté par une

---

(1) Une broutille de l'histoire. Lorsqu'il arriva, boueux et sanglant, à la Corne, où était le corps de garde, il y trouva le père Cottenceau, de la Censie, qui était de garde. Le père Cottenceau prisait. Le curé Pinot tendit les doigts vers la tabatière : il avait cette habitude, qui était devenue presque un besoin. Le métayer lui donna sa tabatière. Alors, les autres de dire, en se moquant : « S...., calotin, prends ton tabac ! » (Déposition de Mme la générale de Lamoricière, d'après le témoignage du fils Cottenceau.)

(2) *Archives de la Cour d'appel d'Angers.*

(3) 9 février 1794.

(4) Il habitait le château de la Prévoterie, sur le chemin du Louroux à La Pouëze. Bidon était un ancien garde-du-corps du roi Louis XVI. Ajoutons que, le 3 juin 1794, environ quatre mois après le jugement rendu contre Noël Pinot, il quitta le pays, par peur des chouans, et vint déclarer à la mairie d'Angers qu'il avait l'intention de « faire son domicile à Angers pendant quelque temps ». Le 3 juin, le district d'Angers nomma Jean Abraham juge de paix, pour remplacer Bidon, « ex-noble ».

patrouille de notre garde nationale, nous nous y sommes transporté de suite, où, étant en notre chambre d'audience, assisté du citoyen Livenais, notre greffier ordinaire, nous avons sommé le citoyen Grandin, commandant de ladite patrouille, de nous représenter ledit prévenu; lequel, étant en notre présence et interpellé de nous dire ses nom, âge et profession, a dit s'appeler *Noël Pinot, âgé de 47 ans* (1), *curé du Louroux-Béconnais.*

« Interpellé (sur) ce qu'il était devenu depuis la Saint-Jean dernière, où il était venu publiquement dire la messe au Louroux : a dit que, *pendant près de deux mois, il avait été errant sur la commune du Louroux-Béconnais* (2), *qu'il avait dit la messe en plusieurs endroits...*

« Interpellé chez qui : *a dit qu'il ne nommerait personne* (3).

« Interpellé s'il avait dit la messe chez Mathurin Lequeux, de La Glenaie : a dit *qu'il l'avait dite chez lui* (4).

« Interpellé s'il n'avait pas envoyé chercher la citoyenne Thouin pour y assister : a dit *que non ; qu'il avait seulement envoyé faire des compliments et savoir de ses nouvelles.*

« Interpellé s'il n'avait pas été chez le père Robert, de la Touchardais, pour le détourner d'être « patriote » : a dit *qu'il était allé chez lui pour lui expliquer la loi de l'Evangile* (5).

« Interpellé pourquoi il avait *cherché à dire du mal* et

---

(1) Il avait, au juste, 46 ans, plus deux mois moins neuf jours. Il était donc dans sa 47ᵉ année.

(2) Deux mois continûment; le reste du temps se partageait entre le Louroux et les paroisses limitrophes.

(3) On comprend pourquoi : c'était, pour ses hôtes, s'il les avait nommés, la prison et peut-être la mort.

(4) Le fait était notoire. Noël Pinot ne voulait pas mentir. Mais, par suite de cette déclaration, Mathurin Lequeux sera arrêté en avril 1794, et, enfermé à la citadelle d'Angers, il y mourra.

(5) Ni la *citoyenne* Thouin ni le père Robert ne furent traités en *suspects*, à cette occasion.

prêché contre les *citoyens* Pequignot et Virot, anciens religieux de Pontron : a dit *qu'ils avaient donné le scandale en prêtant serment, et qu'il voulait détromper le peuple* (1).

« Interpellé à qui étaient tous les ornements nécessaires pour dire la messe, qui avaient été trouvés avec lui : a dit *qu'il les reconnaissait pour être à lui* (2).

« Interpellé où il les avait pris : a dit *qu'il y avait plus d'un an qu'ils les avait pris dans le Poitou, mais qu'il ne se souvenait pas du nom de la commune* (3).

« Interpellé s'il n'avait pas acheté la *veste* qu'il avait dans la commune du Louroux : a dit *qu'il ne nommerait jamais personne.*

« Interpellé s'il avait été chez Augereau, de Chanteloup : a dit *qu'il n'avait rien à répondre, qu'il était décidé à ne charger personne* (4).

« Interpellé s'il y avait longtemps qu'il se retirait dans la maison où il a été pris, chez la veuve Peltier : a dit *qu'il*

---

(1) Le 24 juin ou le 30 juin 1793, Noël Pinot, revenu au Louroux après les succès de l'armée vendéenne, maîtresse des deux rives de la Loire, et convaincu que le *serment de Liberté et d'Egalité* était illicite, voulut éclairer *le peuple,* c'est-à-dire, son peuple, que les deux religieux auraient pu tromper par leur exemple. J'ai déjà dit que cette audace intransigeante à défendre la vérité est un des traits saillants du caractère du curé Pinot. Pour lui, prêter ce serment était un vrai *scandale.*

(2) On avait apporté de la Milanderie, et étalé devant le juge de paix, comme pièces de conviction, la *soutane, l'amict, l'aube, la ceinture, le manipule, l'étole, la chasuble, le calice et la patène, avec la bourse, le voile, la pale, le purificatoire et le corporal, la boîte à hosties* (grandes et petites), les *burettes.* C'est ce que le juge appellera dédaigneusement *petits bondieux et autres joujoux...* On lui demande de qui il les tient, pour impliquer d'autres personnes dans l'affaire, s'il désigne d'autres propriétaires que lui.

(3) Pendant les vingt mois qu'il avait évangélisé les Mauges, en prenant pour centre Saint-Macaire-en-Mauges dont M. Delacroix était le curé légitime, il avait exercé le ministère dans quelques-unes des paroisses avoisinantes, qui appartenaient au diocèse de Poitiers

(4) Toujours pour le même motif.

*n'y était entré que d'aujourd'hui ; que la femme n'y était
pas* (1); *qu'il s'était caché dans un coffre en entendant la
garde* (nationale).

« Interpellé s'il s'y était retiré d'autres fois : a dit *que
non*.

« Interpellé s'il avait suivi les armées et s'il avait été à
Château-Gontier : a dit *n'avoir jamais suivi les armées* (2).

« Lecture à lui faite de sa déposition, et requis de
signer, y a satisfait.

« N. PINOT. »

Le juge de paix rédigea son jugement dans la teneur
qui suit, pour les deux prévenus :

« Sur ce, nous, juge de paix du canton du Louroux-
Béconnais, d'après l'interrogatoire ci-dessus, mandons
et ordonnons que le nommé Noël Pinot, se disant curé du
Louroux, sera conduit par la force armée au Comité révolutionnaire d'Angers (3), et que la veuve Peltier, sur l'asser-
tion de tous les citoyens qui assurent qu'elle n'a jamais

---

(1) Il ne dit que la vérité, de façon à décharger la pauvre veuve chez
qui on l'a pris. Il réussit, autant que possible, à la dégager, puisque,
dans la soirée de ce dimanche 9 février, le juge de paix signa en sa
faveur un ordre d'élargissement provisoire. Un de ses parents fit
mieux : il lui ouvrit la porte de l'église, et elle s'évada. Elle ne fut pas
reprise. Mais elle était sur la liste des *suspects*, comme receleuse de
prêtre. Je note qu'un témoin, au procès de béatification, assure que
le curé Pinot, quand on souleva le couvercle de la huche à la Milanderie, aurait dit tout de suite : « Me voici, mes amis... Ne faites pas
de mal aux habitants de cette maison. » C'est toujours la même charité délicate.
(2) Les Vendéens passèrent la Loire à Saint-Florent-le-Vieil le
18 octobre 1793. Ils se dirigèrent vers Château-Gontier, où ils entrèrent le soir du 21 octobre. Ils en repartirent le lendemain. En posant
cette question, Bidon aurait voulu impliquer M. Pinot dans un procès
politique. La déclaration du prévenu est catégorique, elle écarte
toute accusation de ce genre.
(3) C'est proprement sa condamnation à mort.

été réfractaire à la loi, et *que ce n'est que d'aujourd'hui que ledit Pinot a été chez elle*, ordonnons qu'elle sera relâchée provisoirement (1); et ordonnons que les *chasuble, calice, petits bondieux et autres joujoux de cette espèce* seront aussi transportés audit Comité. »

Avec le prêtre condamné, c'est le glorieux appareil de son supplice qui, *juridiquement*, va voyager avec lui.

La nuit du 9 au 10 février se passa, dit-on, dans les mêmes conditions que la nuit précédente. Le condamné se taisait et priait. Il attendait patiemment sa délivrance, comme Jeanne d'Arc en sa prison.

Le lundi 10 février, Bidon remit à Grandin, capitaine de la garde nationale, ce mandat, qui était pour lui un passeport, et, pour Noël Pinot, son acte d'accusation et tout ensemble sa condamnation :

« *De par la Loi*, François-Marie Bidon, juge de paix du canton du Louroux-Béconnais, mandons et ordonnons au citoyen Grandin, capitaine de la garde nationale du Louroux, de conduire au Comité révolutionnaire, à Angers, le nommé Noël Pinot, prêtre *réfractaire* et ci-devant curé du Louroux, *convaincu d'avoir fomenté la guerre civile dans ladite commune et excité à la révolte* (2) *plusieurs habitants de la commune pendant plus de deux mois qu'il se tenait caché dans ladite commune, et autres faits à sa charge*, qui sont relatés dans son procès-verbal d'interrogatoire fait par nous. Requérons tout dépositaire de la force publique, auquel le présent mandat sera notifié, de prêter main-forte pour son exécution, en cas de besoin. »

De l'accusation de guerre civile, et de l'équivoque toujours brandie, aucun tribunal ne tiendra véritablement

---

(1) Voir plus haut. Elle s'échappa, avant que ses gardes et elle-même eussent connu son « élargissement provisoire ».

(2) Contre la Constitution civile du Clergé.

compte, ni celui du Louroux, ni celui d'Angers. Mais le *ci-devant curé*, avec *sa chasuble, ses petits bondieux et autres joujoux*, n'échappera pas aux pourvoyeurs de la guillotine.

Donc, le 10 février, le rassemblement se fit devant l'auberge de la Corne. Le détachement, commandé par Grandin, était nombreux : on craignait de rencontrer des chouans sur la route; on a même dit, mais sans preuves sérieuses, que les troupes de M. de Scépeaux, qui tenaient la campagne du côté de Bécon, songeaient à faire une tentative pour délivrer le prisonnier. Il n'en fut rien.

On traversa les rues du bourg et la place, au milieu de la population attristée. Des femmes pleuraient. Des enfants, assure-t-on, avaient des pierres en mains pour lapider les hommes qui emmenaient leur curé. Aucune pierre ne fut lancée.

Mais, chose très certaine, le curé Pinot, qui saluait, à droite et à gauche, ses fidèles pour leur dire adieu, reconnut dans un des groupes Marie Barrault, la fille de la maison où, plus d'une fois, pendant ses huit mois de vie errante, il avait goûté une si généreuse hospitalité. Il l'appela, et, tirant de sa poche son chapelet, tout ce qu'il possédait, le lui donna, en disant : « Prends, ma petite Marie, ce chapelet dont je n'ai plus que faire, et garde-le en souvenir de moi. » Elle le prit, et le garda comme une relique (1).

Le cortège bruyant, heureux d'être sorti du Louroux, prit la route d'Angers, non pas la route directe par Bécon, mais le chemin plus détourné, par La Pouëze et Saint-Clément-de-la-Place. Était-ce, comme on l'a dit, pour passer devant la Prévoterie et donner au juge de paix le plaisir de savourer une dernière fois son triomphe ? Raison

---

(1) Sa fille, Lucile Briau-Barrault, en hérita. En mourant, jeune encore, elle le donna à M. Brouillet. La fabrique du Louroux possède aujourd'hui ce chapelet du martyr, qui est bien le même, sauf la chaîne qui a été renouvelée.

enfantine, inacceptable. En réalité, on voulait ne pas avoir
d'affaire avec les chouans de M. de Scépeaux, qui cou-
raient le pays, autour de Bécon, en compagnie du curé-
jureur Delacroix (1), qui, repentant, avait passé la Loire
avec eux pour se réunir aux Vendéens. Il n'y eut, de ce
côté, aucune alerte.

A quelque distance du bourg, dans le gros village du
Houssay-Quinzé, la troupe fit une première halte, pour se
reposer et pour boire. A cet endroit, ou même beaucoup
plus tôt, à la sortie du bourg, le curé Pinot, convaincu qu'il
était à sa dernière étape sur le chemin de l'éternité, se
tourna vers le clocher de son église, et, rassemblant dans un
dernier geste — comme le « petit pauvre », frère François
mourant devant Assise — toute son affection pour sa chère
paroisse, il la bénit et lui envoya son suprême salut de la
la terre : « Adieu, mon cher Louroux, je te bénis ! »
Puis, il demanda au chef qu'il lui permît d'aller au pied de
la croix du village, plantée au milieu de la route. Ce qui
lui fut accordé. Il se mit à genoux, se recueillit et pria.
A ce moment, une de ces mégères qui, dévoyées, dépassent
de beaucoup les hommes dans les excès de la haine, s'approcha de son curé, en « vomissant un torrent d'injures »
et brandissant son battoir de laveuse. Les soldats accoururent, et lui défendirent de toucher à leur prisonnier :
« Des injures, tant que tu voudras. Des coups, non ! »
Ils gardaient leur victime pour la justice révolutionnaire...
Noël Pinot regarda la pauvre malheureuse d'un œil compatissant, et, toujours calme, continua sa prière, pour elle
et pour tous ses paroissiens qui n'avaient plus de pasteur...
Du Houssay-Quinzé à Angers, on marcha sans trêve.

---

(1) Le frère du curé de Saint-Macaire-en-Mauges. Ses meubles
furent mis sous séquestre et vendus, comme ceux de M. de Scépeaux,
au château de Boisguignot.

On a dit — mais j'ai peine à le croire — que le bon curé, dans le chemin, fut attaché par les soldats railleurs à la queue d'un cheval de l'escorte. Une dérision de plus n'a pas fait déborder son calice; il en avait compté tant d'autres.

Mais ses conducteurs prétendaient faire, avec lui et par lui, une entrée qui s'imposât à l'attention. Ils revêtirent donc Noël Pinot de sa soutane, dont le port était interdit juridiquement et lui mirent sur la tête un bonnet carré (1), « afin qu'il fût mieux connu comme prêtre », écrit l'abbé Gruget. Entre les deux haies de ses gardes nationaux, il pénétra dans la ville par la porte Saint-Nicolas.

Angers était en rumeur. Le matin de ce jour, au Champ-des-Martyrs, avait eu lieu, par ordre de la Commission militaire, la huitième fusillade : les victimes, au nombre de 73, 62 hommes et 11 femmes, étaient sorties par la même porte, et avaient suivi le « chemin du Silence » pour aller tomber sous les balles au bord des fosses préparées à La Haye-aux-Bonshommes; elles chantaient, sous les huées de la populace. La seconde entrée de Noël Pinot fut donc bien différente de la première, celle de mars 1791. Alors, il avait eu plus de témoignages de déférence que d'outrages et d'insultes. Cette fois, les insultes et les moqueries de ses compatriotes, venus des bas-fonds de la ville, accueillent furieusement, d'une « tempête d'imprécations », l'ancien aumônier des Incurables, celui qu'ils appellent le « réfractaire fanatique » et font taire les sentiments de la vénération, que les honnêtes gens sont contraints de refouler au fond de leur cœur. Lamentable défilé, qui aboutit au siège du Comité révolutionnaire, c'est-à-dire à l'évêché (2),

---

(1) Il a été remplacé, dans nos cérémonies, par la barrette. Le bonnet était noir, haut et rond, en tronc de cône, avec une grosse touffe.

(2) L'évêque constitutionnel, chassé de l'Evêché, habitait l'hôtel Montreuil, impasse des Jacobins.

tout près de l'église Saint-Maurice, qui était appelée alors le *Temple de la Raison.*

La réception fut courte, et bien peu solennelle. Grandin, qui était responsable du prévenu, et qui détenait les actes du procès intenté par le juge de paix du Louroux, fut introduit dans la chambre des séances. Il fit comparaître Noël Pinot, et remit, avec les pièces de conviction, le procès-verbal rédigé au Louroux et le mandat qui l'accréditait, lui Grandin, près du Comité révolutionnaire (1). Le Comité se contenta de ce que Grandin lui remit. Deux membres, en son nom, Boussac et Thierry, signèrent l'accusé de réception, ainsi libellé : « Le Comité a reçu du citoyen Bidon, juge de paix de la commune (? *du canton*) du Louroux, le procès-verbal du curé réfractaire de ladite commune (2). » Au même juge de paix, il délivra un certificat de civisme, en guise de merci (3).

Quant à Noël Pinot, qui comparaissait devant eux en soutane et en bonnet carré, ils ne prirent même pas la peine de l'interroger. Le secrétaire du Comité, après l'avoir toisé du regard, inscrivit son nom sur le registre officiel. En marge, il ajouta : « *Très contre révolutionnaire* (4). » La cause était déjà entendue. Nous connaissons l'effet de ce qualificatif.

------

(1) Il se composait de neuf membres. Mais, *Denou* étant mort le 5 février 1794, huit étaient présents : *Audio, Boniface, Boussac, Cordier, Lefebvre, Martin-Lusson, Obrumier (O'Brumier)* père, *Thierry,* Son titre complet portait : *Comité de surveillance et révolutionnaire établi à Angers par les représentants du peuple.* Il avait été créé le 8 juillet 1793.

(2) *Archives de la justice de paix du Louroux. Signé : Marat* Boussac et *Brutus* Thierry.

(3) *District d'Angers,* L. 22.

(4) *Archives départementales de Maine-et-Loire,* L 1125 *bis.* « Le 22 pluviôse, incarcération du prêtre réfractaire Pinot, ex-curé du Louroux-Béconnais.

Puis on avisa les habits sacerdotaux et le calice, déposés là par les soins de Grandin. Quelqu'un proposa, par dérision, qu'on en revêtît le propriétaire, comme pour un jour de carnaval. Avec un gros rire, qui les secoua tout entiers, ils approuvèrent la motion.

Sur-le-champ, Noël Pinot, revêtu de ses habits sacerdotaux et son calice à la main, fut conduit, entre les gens d'armes, de l'évêché à la place des Halles, par la rue Saint-Laud, la rue des Poêliers, et la place du Pilori. Jamais, peut-être, la ville d'Angers n'avait vu pareille dérision. Elle va revoir ce spectacle, avant quinze jours, et plusieurs fois.

La prison nationale était au bas de la place des Halles (1); dite *place de la Commune*. C'était l'ancienne prison *royale*, qui comprenait le quartier des femmes et le quartier des hommes. Sauf le changement d'épithète, Noël Pinot la connaissait bien, puisqu'il y avait été conduit, une première fois, le 5 mars 1791. Mais, en 1793, par suite des « fournées » abondantes qu'on y amenait, il y avait eu, de mai à décembre, un grand nombre de décès (2). Les 23 et 24 janvier, à cause de « l'air meurtrier » qu'on y respirait, les prisonniers furent transférés au château. Les travaux d'assainissement étaient terminés depuis plusieurs jours, lorsque le curé du Louroux y fut introduit. « Comme on était extraordinairement satisfait de cette capture, on prit tous les soins pour qu'il n'échappât pas. Il fut jeté dans les *cachots*, avec défense de rien lui donner, qu'un peu de pain et d'eau (3)», et même, *sous peine de mort*, de laisser qui que ce fût y pénétrer. Dans ce réduit obscur, infect, solitaire, il n'accepta que

---

(1) A l'endroit où est aujourd'hui la quincaillerie Cochin...
(2) On donne ce chiffre : 148.
(3) *Mémoires* de l'abbé Gruget.

l'eau et le *pain d'égalité* qu'on lui servait (1) : par pénitence, il refusa tout ce que la charité de ses amis compatissants cherchait à lui faire arriver. « Il passait tout son temps à pleurer ses faiblesses passées et à se préparer à paraître devant Dieu, en qui il mettait toute sa confiance (2). » Privé de bréviaire et de chapelet, ces deux consolations du prêtre, il priait continuellement.

Il souffrait en toute patience. Il s'était figuré que son jugement et son exécution ne pouvaient tarder : les juges étaient si pressés à l'ordinaire ! Mais voilà qu'on semblait l'oublier, lui, le curé dont la capture avait été regardée comme un triomphe et qui était qualifié de *très contre-révolutionnaire !* On chuchotait même, dans le public, que la Commission militaire « était en état d'arrestation et allait être jugée à son tour ». Ce qui pouvait prêter quelque consistance à ce bruit, c'est que, de fait, la guillotine se reposa du 7 au 20 février inclusivement. « On se félicitait déjà, écrit M. Gruget, du retour de la paix »; et on espérait, du même coup, que le curé du Louroux allait être sauvé. Mais la Commission militaire ne fut ni suspendue ni mise en jugement. Elle attendait, simplement, qu'un nuage, qui voilait son soleil, se dissipât. Que se passait-il donc? Un drame de famille, qui arrivait à la crise aiguë, voisine du dénouement.

A la Convention nationale, les Montagnards, plus *purs,* se disposaient à sacrifier les Girondins, moins avancés : on connaît cette histoire, qui tient au développement de la Révolution française. De la ville d'Angers, de son Conseil général, qui était de sentiments plus modérés, partit, dès le mois de mars 1793, une pétition contre Marat, et,

____

(1) « Ils étaient réduits à manger du *pain d'égalité* qui les rendait tous malades ». ID., *ibid.*

(2) ID., *ibid.*

Modèle de guillotine, envoyé de Paris à Angers en 1792.

quelques mois après, le 29 mai, une autre pétition fut
envoyée à la Convention nationale, en faveur des Girondins. Mais le parti avancé s'agita. Le 6 octobre, sous
l'action des représentants du peuple Choudieu et Bour-
botte, il y eut, chez nous, un sursaut de mesures violentes.
On arrêta, spécialement, les fédéralistes de Dieusie, Cou-
raudin de la Noue, Maillocheau, Brevet de Beaujour, la
Revellière (1)... Emprisonnés à Angers, ils furent envoyés
d'abord à Amboise...

La Commission militaire (2), qui avait fait des « tournées
sanglantes » dans l'Ouest, fut rappelée à Angers par
Francastel, le 28 décembre 1793. Elle fit des hécatombes
de victimes, « sans les juger ni leur donner le temps de
s'expliquer (3) ». Elle rappela les « fédéralistes » d'Amboise
à Angers, pour le jugement définitif. Alors tous les anciens
fonctionnaires qui n'avaient pas manifesté ces goûts de
sang et de meurtre, prirent peur devant ce délire de la
cruauté. Pourtant, le *Comité révolutionnaire*, bien qu'un peu
plus modéré que la Commission, écrivait, sous le coup de
la même folie (le 6 février 1794), au représentant du peuple
Francastel : « Nous révolutionnerons, nous électriserons,

---

(1) Celui qui avait condamné Noël Pinot en 1791, et qui se trouvait,
depuis le 25 janvier 1794, dans la prison nationale d'Angers, non loin
du curé du Louroux. Il fut guillotiné à Paris le 15 avril. Je note, à
cette place, que Delaunay, le procureur général syndic, qui avait
dénoncé Noël Pinot et l'avait traduit au tribunal présidé par
Larevellière, fut guillotiné, lui aussi, à Paris, dès le 5 avril 1794, bien
que Conventionnel ; il fut condamné à mort « pour avoir volé la Compagnie des Indes » !

(2) Créée le 10 juillet 1793.

(3) *Mémoires* de l'abbé Gruget. Ces fournées comprenaient parfois
des centaines de victimes, qui partaient soit pour « la prée » de Sainte-
Gemmes-sur-Loire, soit pour La Haye-aux-Bonshommes : hommes et
femmes du peuple, qui n'avaient commis d'autre crime que d'être
de bons chrétiens...

nous *Maratiserons* nos concitoyens, et notre dernier cri sera : « Vive la Montagne ! Vive la République une et indivisible. Guerre aux traîtres et aux anarchistes (1) ! » Mais, à partir de la fusillade du 10 février, la scission se fit entre la Commission et le Comité. A la tribune du *Club de la Société populaire*, le 15 février, des gens comme Proust — un *pur* cependant « connu par ses impiétés et ses cruautés » — des *Messieurs* attaquaient la Commission militaire, dont les déportements sanguinaires les effrayaient (2). Mais, à la même séance, les représentants du peuple, et à leur tête le féroce Francastel, lui donnaient raison. Et le régime de la Terreur, qui semblait ébranlé depuis quelques jours, recommença de plus belle. Dès le 17 février, les interrogatoires des Fédéralistes se succédèrent et se poursuivirent jusqu'au 27. Si on n'exécuta pas les Fédéralistes à Angers, on les renvoya au tribunal de Paris, où, pour presque tous, la condamnation était certaine. La force restait donc aux hommes de sang...

Pendant que ses ennemis se déchiraient entre eux, Noël Pinot, « couché sur de la mauvaise paille, mangé de vermines (3) », priait et souffrait en silence. Son tour vint. Le prêtre, le curé du Louroux-Béconnais, n'était pas, ne pouvait pas être oublié. Il fut le premier de la nouvelle série de victimes.

Le vendredi 21 février, Noël Pinot fut sommé de comparaître devant la Commission militaire, qui tenait ses

---

(1) On sait ce que veulent dire ces mots. Ils s'adressaient aux catholiques, encore plus qu'aux Fédéralistes girondins. Cf. *L'Anjou historique*, janvier 1926.

(2) Ils plaidaient pour eux-mêmes, dit S. Gruget, et non pas pour les honnêtes gens.

(3) *Mémoires* de l'abbé Gruget.

séances dans l'ancienne chapelle des Jacobins (1). Il sortit de la prison vers dix heures, revêtu, comme le 10 février, de ses habits sacerdotaux et son calice à la main, le bonnet carré sur la tête, escorté par les gens d'armes qui le signalaient à la risée du public. Il entra par la porte principale du couvent, qui regardait la rue de la Vieille-Chartre (2), et fut introduit, avec l'appareil du prêtre qui va dire la messe, dans la chapelle désaffectée, où, au mois de novembre 1767, 1785 et 1786, humble étudiant, il avait assisté à la messe solennelle qui ouvrait les cours de la Faculté de Théologie. Il n'y avait plus d'autel. En sa place, cinq membres de la Commission militaire siégeaient, sous la présidence de Joseph Roussel (3), prêtre parisien « déprêtrisé ».

L'interrogatoire est vénérable comme une page des *Actes des martyrs*. Aux questions insolentes des juges, Noël Pinot fait des réponses sobres, « pleines de cette sagesse et de cette fermeté qui lui étaient naturelles ». Le voici :

« *Liberté ou la mort !*

« Ce jourd'huy, trois ventôse, l'an deux de la République française une et indivisible, Nous, vice-président et membres composant la Commission militaire établie près l'armée de l'Ouest, réunis dans le lieu ordinaire de nos séances publiques, dans la salle des cy-devant Jacobins de la commune d'Angers, avons fait extraire des maisons d'arrêt de cette

---

(1) Le couvent des Jacobins, ou *Dominicains*, est devenu la *gendarmerie nationale*, donnant à la fois sur la rue Saint-Evroult, la place Freppel, la rue et l'impasse des Jacobins. La chapelle est devenue l'écurie...

(2) Aujourd'hui rue Rangeard. La porte est conservée au Musée Saint-Jean.

(3) Il était vice-président. Le président Félix signa le procès-verbal du jugement.

commune le prévenu icy présent que nous avons interrogé ainsi qu'il suit.

« A lui demandé, ses nom, âge, qualité et demeure ;

R (épond) *s'appeler Noël Pinot, né à Angers, paroisse Saint-Martin, domicilié au Louroux, prêtre réfractaire, cy-devant curé de ladite commune du Louroux, âgé de 47 ans.*

D (emandé) pourquoi il ne s'est pas conformé à la loi relative à la déportation et concernant les prêtres non assermentés (1) ;

R. *parce qu'il voulait instruire sa paroisse dont Jésus-Christ, qui est Dieu, l'avait chargé.*

D. où sont les preuves de la mission dont il dit, avec impudence, avoir été chargé par Jésus-Christ ;

R. *que les preuves de sa mission sont la juridiction que l'Eglise lui avait donnée dans la paroisse du Louroux, et que l'Eglise seule pouvait lui ôter (2).*

D. depuis quel temps il s'était retiré au Louroux et ses environs ;

R. *depuis un an, à peu près (3).*

D. ce qu'il a fait pendant le temps qu'il était dans sa commune ;

R. *qu'il expliquait la doctrine de la Religion chrétienne, qui est la seule véritable et celle que l'on veut détruire (4).*

D. chez qui il s'est caché, dans ladite commune du Louroux ;

R. *qu'il se cachait dans les granges, maisons et autres lieux.*

---

(1) Loi du 26 août 1792, qui ordonnait la déportation de tous les prêtres insermentés, sauf les sexagénaires et les infirmes.

(2) La rédaction de cet interrogatoire est moins bonne que celle de l'interrogatoire fait au Louroux.

(3) Au juste, depuis *huit mois.*

(4) Jésus avait dit à ses Apôtres : « Vous serez mes témoins ! » Noël Pinot est le témoin de Jésus-Christ, devant le tribunal de sang.

D. s'il pouvait en nommer quelques-unes (1);

R. *qu'il ne voulait charger aucun de ses paroissiens.*

(A lui) Obs(ervé) que, puisqu'il se dit un ministre de la vérité, il est étonnant qu'il ne sache pas que, si c'est un *crime* de ne pas montrer au grand jour les vertus sociales, c'en est un plus grand encore de ne pas dénoncer les *fauteurs* (2) et les *traîtres* qui s'opposent au Bonheur public en transgressant les lois sans lesquelles la Société ne saurait exister;

R. *qu'il ne les croit pas coupables.*

D. pourquoi il n'a pas prêté *son* serment (3);

R. *parce que sa conscience ne lui permettait pas de le prêter.*

« A lui demandé si ses réponses contiennent vérité, et s'il sait signer :

R. *oui, Monsieur.*

« Et a signé   « N. PINOT (4). »

Dans cet interrogatoire très court, signé par le prévenu, et contresigné par un secrétaire quelconque, il n'est question que de religion, de conscience, et du *serment* civique que Noël Pinot a déclaré ne pas pouvoir prêter. De royauté ou de république, de liberté et d'égalité, de correspondances et intelligences — *intimes* ou non — avec les « brigands » vendéens, il n'est fait nulle mention.

Lisons, maintenant, le jugement rendu à la suite de cet

---

(1) La délation était à l'ordre du jour et comme l'esprit du régime. Le vice-président Roussel va essayer de la justifier.

(2) On remarquera que la langue révolutionnaire est toute pétrie de latin. Ils avaient fait leurs *humanités*, ces « Messieurs »!

(3) *Son* serment : quel serment ? Il y en a eu beaucoup de proposés Il s'agit, à n'en pas douter, du serment civique, déclaré schismatique par le Pape.

(4) L'original de l'interrogatoire, du jugement et du procès-verbal d'exécution, est aux *Archives de la Cour d'appel d'Angers.*

interrogatoire. Il a été rédigé très vite, séance tenante, et, si j'ose dire, tambour battant, d'après un modèle bien connu. Félix, le président de la Commission, l'a signé. On n'a pas demandé à Noël Pinot s'il « contenait vérité »; avec sa franchise ordinaire, il aurait été obligé de répondre : *non, Monsieur*, sauf sur un point, qui lui tenait à cœur. En revanche, il est plein de ces mots fulgurants, de ces expressions à effet qui sont de nature à émouvoir les âmes simples. L'habitude, malheureusement, n'en est pas encore perdue.

Jugement... de Noël Pinot

« *Séance publique tenue à Angers*, le trois ventôse, l'an second de la République française, une et indivisible.

« Sur les questions de savoir si NOEL PINOT, né à Angers, cy-devant curé du Louroux-Béconnais prêtre réfractaire, est coupable

« 1º d'avoir eu des correspondances et intelligences *intimes* (1) avec les *brigands de la Vendée ;*

« 2º d'avoir refusé de se soumettre à la loi du serment, et à celle de la déportation, relative aux prêtres assermentés (2) (ou plutôt *insermentés ?*);

« 3º d'avoir, étant caché au Louroux et environs, *secoué impudemment et constamment toutes les torches du fanatisme, pour allumer le feu de la guerre civile et faire couler des flots de sang ;*

« 4º et enfin d'avoir provoqué au rétablissement de la royauté, et à la destruction de la liberté et de l'égalité, bases fondamentales du Bonheur et de la Gloire de la République française;

« Considérant qu'il est *évidemment* prouvé que NOEL

---

(1) Ce mot est équivoque : il s'oppose à extérieures, publiques, et même peut avoir un autre sens.

(2) Noël Pinot aurait répondu : *Oui, Monsieur,* sauf pour la *culpabilité,* simplement pour le fait.

Pinot est coupable (1) de tous les délits cy-dessus, à lui imputés ;

« Considérant aussi que ce n'est qu'à l'instigation *hypocrite* et *perfide* des prêtres non assermentés que sont dus tous les malheurs de la Vendée, et la mort de plus de cent mille Républicains (2), dans cette contrée ;

« Considérant que, par l'ensemble de ces délits, il a provoqué au rétablissement de la Royauté, à l'asservissement du peuple français, et à la destruction de la République ;

« La Commission militaire le déclare atteint et convaincu de *conspiration* envers la souveraineté du peuple français ;

« Et, en exécution de la loi du 9 avril 1793, art. 1er, portant :

« Art. 1er. — La Convention Nationale met au nombre « des tentatives contre-révolutionnaires la provocation au « rétablissement de la Royauté. »

« Et aussi, en exécution de la loi du 19 mars 1793, art. 1 et 6, portant :

« Art. 1. — Ceux qui sont ou seront prévenus d'avoir « pris part aux révoltes ou émeutes contre-révolutionnaires « qui auraient éclaté ou qui éclateraient, à l'époque du « recrutement, dans les différents départements de la Répu- « blique, et ceux qui auraient pris ou prendraient la « cocarde blanche ou tout autre signe de rébellion, sont « hors de la loi. En conséquence, ils ne peuvent profiter « des dispositions des lois concernant la procédure cri- « minelle et l'institution des Jurés. »

---

(1) Sauf pour 2°, Noël Pinot a déclaré et signé, on peut dire, le contraire : qu'il n'a pas pris part au soulèvement, et n'a pas suivi les armées : de la royauté, dans les interrogatoires, personne n'en a rien dit.

(2) Les Vendéens, eux, ne comptent pas. Et les 100.000 Républicains sont-ils bien comptés ?

« Art. 6. — Les prêtres, les cy-devant Nobles, les cy-
« devant Seigneurs, les Emigrés, les Agents et Domestiques
« de toutes ces personnes, les Etrangers, ceux qui ont eu
« des emplois ou exercé des fonctions publiques dans l'an-
« cien gouvernement, ou, depuis la Révolution, ceux qui
« auront provoqué ou maintenu quelques-uns des attrou-
« pements des Révoltés, les Chefs, les instigateurs, ceux qui
« auront des grades dans ces attroupements, et ceux qui
« seraient convaincus de meurtre, d'incendie ou de pillage,
« subiront la peine de mort ; »

« La Commission militaire condamne NOEL PINOT,
natif d'Angers, *prêtre non-assermenté* (1), *cy-devant curé
du Louroux-Béconnais*, à la peine de mort.

« Et sera le présent jugement exécuté dans les vingt-
quatre heures.

« Et enfin, en exécution de la loi du 19 mars 1793,
art. 7, portant : « La peine de mort, prononcée dans les
« cas déterminés par la présente loi, emportera la confis-
« cation des biens ; et il sera pourvu, sur les biens confis-
« qués, à la subsistance des pères, mères, femmes et
« enfants, qui n'auraient pas, d'ailleurs, des biens suffisants
« pour leur nourriture et entretien ; on réservera, en outre,
« sur le produit desdits biens, le montant des indemnités
« dues à ceux qui auront souffert de l'effet des Révoltés » ;

« La Commission militaire déclare les biens dudit
NOEL PINOT acquis et confisqués au profit de la République (2).

---

(1) Voilà le vrai titre de Noël Pinot à la palme des martyrs.

(2) Noël Pinot ne possédait plus que les habits, civils ou religieux,
qu'il avait sur lui. Son pauvre mobilier avait été vendu, et le produit
versé à la caisse du receveur. Ses livres furent envoyés à la Bibliothèque
municipale d'Angers.

« Et sera le présent jugement imprimé et affiché (1).

« Ainsi prononcé, d'après les opinions (*prises à l'audience*), par Joseph Roussel, vice-président; Jacques Hudoux; Gabriel Morin; Marie Obrumier et Charles Vacheron : tous membres de la Commission militaire établie, près l'armée de l'Ouest, par les Représentants du peuple; en séance publique, tenue à Angers, le trois ventôse, l'an second de la République française, *une et indivisible* et *démocratique.* »

Signé, à la minute : « Hudoux, Obrumier fils, Vacheron, Félix, président. »

Le prêtre habillé comme pour dire la messe, Noël Pinot, qui était debout devant ses juges, écouta la sentence avec la plus parfaite sérénité. Il suivit, très calme, l'énoncé de ce jugement où la politique, dans l'imbroglio le plus complet, se mêlait à la religion. Et il dut se dire que les juges, qui venaient de le rédiger, lui signaient son passeport pour le ciel. Sa joie intime se manifesta, sans doute, à l'extérieur. Ce que voyant, le vice-président Joseph Roussel (2) l'interpella, d'un ton moqueur : « Ne serais-tu pas bien aise d'aller à la mort avec tes habits sacerdotaux? » Noël Pinot répondit sur-le-champ : « Oui, ce sera une grande satisfaction pour moi ! — Eh bien, tu en seras revêtu, et tu subiras la mort *dans cet accoutrement.* » Un sourire fut le merci du condamné.

Il était une heure de l'après-midi. Noël Pinot, dans l'apparat déjà décrit, ayant à la main son calice couvert du

---

(1) M. le curé du Louroux en possède un exemplaire.

(2) Le vice-président Joseph Roussel mourut peu après, le 4 mars, à l'hôtel de Campagnolle. « Après sa mort, son cadavre infectait tout l'appartement. On s'empressa vite de le porter dans un coin du jardin et de le couvrir dans la crainte des mauvaises exhalaisons. On découvrit, après sa mort, que c'était un *prêtre de Paris.* » (*Mémoires* de l'abbé Gruget). Il avait 48 ans.

voile, reprit, avec les soldats, le chemin de la des place Halles, et il fut réintégré dans son cachot. Il avait encore deux heures de répit, avant d'aller à la mort : deux heures qui lui parurent brèves, parce qu'elles furent occupées à prier, à demander pardon pour ses péchés et à faire, dans tout l'élan de son cœur, le sacrifice de sa vie...

Je donne, à cette place, la dernière pièce officielle le concernant :

Procès-verbal d'exécution de NOEL PINOT (1)

« Et ledit jour trois ventôse, l'an second de la République française, Nous, président et membres composant la Commission militaire établie, près l'armée de l'Ouest, par les Représentants du peuple français, sommes transportés sur la place du Ralliement de cette commune, pour être présents à l'exécution du Jugement à mort rendu contre NOEL PINOT, prêtre réfractaire : laquelle exécution a eu lieu sur les quatre heures de relevée (2).

« Fait à Angers lesdits jour, mois et an républicains cy-dessus. »

Ont signé : « Vacheron, Hudoux, Morin, Obrumier fils. »

Il convient d'animer la sécheresse de ce procès-verbal, et de consigner ici les détails de cette marche à la mort, qui fut triomphale et, à proprement parler, sublime. Ils nous sont fournis par un contemporain digne de foi, qui fut bien renseigné sur les uns, et vit, de ses propres yeux, les autres. Nombre de témoins les ont confirmés.

---

(1) Cette pièce, dans les Archives de la Cour d'appel, est jointe à la précédente, d'un seul tenant.

(2) M. Gruget indique *trois heures et un quart.* Mais la rédaction citée donne l'heure *habituelle.*

Vers une heure, ou peu de temps après, les membres de la Commission militaire, n'ayant plus à siéger ce jour-là, s'en retournèrent chez eux pour dîner. Ils habitaient l'hôtel de Campagnolle, près de la place du Ralliement (1). L'abbé Gruget, qui avait une chambre chez Mlle Vachon, rue des Angles, était leur voisin. Il entendait leurs éclats de voix pendant le repas; et, par les soldats qui étaient à leur service, apprenait, directement ou indirectement, les nouvelles du jour, qu'il consignait dans son journal. De cette chambre du premier, comme d'une autre maison où il se transportait parfois, rue Cordelle (2), il voyait nettement les condamnés monter à l'échafaud et leur donnait une dernière absolution (3).

Pendant que ses juges étaient à table et se gaudissaient en évoquant le spectacle qu'il leur avait donné tout à l'heure aux Jacobins, Noël Pinot sortait pour la dernière fois, vers trois heures, de la prison nationale. Il partait pour sa dernière messe, avec tous les ornements nécessaires, soutane, amict, aube, cordon, manipule, étole, chasuble, et bonnet carré. Il ne lui manquait, cette fois, que le calice; mais il ne pouvait pas le prendre ni l'emporter : il avait, comme

---

(1) L'hôtel de Campagnolle est occupé aujourd'hui par les relihieuses de l'Espérance. Il est derrière la chapelle, qui donne rue d'Alsace.

(2) Sur l'emplacement où a été bâti l'hôtel de la Poste. C'était dans la maison de Mme Bellanger, rue Cordelle.

(3) « J'étais logé dans la maison la plus voisine (de celle) qu'habitait le *tribunal de sang* chargé, par le Gouvernement qui existait alors, de condamner à mort tous ceux qui étaient fidèles à leur Dieu et à leur roi. Il y avait même dans la maison que j'habitais, deux soldats chargés d'exécuter les ordres qui émanaient de ce tribunal de mort. J'entendais les propos de ces juges et de ces soldats... » (*Mémoires de l'abbé Gruget*). Etait-ce de la maison de Mlle Vachon, d'où il voyait la guillotine, ou plus près encore, dans une *maison sûre*, sur l'emplacement de l'hôtel des Postes, qu'il absolvait les condamnés? Peu importe.

les condamnés à mort, les mains attachées derrière le dos. L'hostie, à cette heure dernière, c'était lui; le sang qu'on allait verser, et qu'il offrait d'avance à Dieu pour son peuple, était le sang de son corps. Il ne tremblait pas; il n'avait même pas le frisson que cause, d'habitude, l'attente de la mort prochaine. Sa foi ardente le transfigurait, l'exaltait au-dessus de l'humanité commune. « Son air content et satisfait — dit un témoin (1) — annonçait la joie qu'il ressentait de souffrir pour Jésus-Christ. »

Il partit de la place des Halles entre deux haies de soldats. Un tambour, par ses roulements, réglait la marche et appelait le public à la cérémonie. Arrivé à la place du Pilori, le cortège si étrange, au lieu de prendre le chemin direct (2), s'engagea, par l'ordre des juges, dans la rue des Poêliers, et entra dans la rue Saint-Laud. Dans cette bonne ville d'Angers, qui se montrait alors, au dire de S. Gruget, la plus cruelle et la plus sanguinaire des villes de France, après Paris toutefois, la rue Saint-Laud, la plus importante et la plus renommée de toutes, était aussi, à l'exception de deux ou trois maisons commerçantes, la plus « patriote ». On tenait donc à y conduire le prêtre, l'ennemi redoutable de la Constitution civile du Clergé; à exhiber, sous les yeux des meilleurs « patriotes », la victime parée pour le sacrifice. On comptait sur un gros succès, à savoir, « un plus grand mépris pour la religion et pour ses ministres ».

« Le spectacle, cependant, ne parut pas bien prendre. Chacun reculait d'horreur, dans sa maison, pour n'être pas témoin d'un tel sacrilège (3). » Il n'y eut que quelques insultes et quelques cris.

---

(1) *Mémoires* de l'abbé Gruget.

(2) Par les rues qui répondaient à peu près à la rue Lenepveu : rue de la Chartre, du Pilori, du Figuier...

(3) *Mémoires* de l'abbé Gruget.
A propos de ce qui est dit de la rue Saint-Laud, M. Gruget donne

Par la place Neuve, la rue de l'Aiguillerie, la chaussée
Saint-Pierre et la rue du même nom, le cortège, à la fois
militaire et religieux, déboucha enfin, au son du tambour,
sur la place du Ralliement, surnommée alors *place de la
Guillotine.*

La place était noire de monde. Une multitude, grouillante et bruyante, l'emplissait ; elle était venue des ruelles
les plus sordides et de tous les coins de la ville, pour contempler ce curé dont les *Affiches d'Angers* et le *Journal du
département de Maine-et-Loire* (1), les deux journaux des
Amis de la Constitution, énuméraient les audaces et les
crimes. Et puis, il y avait quinze jours que la « sainte
guillotine » ne travaillait plus : on allait la voir à l'œuvre,
pour un personnage de choix ! Quand Noël Pinot apparut,
« dans son accoutrement », ce fut un grand mouvement
de curiosité, et des cris de toute sorte. Bientôt son attitude commanda le respect. S. Gruget ne se lasse pas de
revenir sur ce point. « ...Le martyr priait dans un profond recueillement. Sa figure était calme, et son front
serein rayonnait de la joie des élus. On suivait ... sur ses
lèvres les cantiques d'actions de grâces qui s'échappaient

cette preuve : « La rue Saint-Laud fut la seule à peu près à se rendre à
cette invitation (*pour l'illumination des rues,* à l'occasion de l'élection
de l'évêque constitutionnel Pelletier, le 7 février 1791), (ce) qu'on
regarda comme une grande marque de *patriotisme* et qu'elle s'est fait
l'honneur de conserver jusqu'à la fin, à l'exception d'un bien petit
nombre de marchands qui sont toujours demeurés dans la religion
de leurs pères, et qui, pour cela, ont eu à éprouver les plus grandes
persécutions de la part de leurs voisins patriotes. » (*Histoire de la
Constitution civile du Clergé en Anjou,* p. 93.) Pour la *ville et le diocèse*
d'Angers, il avait écrit : « On ne se serait jamais imaginé qu'un
peuple, naguère si affable et si religieux, eût pu en si peu de temps
devenir cruel et persécuteur. Encore si c'eût été envers des étrangers
et des ennemis ! Mais non : c'était envers des personnes qu'ils
honoraient, qu'ils respectaient, et de qui ils avaient reçu toutes
sortes de bienfaits ». (*Ibid.,* pp. 5-6.)

(1) Ce journal était moins « avancé » que l'autre.

de son cœur : ...ainsi, dans les premiers siècles de l'Église, les martyrs insultaient, par leur joie céleste, à la férocité de leurs bourreaux. Les révolutionnaires les plus exaltés, en contemplant ce spectacle, ne pouvaient pas refuser leur admiration. » Parole véridique du témoin oculaire, du prêtre qui s'apprêtait à donner la dernière absolution, et qui, étonné du changement d'attitude de la foule, se l'explique à la vue de la scène angélique qu'il a sous les yeux.

Noël Pinot, lui, regarde cette multitude avec une charité toute fraternelle. Puis, tout à coup, la guillotine se dresse devant lui, au-dessus de ces remous de têtes humaines. Il avance toujours, entre ses soldats, qui ne sont plus gouailleurs. Et à mesure qu'il approche, une émotion, non d'épouvante, mais de reconnaissance, fait battre son cœur de prêtre. Le voilà au pied de l'échafaud (1). Quelle coïncidence et quel souvenir pour lui ! L'échafaud est dressé sur l'emplacement du grand autel de l'église collégiale de Saint-Pierre (2). Or, c'est dans cette église que le chapitre,

---

(1) L'échafaud avait été construit sur le modèle envoyé de Paris, vers la fin de 1792. Voir la photographie de ce modèle, trouvée aux *Archives départementales de Maine-et-Loire...* Le 26 juin 1792, M. Beaulieu, ministre des Contributions publiques, écrit à l'administration départementale de Maine-et-Loire : « Le sieur Schmidt, Messieurs, vient de me rendre compte qu'il avait chargé par la voie du roulage à votre adresse une machine à décapiter. Je m'empresse à vous en prévenir en vous priant de m'en accuser réception lorsqu'elle vous sera parvenue. Je joins ici la gravure de cette machine, en même temps que de l'*échafaud* qui devra être construit sur les lieux... » Lettre et gravures sont aux Archives, L 946. Je transcris ici les deux lignes, assez lugubres, mais peu lisibles dans notre photogravure, qui recommandaient le sage emploi de l'instrument : « *Pour éviter que le Tranchoir ne s'ébrèche, il faut avoir soin de ne laisser tomber le mouton de toute sa hauteur que pour l'exécution.* »

(2) L'église collégiale fut détruite en mars 1791. M. Gruget affirme que l'échafaud occupait la place de l'autel. Cet autel, d'après une bonne carte de 1736, se trouvait « au point de jonction d'une perpendiculaire, partant de la porte centrale du Grand-Théâtre avec la ligne de la rue des Deux-Haies... »

un jour de septembre de l'année 1788, le désigna unani-
mement pour la cure du Louroux, dont il prit possession
en la fête de l'Exaltation de la Sainte Croix ; et précisément son ministère au Louroux, sa lutte contre le schisme
menaçant, lui a valu, pour cette heure, la grâce du martyre.
D'un élan du cœur, il remercie Dieu...

Victime toujours priante, il attend au pied de l'échafaud.
Quoi donc ? Tout simplement, que le bourreau, selon le rite
habituel, aille prévenir ces *Messieurs* de la Commission
militaire que le patient est arrivé. « Ils se faisaient souvent
attendre longtemps... Ils en étaient ordinairement à leur
café, lorsque le bourreau allait les chercher pour assister
à l'exécution... et revenaient bien vite prendre la liqueur
et boire à la santé de la République (1). » Le 21 février,
le spectacle était encore plus piquant pour eux : ils avaient
eux-mêmes réglé le parcours du défilé et la toilette de la
victime !

Ces « tigres altérés de sang » — en vérité, ils méritaient
ce nom — qui, tant leur haine était forte, « léchaient du
regard » le sang des condamnés, surtout le sang des prêtres,
quittèrent leur hôtel tout proche, et arrivèrent à la place.
Je ne puis mieux vous les présenter qu'en citant textuellement les paroles du témoin fidèle qui les avait vus à leur
entrée, le 28 décembre 1793, et qui les revit le 21 février
1794 : « ...Tout en eux annonçait la *grandeur* à laquelle ils
faisaient semblant d'avoir renoncé, et la *terreur* qu'ils inspiraient par leur costume et leur figure. Ils avaient environ
deux-cents hommes chargés de les garder et d'exécuter leur
volonté suprême.. » Entourés des soldats du 35ᵉ régiment de gendarmerie nationale (2), qui leur frayaient un
passage dans la foule, et parmi eux le plus enragé, le

---

(1) *Mémoires* de l'abbé Gruget.
(2) Ils avaient assisté, dit-on, aux massacres de septembre.

« petit Hudoux traînant son grand sabre », ils traversèrent lentement la place du Ralliement, et montèrent à l'étage de l'hôtel Lechalas, au bas de la place (1). D'un balcon, dominant la place et la foule, ils se donnaient parfois le plaisir de railler les condamnés, ou de prolonger leur agonie en lisant un décret de la Convention Nationale ou le récit d'une victoire. Ils étaient quatre, le 21 février : Vacheron, Hudoux, Morin, Obrumier.

Enfin, sur l'ordre de Hudoux, l'exécution commença. Noël Pinot, d'un pied ferme, monta les degrés de l'échafaud, le cœur joyeux, les yeux tournés vers le ciel. Sur la plate-forme, on le dépouilla de sa chasuble, et, la toilette finie, on le lia à la planche basculante. Le bourreau (2) fit jouer son instrument. Le couperet tomba. Le sacrifice de Noël Pinot était achevé... C'était un vendredi. Il était 3 h. ½.

En même temps, de la fenêtre où ils assistaient à l'exécution, les juges de la Commission militaire, tous ensemble, crièrent : « Vive la République ! » Les soldats seuls et « l'exécuteur des sentences criminelles » leur firent écho. La foule garda un morne silence. Après avoir signé le procès-verbal, ils s'en retournèrent maussades à l'hôtel de Campagnolle, dans le même équipage et avec la même morgue qu'à l'aller, « indignés de n'avoir pas eu d'imitateurs (3) ».

Le 21 février 1794, il n'y eut pas d'autre exécution.

---

(1) Reconstruite, elle est aujourd'hui la maison de la Belle Jardinière.

(2) C'était le bourreau de Saumur, Dupuy. On le payait 30 livres par tête de condamné. Celui d'Angers, paraît-il, avait réclamé un aide.

(3) *Mémoires* de l'abbé Gruget. Il ajoute : « Il est à remarquer que les cris n'étaient plus si fréquents depuis que les *patriotes* eux-mêmes étaient exposés à courir les mêmes risques. On avait cessé, depuis quelque temps, d'avoir des gens à gages pour crier *Vive la République* à la mort de chaque innocent. Les juges et les soldats qui les accompagnaient étaient forcés de les remplacer. »

De graves historiens, M. Godard-Faultrier (1), en 1852, Dom Chamard (2), en 1863, ont raconté et imprimé, les premiers à notre connaissance, la « mort sublime de M. Pinot, curé du Louroux, *qui, s'approchant de l'échafaud, revêtu de ses habits sacerdotaux, fit le signe de la croix comme pour monter à l'autel et prononça ces paroles de la messe* : Introïbo ad altare Dei. » D'autres, précisant davantage encore les détails, ont ajouté que Noël Pinot récita, en mettant le pied sur le premier degré de l'échafaud, une première fois *Introïbo*, et, le psaume *Judica me* achevé, répéta *Introïbo*, au moment où on le liait à la planche fatale...

Que faut-il penser du fait lui-même ?

Il va sans dire que Noël Pinot ne pouvait pas faire le signe de la croix que fait le prêtre au bas des degrés de l'autel, puisqu'il avait les mains liées derrière le dos.

De même, c'est assurément trop préciser et vouloir embellir encore une action qui est déjà par elle-même de toute beauté, que d'ajouter un second *Introïbo* au premier, et de les disposer comme on le fait.

Quant au verset lui-même, je ne fais nulle difficulté d'admettre que Noël Pinot, vêtu comme il l'était, mourant sur l'emplacement même où était précédemment l'autel de l'église collégiale Saint-Pierre, et considérant que l'échafaud était comme l'autel où il allait être immolé pour la foi et en union avec Jésus-Christ le souverain prêtre, l'avait très certainement dans sa pensée, à cette heure suprême.

L'a-t-il dit, des lèvres ? Je ne saurais ni le contredire, ni l'affirmer. *Contre* l'affirmative, il y a le silence des contemporains, tels que S. Gruget et les autres ; le silence des his-

______

(1) Dans son *Histoire du Champ-des-Martyrs*. Il est, en effet, *à notre connaissance*, le premier en date qui ait fait le récit de ce qui va être exposé ici.

(2) Dans *Les saints personnages de l'Anjou*. Il suivait, en cela, M. Godard-Faultrier.

toriens qui l'ont suivi de près, tels que l'abbé Carron et l'abbé Guillon (1); mais ce n'est qu'une preuve négative. *Pour*, il y a une certaine tradition orale, qui s'est transmise dans les familles du Louroux; mais j'ai peur qu'elle ne repose, en fait, que sur les lignes écrites, et qu'elle ne se soit tout à fait précisée qu'à la suite des deux livres mentionnés.

Il me semble donc permis de maintenir, avec ces restrictions, à la dernière messe du curé du Louroux l'auréole de *l'Introibo*, qui paraît chose toute naturelle, et qui a grandement servi à ramener l'attention sur notre martyr. Et je reproduis volontiers, à cette place, le sonnet suivant de Louis Veuillot. Il est bien dans la manière de l'illustre journaliste, dont les vers, tout comme sa prose, flagellent les révolutionnaires, écrivains ou bourreaux, en exaltant leurs victimes (2). Et il fixe la tradition devenue populaire.

L'AUTEL

C'était en ces grands jours que chante *Vermorel*,
Jours vers lesquels *Guéroult* (3), s'il faut l'en croire, aspire :
Les maîtres du pays — peut-être aurons-nous pire ! —
Trouvèrent le curé caché loin de l'autel.

Le doux et saint vieillard (4), prêt pour le coup mortel,
Aux juges est conduit : on prouve qu'il *conspire*.
Les juges, d'une voix, insultant ce « vampire »,
Prononcent contre lui l'arrêt habituel...

---

(1) *Les saints Confesseurs de la foi, Dictionnaire historique...* 1816 et 1820.

(2) *Les Couleuvres*, livre VI, p. 179.

(3) Guéroult et Vermorel, que L. Veuillot a souvent nommés : deux écrivains révolutionnaires, deux *messieurs* voltairiens, qui ne pouvaient pas lui agréer.

(4) L. Veuillot se trompe. Mais prêtre vient de *presbyter*, qui signifie vieillard. Noël Pinot n'avait que quarante-six ans.

L'échafaud attendait. La « canaille féroce »
Veut qu'avant d'y monter l'homme du sacerdoce
Prenne l'habit sacré. Cet ordre est obéi.

Le prêtre, alors, *signant son front de patriarche*,
Tranquille, met le pied sur la première marche
Et dit : *Introibo ad altare Dei !*

Mais il est une autre parole, très belle, que bien certainement, sur l'échafaud, Noël Pinot a prononcée. Lisons ces
lignes révélatrices :

« Le 2 mars 1794, des prêtres de Nevers arrivèrent à
Angers, et furent conduits à l'évêché, où siégeait le Comité
révolutionnaire. L'un d'eux, l'abbé Durand, échappé
comme par miracle à la mort, écrivit, sous le Directoire, un
*Précis historique de la réclusion et de la déportation des prêtres
du département de la Nièvre* (1). Voici ce que l'abbé Durand
dit de son arrivée à l'évêché, devant le tribunal : « Les
membres du Comité Révolutionnaire déchirèrent des
livres de piété, des bréviaires, brisèrent des chapelets
avec les dents, vomirent contre la religion toutes sortes de
blasphèmes : « *Entendis-tu*, disait l'un, *ce prêtre fanatique
« qui, lié sur l'échafaud, s'écria :* MON DIEU, QUI AVEZ DONNÉ
VOTRE VIE POUR MOI, QU'AVEC PLAISIR JE DONNE LA MIENNE
POUR VOUS (2) ! »

Or — et cet argument est concluant — du 26 janvier 1794
au 5 mars suivant, nul autre prêtre ne fut guillotiné à
Angers, que Noël Pinot, le 21 février. On peut donc, sans
crainte d'erreur, attribuer au curé du Louroux ces paroles,
lesquelles, d'après le narré de sa vie, sont en conformité
parfaite avec sa piété et sa grande foi.

---

(1) Publié, en mars 1899, par la *Revue du Monde catholique*.
(2) Ch. UZUREAU, *Noël Pinot*, curé du Louroux, guillotiné le
21 février. G. Grassin, 794, Angers, p. 72.

Si légende il y a, pour les autres paroles très vraisemblables qui sont attribuées au bienheureux martyr, avouons que l'histoire est aussi belle que la légende (1).

---

(1) Il convient de rappeler que les *arts* se sont occupés de Noël Pinot et ont reproduit au moins la dernière scène de sa vie, sa mort sublime.

Le sculpteur angevin Morice, médaillé du Salon, a représenté deux fois Noël Pinot ; d'abord, par une *statuette* charmante, dont la photogravure est reproduite au frontispice de ce livr ; puis, dans la grande sta'ue exposée au *Salon* de 1926, *Noël Pinot gravissant les degrés de l'échafaud*, que nous reproduisons à la fin de notre biographie. La *statue* est placée dans l'église paroissiale du Louroux-Béconnais Les deux œuvres sont fort belles.

La peinture, aussi, a *illustré* cette mort. On peut voir dans *l'Histoire, religieuse de la nation française*, page 512 — de G. Goyau — la composition de Maurice Denis, dans sa manière réaliste et rud', mais très vivante; et, sur le frontispice du p'tit livre de M. de Ségur, le tableau de Mlle de Luigné, conforme aux données trad.tionnelles, ma's d'un ton plus doux.

Après Louis Veu'llot, d'autres poètes de moindre envergure, l'ont chanté : l' R. P. Paul-Gilles Guéneau, Angevin, des Missions Etrangères, dans deux hymnes latines, que Rome, sans doute, nous perm'ttra de chanter aux *Saluts;* d'autres amateurs, comme le R. P. Pilet, directeur du *Règne de Jésus par Marie...*

Ce ne peut être que le prélude d'une belle floraison d'œuvres artistiques.

EPILOGUE

Poursuivons, s'il vous plaît, la vie et l'action de Noël Pinot par delà la mort.

Je ne sais si le bourreau, aussitôt après l'exécution, prit la tête tombée dans le panier, et la montra au peuple, massé sur la place et qui affluait jusqu'au barrage de fer le séparant ds la guillotine, pour bien faire constater que justice était faite et la Loi vengée. Le geste dut être accueilli par le silence, comme les cris de la Commission militaire.

Mais les restes mortels de Noël Pinot, corps et chef, furent placés aussitôt dans une charrette et jetés, au cimetière, dans la fosse commune, proche l'enclos de la Visitation (1). Comme on le dépouillait de ses habits sacerdotaux, afin de l'envelopper d'un linceul et de l'enterrer, on découvrit qu'il portait un cilice. Il le portait depuis longtemps. Ainsi, aux fatigues écrasantes de l'apostolat, il joignait, pour expier ses péchés et les péchés de son peuple, les mortifications volontaires, et rudes, de la pénitence. La sainteté du prêtre avait mérité, ou du moins, si c'est trop dire, avait obtenu que Dieu lui accordât la grâce du martyre.

Par suite de circonstances diverses, qu'il est inutile de mentionner, sa dépouille mortelle fut, après 1808, transférée au cimetière du Clon, et, enfin, mêlée à d'autres cadavres, au grand cimetière de l'Est. Ce qui reste de son corps repose maintenant, jusqu'au jour de la Résurrection dernière qui. fera sortir les morts de leurs tombeaux, sous la chapelle neuve. Ses os, mêlés à ceux de ses frères d'An-

---

(1) Dans cet enclos, on avait naguère transféré l'Hôpital des Incurables, où résidait une sœur de Noël Pinot, *Louise*.

gers, n'en peuvent être distingués. Il n'avait laissé aucun héritage à ses parents. Il ne nous a laissé aucune relique à enchâsser dans une pierre sacrée sur laquelle nous puissions offrir le saint sacrifice de la messe... Ainsi en fut-il de Jeanne d'Arc.

Je ne compte pas, au même titre et sur le même plan, les menus objets dont il s'est servi, et que l'on garde justement au presbytère du Louroux, comme pieux souvenirs : son chapelet, un *rituel* qu'il avait annoté, une statuette de la Vierge-Mère, le coffre où il fut pris, un exemplaire des Epîtres de saint Paul... Cet exemplaire, s'il l'a emporté dans sa vie errante, me semble très vénérable. Il a puisé, dans ce commerce avec saint Paul, le viatique intellectuel et moral dont il avait besoin. Et il eut, en commun avec son modèle, le don d'évangélisation, une foi admirable, et cet élan magnifique qui le faisait voler, avec le désintéressement le plus complet, vers toutes les pauvretés, les misères et les souffrances... La charité du Christ, comme pour saint Paul, était son stimulant (1).

Noël Pinot, en mourant, n'a pas disparu de notre horizon. Sa vie, qui fut celle d'un combattant, avait soutenu les fidèles, et inquiété les sectaires. Sa fin, qui fut extraordinaire, provoqua l'étonnement des ennemis de l'Eglise. Mais elle ne les avait pas apaisés : car elle restait devant leurs yeux comme un reproche vivant.

Le soir du 21 février, l'un d'eux, arrivé de la veille à Angers, écrivait à la Commission militaire : « Je suis ici d'hier soir ; et déjà je me suis aperçu que vous et la *sainte guillotine* faisiez votre devoir. Je viens d'assister au supplice d'une espèce de *Père éternel*, couvert de chasubles, de soutanes et de crimes. Vive la République ! Il ne damnera

---

(1) *Caritas Christi urget nos*

plus personne. Le scélérat n'est pas le seul qui vous reste
à expédier (1). »

Quelques jours plus tard, le Comité révolutionnaire
envoie une adresse au Comité de sûreté générale à Paris.
On y lit ces lignes : « Nos nobles vont à la mort avec
caractère, et nos *charlatans de prêtres pieusement et en
habits sacerdotaux* (2). » Décidément, cette vision ne les
quittait pas. Déjà, le 24 février, les *Affiches d'Angers*
avaient publié le compte rendu de l'exécution : « Noël Pinot
fut, de tous les fanatiques les plus acharnés, celui qui, le
premier, a provoqué la rigueur des lois. (Il raconte l'arrestation de 1791, et la mise en liberté. Il ajoute :) Il n'a
pu cependant échapper au glaive de la loi qui l'a atteint.
*Il a été repris dans sa paroisse, couché dans une huche sur ses
habits sacerdotaux, dont on l'a revêtu et avec lesquels il a
été exécuté.* » C'est toujours la même haine des patriotes
et la même satisfaction de le voir châtié conformément
à la Loi.

Je me suis demandé si cette exécution, avec cet appareil,
était unique, non seulement chez nous —c'est sûr — mais
en France. Or, je sais maintenant qu'une autre, moins
éclatante, analogue, se fit à Montpellier, le 5 mars. Mais,
celle de Montpellier, il se peut qu'elle ait été provoquée
par l'exécution de Noël Pinot. Car la phrase des *Affiches
d'Angers*, du 24 février, fut reproduite, le 1er mars, par la
Gazette historique et politique de la France et de l'Europe :
ce qui donna, peut-être, aux Jacobins de Montpellier
l'idée de renouveler la scène chez eux. Voici l'histoire en
abrégé.

Jacques-Philippe Michel, prêtre du diocèse de Viviers,

____

(1) Cité par Bourcier, *Essai sur la Terreur en Anjou*, p. 205
(2) 1er mars 1794.

vicaire à l'Argentière (1), sa paroisse natale, refusa le serment schismatique en 1791, et partit pour la déportation. Arrivé à Montpellier, il apprit les mauvais traitements faits à d'autres prêtres, et en conclut que la Providence voulait qu'il restât dans cette ville pour être utile aux catholiques. En 1793, il leur rendit de grands services, errant, sans asile déterminé. Vers la fin de janvier 1794, il accepta l'hospitalité de pieuses filles qui avaient un oratoire chez elles. Il en sortait pour administrer les sacrements. Une correspondance avec un prêtre de Cette, *au sujet d'un serment qu'on exigeait de lui*, fut interceptée par la police et le fit rechercher. Quand on lui parlait du danger couru, il répondait : « Je suis une victime vouée à la mort, je le sais. Mais soyez sûres que vous me verrez marcher à la mort sans pâlir. » Le 5 mars, qui était le *mercredi des Cendres,* il disait la messe dans l'oratoire. Il en était au premier évangile, quand les agents firent irruption dans la maison. Il n'eut que le temps d'ôter sa chasuble, son étole et son manipule ; et, emportant le calice avec ses accessoires, il s'enferma dans une cachette. Les soldats menacent les personnes présentes de les décapiter, si elles ne livrent pas le prêtre : « Où est le misérable qui vous fanatisait ? — Prenez-le, si vous le trouvez. » Ils le trouvent, et lui disent : « Que ton Dieu, s'il le peut, vienne te délivrer ! » Un soldat se mouche avec le purificatoire ; un autre crache dans le calice ; un troisième dit : « Monstre, toi et tes pareils, vous ne demandez que le sang des patriotes ! »

Alors, l'abbé Michel voulut quitter les ornements qui lui restaient : « Non, non, il faut que tu périsses avec ce qui te servait à *fanatiser.* » Il est emmené, avec ses hôtesses et les assistants, au *tribunal de l'Hérault,* qui siégeait à Montpellier. A l'interrogatoire, Jacques Michel

____

(1) Près d'Aubenas.

répond qu'il a dit la messe et administré les sacrements à Montpellier et dans les campagnes voisines. Une discussion s'engage, où le président fait le théologien. Il conclut : « Abrégeons cette discussion. L'accusé est convaincu d'être *réfractaire* à la Loi. Il est digne de mort. » L'accusateur public, à son tour, examine la morale du Christ et de ses prêtres, allègue le « levain des Pharisiens », et trace un portrait du Christ, à la Jean-Jacques... Michel répond : « Je prie Dieu de vous pardonner vos blasphèmes ! » Sur quoi, le Président lui pose cette question : « Veux-tu prêter le serment civique ? — Non, je préfère la mort. — Fais un miracle, pour te sauver. — Dieu aimait son Fils unique, et pourtant il L'a livré aux méchants qui L'ont fait mourir. »

Michel fut condamné à mort, comme *prêtre réfractaire ;* à mourir, revêtu des ornements qu'il avait, quand il fut saisi ; et à voir brûler devant lui, avant de mourir, les autres ornements dont il se servait pour *fanatiser*. Ce qui fut exécuté. Mais, avant de l'envoyer à l'échafaud, où on l'entoura des neuf personnes qui assistaient à sa messe, afin qu'elles fussent aspergées de son sang, le Président dit au condamné : « Je n'ai pas encore vu de réfractaire aussi scélérat que toi ! »

La vie et la mort de ce prêtre héroïque ont plus d'un trait commun avec la vie et la mort de Noël Pinot. Et, si les bourreaux se sont déterminés à envoyer à l'échafaud le vicaire ardéchois, avec ses ornements, l'amict, l'aube et la ceinture, pour avoir lu dans la *Gazette* la mort pareille du curé angevin, c'est donc pour celui-ci un mérite et une gloire de plus.

Il en est d'autres. Mais la gloire posthume, dont je vais parler, nous savons déjà, par la lecture de ses interrogatoires, que la délicatesse de sa charité pastorale et fraternelle a fait tout le possible pour l'écarter de lui. Après sa mort, le curé du Louroux fut encore persécuté dans les personnes qui l'avaient hébergé chez elles et l'avaient aidé dans son ministère. En avril 1794, le Comité révolutionnaire d'Angers envoya un de ses membres, avec la mission « de se rendre dans les communes du Louroux, La Cornuaille et voisines, à l'effet de se concerter avec les municipalités pour mesure de sûreté publique ». La mission fut scrupuleusement remplie. Avec le concours de « tous les bons citoyens républicains » et de la garde nationale, une liste de suspects fut établie et les suspects arrêtés (1). Ces suspects, au nombre de 41, furent conduits au Comité révolutionnaire d'Angers, qui les fit interner, les hommes à la citadelle, les femmes à l'ancien couvent du Carmel. Je ne veux nommer dans cette liste, avec les notes qui leur sont affectées, que ceux et celles dont l'arrestation se rattache aux relations qu'ils eurent avec notre Bienheureux :

LELARGE, *suspect pour avoir retiré chez lui le curé Pinot, lorsqu'il est venu, à la Saint-Jean, au Louroux avec les brigands* (2).

LEQUEUX, de La Glenaie, *suspect comme ayant retiré le curé Pinot, qui a déclaré au juge de paix qu'il avait dit la messe chez lui* (3).

MEIGNAN, à Quintonnay, *suspect comme partisan des prêtres* (4).

SOULOU, *pour avoir recelé chez lui plusieurs fois le curé Pinot, ainsi qu'il est prouvé par le citoyen Renard qui l'a vu, chez ledit Soulou, couché* (ou *caché ?*).

---

(1) *Archives de la Mairie* du Louroux-Béconnais et *Archives de la Cour d'appel d'Angers.*

(2) A la saint Jean de 1793, 24 juin. Il était venu, non avec, mais après les Vendéens

(3) Voir plus haut.

(4) Le bienheureux Noël Pinot ava t dit la messe plusieurs fois dans la boulangerie de Quintonnay.

MARIE ALUSSE, 49 ans, *suspecte comme dévote, fanatique et maîtresse d'école.*

PERRINE ALUSSE, femme Pierre Huet, *suspecte* (sœur de Marie).

La femme LAROCHE, *suspecte comme intrigante et partisante des prêtres.*

Lelarge, Lequeux, Soulou, décédèrent à la citadelle. Marie et Perrine Allusse moururent dans leur prison. Ne convenait-il pas d'associer leur souvenir à celui du martyr Noël Pinot? Il n'est nullement téméraire de croire que les uns et les autres, vrais témoins de la foi, qui ont eu part à ses souffrances, ont eu part aussi à sa gloire éternelle, et, comme dit l'Evangile, sont entrés, avec lui, « dans la joie du Seigneur (1) », et reçus, par lui, *en paradis.*

La mémoire du saint curé, honnie par les « méchants », est restée en bénédiction parmi les fidèles du Louroux-Béconnais, des paroisses voisines, et de l'Anjou tout entier. Depuis le jour de son exécution, où son âme était montée au ciel, ses paroissiens le vénéraient et le priaient comme un saint. Avec S. Gruget, ils espéraient que l'Eglise le mettrait sur les autels. Leur espérance s'est réalisée, mais plus tard qu'ils ne le pensaient, pour beaucoup de raisons trop longues à déduire, et dont la principale a été — je le répète — que l'état de choses, issu de la Révolution, supportait mal l'enquête nécessaire. Pour prendre un exemple, dites-moi, depuis combien de temps l'admirable mouvement de la Vendée est-il apprécié, en France, comme il le mérite? De même, les fils des adversaires de Noël Pinot témoignaient, à son égard et à l'égard des autres victimes, soit du clergé, soit du peuple chrétien, d'une certaine nervosité. Le temps est un grand maître, qui

---

(4) *Intra in gaudium Domini tui*

apaise les tempêtes, éparpille les nuages de notre horizon, et ramène un peu de bleu dans notre ciel, avec plus de calme dans nos cœurs.

Ce fut seulement dans la seconde moitié du siècle dernier, que Mgr Guillaume-Laurent-Louis Angebault, de douce mémoire, évêque d'Angers, nomma M. Brouillet, curé-doyen du Louroux-Béconnais, son « commissaire pour procéder à une enquête canonique sur la vie et les vertus de Noël Pinot ». L'ordonnance, du 26 août 1864, s'appuyait sur une lettre de M. Brouillet, attestant la *vénération extraordinaire* dont est entourée la mémoire de son prédécesseur; sur les *Mémoires* de Gruget; sur les faits de guérisons et les faveurs, extraordinaires aussi, obtenues à la suite de prières et d'invocations privées adressées au pieux confesseur de la foi. Elle disait, justement, « qu'il importe de prendre des informations régulières, pendant qu'il est encore des personnes qui ont connu le vénérable prêtre ou qui ont recueilli des renseignements certains de la bouche de leurs pères et mères ». L'enquête fut instituée et poursuivie avec persévérance; elle produisit un *mémoire* très consciencieux, bien qu'incomplet, dont les biographes ont grandement profité.

Elle était presque finie, lorsqu'en 1875 un vicaire général de Mgr Freppel, M. Chesneau, allant à Rome, présenta au Pape une note sur le martyre du curé Pinot. Pie IX en fut frappé. Cependant l'affaire en resta là; et l'enquête de M. Brouillet n'eut pas d'autre suite, pendant un temps assez long, pour l'introduction de la cause.

Enfin, le 24 février 1905, Mgr Rumeau, heureux de répondre aux désirs des paroissiens du Louroux et des fidèles de son diocèse, décida qu'il y avait lieu de promouvoir la cause du serviteur de Dieu, guillotiné en haine de la foi, le 21 février 1794. Il choisit un postulateur général à Rome, et un vice-postulateur à Angers. Une Commission fut instituée

« pour aider à recueillir les documents (1) ».

Grâce à Dieu et au bon travail fait à Rome et à Angers, le vœu des Angevins, secondé par leur évêque, vient d'aboutir. Pie XI, vicaire du Christ et chef suprême de l'Eglise, a proclamé *Bienheureux et Martyr* le témoin du Christ, qui a donné son sang pour la foi. Le 31 octobre, dans la Basilique Vaticane, parmi les lumières et les chants d'allégresse, au milieu d'une foule immense, il a récité l'oraison du Bienheureux martyr, mais sans pouvoir vénérer ses reliques...

La fête du bienheureux Noël Pinot est fixée au 21 février, anniversaire de sa mort.

Que le nouveau Bienheureux bénisse Pie XI, Mgr Rumeau, et tous ceux qui ont travaillé à sa cause !

Qu'il bénisse et protège les curés de France, puisqu'étant de leur corporation, il a connu, en des temps plus durs encore que les nôtres, les difficultés de toute sorte où ils se débattent !

Qu'il attire à côté de lui, sur les autels, ses compatriotes, prêtres et fidèles, massacrés comme lui (2), dans ces jours terribles, en haine de la foi catholique ?

---

(1) Entre les faveurs relatées au procès, je ne veux retenir et citer ici que deux faits, qui m'ont semblé touchants et dans la note de compassion pour les pauvres, qui reste fidèlement attachée à la mémoire du bienheureux curé Pinot. Une femme très pauvre, du Louroux, n'avait plus de bois, au cœur de l'hiver, et elle avait honte d'en demander. Elle invoqua Noël Pinot : quelques jours après, une charretée de bois lui arrivait providentiellement. La même, encouragée par cette réponse du ciel, se trouva, dans la même semaine, sans travail. Elle eut recours à celui qui fut jadis l'ami des pauvres du Louroux. Or, le lendemain, un homme, qui ne l'avait jamais fait travailler et même ne lui avait jamais parlé, vint lui proposer du travail... Comme saint Joseph, le bienheureux Noël Pinot peut être invoqué sous le titre de « Père des pauvres »...

(2) Dans nos divers *Champs-des-Martyrs.*

Qu'il favorise, par son intercession, le recrutement du clergé d'Anjou et de France, et lui obtienne la foi vive, la charité ardente, le courage héroïque, l'élan au service de Dieu dont toute sa vie, à lui, fut le parfait modèle !

Bientôt, très tôt — espérons-le — nous pourrons dire et chanter, avec un redoublement de joie et une confiance débordante :

SAINT *martyr Noël Pinot, priez pour nous !*

TABLE DES MATIÈRES

MÊME LIBRAIRIE